毛泽东诗词对外译介研究

李崇月 ◎ 著

中国书籍出版社
China Book Press

图书在版编目（CIP）数据

毛泽东诗词对外译介研究：汉、英 / 李崇月著． —北京：
中国书籍出版社，2015.12
ISBN 978-7-5068-5295-1

Ⅰ．①毛…Ⅱ．①李…Ⅲ．①毛主席诗词－英语－翻译－研究－汉、英Ⅳ．① A841.4② H315.9

中国版本图书馆 CIP 数据核字（2017）第 104621 号

毛泽东诗词对外译介研究

李崇月 著

责任编辑	李立云
责任印制	孙马飞　马　芝
封面设计	树上微出版
出版发行	中国书籍出版社
地　　址	北京市丰台区三路居路 97 号（邮编：100073）
电　　话	（010）52257143（总编室）　（010）52257140（发行部）
电子邮箱	yywhbjb@126.com
经　　销	全国新华书店
印　　刷	湖北画中画印刷有限公司
开　　本	880 毫米×1230 毫米　1/32
字　　数	248 千字
印　　张	11.25
版　　次	2017 年 7 月第 1 版　2017 年 7 月第 1 次印刷
书　　号	ISBN 978-7-5068-5295-1
定　　价	36.00 元

版权所有　翻印必究

前 言

　　毛泽东诗词，尤其是经毛泽东本人生前亲自审定的诗词和毛泽东去世后经中央有关部门审定后公开发表的诗词，不但在国内广泛传播，也被用多种语言以多种方式译介到世界各地。仅英译单行本国内外迄今就已有 20 多种。

　　已有的毛泽东诗词翻译研究主要包括两个方面：一是毛泽东诗词译者对翻译毛泽东诗词的原则和方法的探讨；二是对毛泽东诗词译作的研究。前者除了体现在译作的序和跋中，也有公开发表的论文，后者主要是研究论文。已有专门研究毛泽东诗词翻译的专著 1 部，该作品就毛泽东诗词 12 个英译本进行了对比研究。

　　作为诗人，毛泽东身份特殊，其诗词作品的国内传播、汉外翻译及国际传播的途径方式和普通诗人明显不同。本研究遵循皮姆（Anthony Pym）的翻译史研究原则，采用描述翻译学（DTS）的方法，结合文本对比、定量研究和定性研究，把毛泽东诗词的对外译介置于特定历史语境中，从翻译的功能、翻译的过程和译本三个方面进行较全面考察，反映毛泽东诗词对外译介的历史。英译本传播范围最广，其他外文译本的翻译也往往参照英文译本。英文版本产生的影响是其他语种版本无法相比的，毛泽东诗词作品的英文译介基本能反映出毛泽东诗词对外译介的整体情况。

　　毛泽东诗词的对外译介，国内主要通过英文刊物《中国文学》、出版翻译单行本；国外采用的途径很多：学术刊物、诗歌选集、毛泽东文选、诗集翻译单行本、毛泽东传记等。国内的对外译介始于1956年毛泽东诗词集中公开发表后，历经英文刊物译介、毛泽东时代"单一化"译文单行本、后毛泽东时代"多元化"译本几个阶段。国外的译介始于20世纪30年代外国记者的零星译介，后经学术期刊散篇诗词译介、出版译文单行本、收入中国诗歌选集、收入毛泽东传记等几个阶段。

通过毛泽东诗词对外译介历史的研究，我们有如下发现。

（1）毛泽东诗词的对外译介，从一开始就受到当时东西方意识形态的影响

无论20世纪30年代毛泽东诗词零星的对外译介、50年代末集中的对外译介、60年代初"毛泽东诗词英译定稿小组"的组成、"文革"末期毛泽东诗词"官方译本"的出版，还是改革开放初我国多种风格毛泽东诗词英译本"爆发式"的出版，都具有浓厚的时代色彩。英美对毛泽东诗词比较集中的译介，无论是通过学术期刊、收入诗歌选集、收入毛泽东文选、出版英译单行本还是其他途径，出现在英美和新中国在意识形态领域尖锐对立的时期。

（2）毛泽东身份的多样性决定了其诗词对外译介途径的多样性

通过毛泽东诗集单行本、作品收入中国诗歌选集等凸显的是毛泽东作为革命家（或者政治家、军事家、外交家）和诗人的身份；通过诗词作品收入毛泽东文选、毛泽东传记或中国革命史研究著作，凸显的是毛泽东作为诗人革命家（或者政治家、军事家、外交家）的身份；通过译介诗词作品和诗词书法手迹，凸显了书法家和诗人的身份。

（3）毛泽东诗词对外译介服务于多种目的

毛泽东时代国内毛泽东诗词的对外译介主要目的有二：介绍中国文学和新中国的意识形态。在后毛泽东时代，我国对外译介毛泽东诗词，主要是文学的介绍。国外对毛泽东诗词的译介服务基于以下几个目的：一是输入优秀中国文学作品；二是把毛泽东诗词作为"政治文本"，为毛泽东政治思想研究提供参考文献；三是把毛泽东诗词作为当代中国革命史的记录，为相关历史研究提供史料。

（4）国内译介毛泽东诗词对原作的理解更准确全面，反映了毛泽东诗词研究的最新成果

毛泽东诗词和其他纯粹抒发个人情感的古诗词不同，绝大部分作品是毛泽东亲历革命斗争的诗意表达，因此对外译介毛泽东的诗词不但要正确理解原作，而且要忠实再现原作的思想内容和诗词风格。毛泽东诗词的对外译介，总体而言，国内的译本对原作的理解更准确，译介更忠实于原文，译本反映最新的毛泽东诗词研究成果。迄今未见由母语是非汉语的译者独立完成的毛泽东诗词英译本。

（5）国内毛泽东诗词对外译介已经历三次高潮，国外译介毛泽东诗词主要集中在"毛泽东时代"

国内的对外译介途径基本上只有英译单行本，国外译介途径较多，但主要途径也是出版英译单行本。就国外通过出版英译单行本译介而言，主要集中在"毛泽东时代"。毛泽东诗词的艺术成就虽高，但作品数量相对于职业诗人而言不能算"丰富"，毛泽东作为政治家的声望也超过其作为诗人的声望，因此在后毛泽东时代，毛泽东诗词通过出版单行本译介的方式减少了，译介主要通过毛泽东传记这类毛泽东

研究著作而进行。

（6）毛泽东诗词的对外译介不会随着毛泽东时代的结束而停止

国内对毛泽东诗词的深入研究不断取得成果，这些成果将不断融入新时代毛泽东诗词的对外译介。毛泽东时代结束后，国外也不时有新的译本出版。

本书是学界首次对毛泽东诗词对外译介，尤其是在英语世界传播的系统研究，对我国文学作品对外译介史的研究做出了一定的贡献。

目 录

前言 ··· 1
第一章 绪 论 ·· 1
   1.1 毛泽东及其诗词创作 ·· 3
   1.2 毛泽东诗词译介研究综述 ···································· 6
   1.3 研究范围、研究方法及研究意义 ························· 14

第二章 毛泽东诗词结集出版与我国首个外文版本的诞生
·· 19
   2.1 结集出版前毛泽东诗词的零星对外译介 ··············· 21
   2.2 1950 年代我国意识形态语境 ······························ 24
   2.3 毛泽东诗词结集出版及在国内的广泛传播 ············ 34
   2.4 第一个外文译本诞生在苏联 ······························· 38
   2.5 我国第一个《毛泽东诗词》外文单行本 ··············· 40
   2.6 小结 ·· 45

第三章 毛泽东诗词"官译本"的翻译出版 ············· 47
   3.1 1960—1970 年代我国社会历史环境概述 ············· 49
   3.2 "官译本"的生产——政治任务 ························· 50

— 1 —

3.3 译本分析···57

3.4 《毛泽东诗词》英译之目的··························61

3.5 小结···62

第四章 后毛泽东时代我国毛泽东诗词对外译介的"多元化"··63

4.1 文艺创作提倡不同形式和风格的自由发展··········65

4.2 对外译介的多元化格局·······························66

4.3 主要译本研究···71

4.4 小结···114

第五章 香港地区回归祖国前对毛泽东诗词的译介··117

5.1 黄雯译本··119

5.2 林同端译本···122

5.3 小结···141

第六章 1960—1970年代国外对毛泽东诗词的译介··143

6.1 《中国季刊》等英文刊物对毛泽东诗词的评介········145

6.2 毛泽东诗词被收入诗歌选集……………………………161

　6.3 非文学性研究对毛泽东诗词的译介………………………174

　6.4 国外主要英译本研究………………………………………184

　6.5 译介高潮之后的毛泽东诗词英译单行本…………………226

　6.6 小结…………………………………………………………231

第七章 传记作家对毛泽东诗词的译介……………………233

　7.1 白英的译介…………………………………………………235

　7.2 威尔逊的译介………………………………………………245

　7.3 特里尔的译介………………………………………………251

　7.4 肖特的译介…………………………………………………267

　7.5 小结…………………………………………………………271

第八章 毛泽东诗词国内译本的系统性特征分析……………273

　8.1 词牌名的处理………………………………………………275

　8.2 诗节的划分…………………………………………………276

　8.3 诗行的增减…………………………………………………278

　8.4 注释的添加…………………………………………………293

　8.5 意识形态与中外译本间系统性差异………………………296

　8.6 小结…………………………………………………………298

第九章 进入新世纪：对外译介毛泽东诗词的热情依旧·······299

    9.1 经典再版，旧译修订·······301

    9.2 译本扩充·······303

    9.3 新译出版·······304

    9.4 小结·······322

第十章 结语·······323

    10.1 研究的发现·······325

    10.2 研究的局限·······329

参考文献·······331

后 记·······347

第一章
绪 论

英国浪漫主义大诗人雪莱在《诗辩》中说,"诗人是世界上未得到公认的立法者"(Poets are the unacknowledged legislators of the World)(Abrams, 1979: 794)。毛泽东与其他诗人的一个显著不同在于,毛泽东长期担任党和国家领导人,是真正意义上的"立法者",而其他诗人仅是比喻意义上的"立法者"。立法者毛泽东是得到公认的(acknowledged)、伟大的,诗人毛泽东也是得到公认的、伟大的,其诗词创作在中国诗歌史上占有突出的地位,其诗人的身份在世界上也得到广泛的认可。正如当代著名诗人、中国毛泽东诗词研究会会长贺敬之2002年在中国毛泽东诗词研究会第四届年会开幕词中所说那样:"近几年来,处在复杂异常的历史语境中,毛泽东诗词在国内外获得了与日俱增的空前盛誉,不仅它的艺术性,也包括它的政治性。"(贺敬之,2003)。毛泽东诗词早在二十世纪的三十年代就已开始译介到国外,到了二十世纪的七十年代,"远如南美洲的巴拉圭和地中海一角的希腊都有毛诗的译本"(叶君健,1999)。历经国外二十世纪六七十年代的翻译高潮和国内二十世纪五十年代末到六十年代中期及七十年代末到九十年代初两个翻译高峰,毛泽东诗词至今仍有新的译本面世。毛泽东诗词翻译研究已成为众多翻译研究者的课题,近年来不断有研究成果面世。

1.1 毛泽东及其诗词创作

1.1.1 政治家诗人

毛泽东（1893—1976）兼具多重角色：学生运动精英、工人罢工领袖、农民运动旗手、魅力十足的宣传家、身经百战的军事家、吐故纳新的思想家、深谋远虑的战略家、经济天下的政治家、博学多识的学者、别具一格的书法家（陈晋序易孟醇、易维《诗人毛泽东》）。他不但在中国缔造了全新的社会、经济及政治制度，还留下了一大批理论著作和评注文章，以及数量可观且艺术性极高的诗词作品。他的诗词作品备受推崇，广为流传，著名爱国诗人柳亚子称赞毛泽东的诗词"推翻历史三千载，自铸雄奇瑰丽词"。作为政治家和诗人，毛泽东的诗词创作是诗史和史诗的和谐统一，不但在我国现代文学史上占有重要地位，在我国新民主主义革命和新中国建设的历史上也发挥了不容忽视的作用。

1.1.2 诗词创作概述

毛泽东自青少年时代即有诗词唱和以及悼亡送别之作。在延安时期，毛泽东便汇集七十首诗词，题名《风沙诗词》付印，赠亲密朋友，由于印数极少，在战争环境中皆已散失。现公开发表的毛泽东诗词大致可分为三类。第一类，经毛泽东亲自审定、生前就已发表的39首，即人民文学出版社1976年出版的《毛泽东诗词》收录的39首。这些作品是：《沁园春·长沙》《菩萨蛮·黄鹤楼》《西江月·井冈山》《清平乐·蒋桂战争》《采桑子·重阳》《如梦令·元旦》《减字木兰花·广昌路上》《蝶恋花·从汀州向长沙》《渔家傲·反第一次大"围剿"》《渔家傲·反第二次大"围剿"》《菩萨蛮·大柏地》《清平乐·会昌》《十六字令三首》《忆秦娥·娄山关》《七律·长征》《念奴娇·昆仑》《清平乐·六盘山》《沁园春·雪》《七律·人民解放军占领南京》《七律·和柳亚子先生》《浣溪沙·和柳亚子先生》《浪淘沙·北戴河》《水调歌头·游泳》《蝶恋花·答李淑一》《七律二首·送瘟神》《七律·到韶山》《七律·登庐山》《七绝·为女民兵题照》《七律·答友人》《七绝·为李进同志题所摄庐山仙人洞照》《七律·和郭沫若同志》《卜算子·咏梅》《七律·冬云》《满江红·和郭沫若同志》《水调歌头·重上井冈山》《念奴娇·鸟儿问答》。第二类，毛泽东去世后经中共中央或有关部门审定发表的诗词，共28首，即1978年中共中央决定发表的《贺新郎·别友》《七律·吊罗荣桓同志》和《贺新郎·读史》3首诗词，人民文学出版社1986年出版的《毛泽东诗词选》新收入的列入"副编"的8首诗词，以及中央文献出版社1996年出版的《毛泽东诗词集》新收入的列入"副编"的17首诗词。这类作品具体包括：《贺新郎·别友》《七律·吊罗荣桓同志》《贺新郎·读史》《七古·送纵宇一郎东行》《西江月·秋收起义》《六言诗·给彭德怀同志》《临江仙·给丁玲同志》《浣溪沙·和柳亚子先生》《七律·和周士钊同志》《杂言诗·八连颂》《念奴娇·井冈山》《五古·挽易昌陶》《虞美人·枕上》《五律·挽戴安澜将军》《五律·张冠道中》《五律·喜闻捷报》《五律·看山》《七绝·莫干山》《七绝·五云山》《七绝·观潮》《七

第一章　绪　论

绝·刘蕡》《七绝·屈原》《七绝二首·纪念鲁迅八十寿辰》《七律·洪都》《七律·有所思》《七绝·贾谊》《七律·咏贾谊》。第三类，毛泽东去世后，迄今散见于各种书籍报刊，未正式收入《毛泽东诗词选》和《毛泽东诗词集》的作品，共40余首。这40首诗词是《杂言诗·迎春》《五言诗·井赞》《五古·咏指甲花》《七绝·呈父亲》《七绝·咏蛙》《五言排律·湘江漫游联句》《四言诗·题〈明耻篇〉》《五律·初登云麓宫联句》《七绝·呈刘翰林联句》《五言诗·玉潭即景联句》《四言诗·露宿梅城堤上》《七律·游学即景》《四言诗·题安化北宝塔壁》《七古·游泳》《五律·赠周士钊》《五言诗·大沽观海》《归国谣·今宵月》《四言诗·祭母文》《四言诗·红军第四司令部布告》《杂言诗·改李白〈赠汪伦〉诗句》《赋体诗·赠杨虎城将军》《四言诗·祭黄帝陵》《四言诗·题〈中国妇女〉之出版》《四言诗·戏改江淹〈别赋〉》《七律·重庆谈判》《五言诗·军队向前进》《七绝·告马翁》《七律·读报有感之一》《七律·读报有感之二》《七律·读报有感之三》《七律·改鲁迅〈亥年残秋偶作〉》《四言诗·手里有粮》《四言诗·养生之道》《卜算子·悼艾地同志》《四言诗·题折扇》《七绝·戏改李攀龙〈怀明卿〉》《七言诗·戏改杜甫〈咏怀古迹〉》(其三)、《七言诗·外交家风采联句》《七言诗·戏续李白〈梁父吟〉》《五言诗·大事不讨论》《七律·读〈封建论〉呈郭老》《贺新郎·改张元斡〈送胡邦衡谪新州〉》等。其中，有一些是否为毛泽东所创作及版本相关情况，有待进一步考证，而有一些并非诗词作品。

另外，毛泽东曾为他人修改诗词作品，主要有为梅白修改《七绝·夜登重庆枇杷山》，为陈毅修改《五律·西行》和为胡乔木修改40

-5-

多首诗词（季世昌，2004，代序 1-4）。

毛泽东的诗词，尤其是上述第一、二类作品，既是诗史，也是史诗，不但继承了以屈原为代表的浪漫主义精神，而且继承以杜甫为代表的现实主义精神，使传统的诗词进入革命现实主义与革命浪漫主义相结合的崭新境界。毛泽东诗词大多数运用中国传统的格律诗体裁，形象地再现了现代中国革命各个发展阶段的历史画面，反映了毛泽东本人的毕生经历、斗争生活以及思想感情。贺敬之（1994）对毛泽东诗词作品的思想内容和艺术特色做了如下中肯的概括：

（这些作品）是从中国革命的曲折而豪迈的历史进程中升华、结晶出来的诗的瑰宝，具有宏大的历史气魄和鲜明的时代色彩；同时，又记录、反映了中国革命各个历史阶段和一系列重大历史事件，具有丰富的历史内涵和深邃的革命情怀。毛泽东诗词以其前无古人的崇高优美的革命情操，遒劲伟美的创造力量，超迈奇美的艺术想象，高华精美的韵调辞采，形成了中国悠久的史诗上风格绝美的新形态的诗美。这种瑰奇的诗美熔铸了毛泽东的思想和实践、人格和个性，在漫长的岁月里，可以毫不夸张地说，几乎是风靡了整个革命的诗坛，吸引并熏陶了几代中国人，而且传唱到了国外。

1.2 毛泽东诗词译介研究综述

1.2.1 毛泽东诗词译介概述

毛泽东诗词的对外译介早在 20 世纪三十年代就开始了。1937 年，美国记者埃德加·斯诺（Edgar Snow）把毛泽东的《七律·长征》英译文收进《红星照耀中国》(Red Star Over China)一书，这是毛泽东诗词最早被译成外文发表的记载。自那以后，尤其是1957年1月，毛泽东第一次同意将自己的诗词作品集中正式公开发表在由诗人臧克家主编的《诗刊》杂志创刊号上，之后国内外出现了《毛泽东诗词》不同语种的译本和同一语种尤其是英语的多种译本。

毛泽东的《旧体诗词十八首》在《诗刊》发表后，苏联立即译介。同年9月，莫斯科真理出版社出版了俄文版《毛泽东诗词十八首》，这是世界上最早的外文版毛泽东诗词集（涂途，2006）。国内发表最早的毛泽东诗词英译文，是北京英文刊物《中国文学》1958年第3期上刊载的《毛泽东诗词十八首》，这18首诗词由《中国文学》副主编叶君健与外文出版社英文组负责人于宝矩根据1957年发表在《诗刊》创刊号上的18首诗词合译，英文专家波义德（Andrew Boyd）协助润色译文，并以波义德名义发表。1958年9月，外文出版社在英译本《毛泽东诗词十八首》的基础上，又增译一首《蝶恋花·答李淑一》，出版了国内第一个英译单行本《毛泽东诗词十九首》。1961年，经中共中央同意成立了由文学界、翻译界著名专家学者组成的毛泽东诗词英译本定稿小组，负责对毛泽东诗词旧译文进行全面修订或重译，并翻译新发表的毛泽东诗词。他们广泛征求意见，前后数易其稿，于1976年5月1日由外文出版社出版了新译本《毛泽东诗词》（共39首）。这个新译本也成为外文出版社随后出版的法、德、意、西、俄、荷兰、印地、印尼、阿拉伯、乌尔都、朝鲜、泰、越、世界语等语种的译本的蓝本（沙博理，1998）。

国内（这里指中国大陆）较早的个人译本主要有以下几种。南京大学何如的法语译本于 1961 年由外文出版社出版，1967 年由巴黎的 Argillet 出版社出版。南京大学吴翔林在《南京大学学报·哲学社会科学版》1977 年第 4 期发表试译（a tentative translation）毛泽东诗词 21 首，翌年 8 月，南京大学学报编辑部出版他的《毛泽东诗词三十九首》英译单行本。1978 年改革开放后，我国学术界思想进一步得到解放，国内毛泽东诗词对外译介呈现出"多元化"的格局：翻译主体多元化、翻译风格多元化、出版单位多元化。以英语译本为例，个人单独完成或合作完成的译本就有多种，它们是吴翔林（1978）、许渊冲（1978，1993，2006）、赵甄陶（1980，1992）、黄龙（1980，1993）、赵恒元 & Paul Woods（1993）、辜正坤（1993）。我国香港毛泽东诗词的翻译出版一直很活跃，已出版多个英译本，主要有黄雯（Wong Man，1966）、东方地平线出版社（1967）、林同端（Nancy T. Lin，1980）、许渊冲（1981）、张纯厚（2007）。

毛泽东诗词 1957 年结集公开发表后，国外有 20 多个国家出版了毛泽东诗词的外文版本，这些国家包括发达资本主义国家日本、美国、英国、法国、德意志联邦共和国、意大利、西班牙、冰岛、丹麦等，以及前社会主义阵营国家苏联、朝鲜、越南、巴基斯坦、德意志民主共和国、南斯拉夫、阿尔巴尼亚、匈牙利、波兰、罗马尼亚、捷克斯洛伐克等。这些译本或者直接从中文翻译，或者从英文或其他文字转译，毛泽东诗词已被翻译成 40 多种文字（李晓航，2003）。

中国大陆以外毛泽东诗词的英文译介，除了单行本，如影响较大的 Wong（1966），Barnstone（1972），Engle & Engle（1973），Lin（1980），Ma（1986），还有另外几种形式。第一种，收入中国诗歌选集，如 Payne（1947），Hsu（1970）；第二种，收入毛泽东作品选，如 Fremantle（1971）；第三种，收入毛泽东研究专著，如 Payne（1961），Ch'en（1965），Han（1972），Wilson（1980），Short（1999），Terrill（1999）；最后一种情况，也许是各国最初译介毛泽东诗词最常见的形式，是在报纸杂志零星发表几首诗词的译文。

1.2.2 毛泽东诗词翻译研究文献综述

这里的"翻译研究"包括两个方面，一是毛泽东诗词译者对翻译毛泽东诗词的原则和方法的探讨；二是对毛泽东诗词译作的研究。前者除了体现在译作的序和跋里，也体现在公开发表的专文里，后者主要是研究论文，包括硕士、博士论文（如徐杨，2005；张智中，2008），有关译作研究的成果近年来逐渐增多。已有的研究主要集中在以下几个方面。

（1）翻译经过

这方面的成果局限于史海钩沉，是翻译活动参与者对翻译经过的回忆，这从文献的题目不难看出：《官方定本毛泽东英译本诞生记》《回忆翻译毛泽东诗词》《英译〈毛泽东诗词〉内情》《〈毛泽东诗词〉英文版出版风云——从专为赠送尼克松的〈毛泽东诗词〉说起》《国外第一部毛泽东诗词集漫忆》等。主要回忆叙述我国第一个"官方译本"和国外第一部毛泽东诗词译本诞生的经过。这些论述虽然有关毛泽东诗词翻译的历史，但还不算严格意义上的翻译史研究，因为翻译史不同于史料的简单罗列和堆砌，应有某种思想贯穿其中，从中寻找、发现规律，进而对当下的翻译活动具有现实指导意义。

(2) 译者

译者是翻译活动的主体,直接操纵翻译文本的生成,译者的研究越来越受到翻译学界的重视。由于毛泽东的特殊地位,在毛泽东生前,其作品翻译是特殊的"政治任务",外界很难了解谁担当了这一"重任",翻译又是如何具体进行的。对在特殊环境中从事"特殊翻译"的译者进行研究,有助于我们更好地了解翻译情况。从现有文献看,国内最有影响的毛泽东英译的"官方定本"(即1976年由北京外文出版社出版的《毛泽东诗词》英译本)是由当时国内学惯中西的钱钟书和叶君健主译,由袁水拍、乔冠华、赵朴初、周珏良等专家共同努力完成的。几位主要的翻译定稿人员,大都没写出系统的回忆文章,虽有相关人士偶尔披露,也是只言片语,内容零散,且记述时有抵触。荣天玙(1997)追忆了袁水拍成为毛泽东诗词定稿小组组长的经过。笑蜀(2007)简要叙述了美籍华人聂华苓(Nie Hualing)和丈夫美国著名作家恩格尔(Paul Engle)开始翻译毛泽东诗词的起因、为了翻译而进行的知识准备和译本出版后在不同政治意识形态环境中的反响。张智中(2007)和李正栓、陶沙(2009)简要介绍了国外几种译本的译者。

(3) 翻译版本

翻译版本研究是翻译研究的一个重要内容,版本状况不但反映出原作的译介和对外传播的范围,还体现出译者从不同角度对原作的理解以及对原作理解的深度。毛泽东诗词翻译专家叶君健(2003)认真阅读了国外出版的法文、西班牙文、德文、意大利文和英文五种文字的十种译本,并分别记录了每一种译本的译者、出版单位、出版地点和年月,还对其译文逐首、逐行、逐句、逐字进行比较、推敲。他既肯定了某些译本翻译较正确、较得体之处，又重点指出这十种译本中出现的错误，有些错误甚至是荒谬的、严重歪曲诗词原意的。陈安吉（2003）把我国二十世纪五十年代至本世纪初毛泽东诗词外文版本的出版大体上分为三个阶段，分别是1958年至1966年上半年、1966年下半年至1978年和1979年至2002年，并简要介绍各个阶段的主要外文译本。李正栓、陶沙（2009）以国内译本为参照，研究分析了国外九个收录诗词不尽相同的译本，认为国外译本采用了和国内译本不同的翻译策略、本土化的语言、详细的注解和后记等，使西方读者从不同的侧面较好地了解到了毛泽东诗词、中国革命的历史和中国文化，"其文化影响已经远远大于译本本身"。谢太浩（2009）评介了最早出版的两种毛泽东诗词外文译本，即1957年9月、11月苏联出版发行的两种不同版本的俄文本《毛泽东诗词十八首》，并指出这两种版本的出版为毛泽东诗词在苏联和各人民民主国家的传播起到了积极作用。李晓航（2003）综述了毛泽东诗词外语版本在国内外的出版情况。除了叶君健（2003），其他翻译版本的研究仅对不同版本基本情况进行了描述，未作对比分析和价值判断。

（4）翻译方法

绝大多数毛泽东诗词翻译研究都可归入此类。翻译方法研究可大致分为宏观的翻译原则研究和微观的翻译技巧探讨两种情况。坚持思考研究宏观翻译原则的主要是从事毛泽东诗词翻译的译诗家。吴翔林（1977）提出"译格律体的设想"，并付诸毛泽东诗词翻译实践，用格律体翻译了21首毛泽东诗词，发表在《南京大学学报·哲学社会科学版》1977年第4期上。许渊冲多次明确提出自己翻译毛泽东诗词遵循的原则。在1978年洛阳外国语学院油印内部教材《毛泽东诗词四十二首》英/法文格律体译本的代序中提出毛泽东诗词翻译应遵循"三美论"即意美、音美、形美；在1998年的《毛泽东诗词集》译本的序言中，许渊冲总结了自己翻译《毛泽东诗词》四十年的经验，把自己的毛泽东诗词翻译以及文学翻译论概括为"美化之艺术"（2006：73-81）。赵甄陶（1992：5-8）在《毛泽东诗词》初版译者序中论述了自己遵循的翻译原则：第一，为了文学性联想（literary association），保留汉语中的典故，但不得牺牲诗歌艺术性和情感力量。第二，添加注释便于读者更好地理解和欣赏与历史、地理、社会或革命背景有关的内容。第三，译文每行不超过六个音步，以体现原作简炼有力的风格。第四，译文运用通俗语言，以保留现代生活的浓郁气息。第五，译者对毛泽东文学语言和诗词中一些文学典故艺术的内涵进行过多年研究，翻译基于译者本人的理解。收录毛泽东诗词最多的英语译本《世界视野：毛泽东诗词英汉对照100首》的译者张纯厚（2007：序言XII，XIV）强调翻译时"尽量做到资信准确"，他说"我意图以这本书向中国和国外的成年读者提供毛泽东诗词的完整翻译和最新历史资料和诠释，不仅反映完整准确的信息，而且，有中国和国外的人们对于毛泽东的与时俱进的认识""这本书的写作目的之一是准备一个内容最完备的毛泽东诗词的英汉对照版本，但也尽量做到资信准确"。微观的探讨涉及的问题众多，如对原作字词的理解（黄龙，1983）、动植物名的翻译（贾祖璋，1980；赵甄陶，1978，1979）和以下要素的处理：音律（俞丽峰，1999）、典故（李崇月，2008a）、意象（张春江，2006；陈晶晶，2006；张智中，2009b）、修辞格（张春江、曾玲玲，2007）、数词（李正栓、杨丽，2006；张智中，2009c）、颜色词（郭雪华，1995；张智中，2009a）、词牌名（李崇月，2008b）等。

（5）国外传播

任何翻译都旨在传播原文本的思想内容，毛泽东诗词的对外传播也离不开翻译。钟宗畅（2004）从"译本在国内的诞生""正式在国外翻译出版""受到国外著名人士的高度评价"等几个方面分析了毛泽东诗词在国外的传播。毛泽东诗词受到世界许多国家的广大读者和各界著名人士的推崇和喜爱，其翻译版本之多、流传之广、影响之深，是中国历代任何诗词作品所无法相比的，"事实表明，毛泽东作为伟大的历史人物，属于中国，也属于世界；他的宏篇巨著包括其诗词，属于中国，也属于世界"。

（6）意识形态对翻译的影响

马士奎（2006）认为，"文革"期间毛泽东诗词的外译担负着文学输出和意识形态输出的双重使命。由于原作者的特殊地位和原作文本的特殊性质，这一时期毛泽东诗词的翻译方式和程式迥异于一般文学作品。李晶（2008：57-60）主要参照勒菲弗尔（Angr Lefevre）等人关于翻译受意识形态制约的理论，考察研究了"文革"十年我国的翻译状况，"文革"期间毛泽东诗词的翻译明显受到赞助人和主流政治意识形态的影响。李崇月（2009）从国内翻译作为一项政治任务来完成、苏联推出第一个外语译本、亚非拉第三世界人民对毛泽东诗词的接受和改革开放后我国更宽松的意识形态环境给译者更大的翻译自由等几个方面探讨了意识形态对毛泽东诗词翻译的影响。

综上所述，已有毛泽东诗词的翻译经过、翻译版本、国外传播和译者研究基本上止步于史料的搜集，没有在明确的理论线索指导下把这些方面纳入更大的历史文化语境中去考察。更多的毛泽东诗词翻译研究集中在译本对比和翻译技巧的探讨上，主要从语言学或文艺美学角度探讨诗词某一方面翻译的得与失。

1.3 研究范围、研究方法及研究意义

1.3.1 研究范围

毛泽东诗词不仅深受中国人民的喜爱，其深刻的思想内涵和磅礴的气势，也吸引了外国读者。二十世纪三四十年代，西方的进步记者如斯诺、史沫莱特等开始零星地对外评介毛泽东的诗词。1958年毛泽东诗词正式结集公开出版后，国内外逐渐出现了各语种的外文译本。到了二十世纪六十年代，毛泽东的诗词已在西方世界产生广泛影响，不少现代诗人，如俄罗斯的吉洪诺夫、苏尔科夫，智利的聂鲁达，土耳其的希克梅特，古巴的纪廉，以及内兹瓦尔、维尔什宁等，不但用自己的诗文去热情歌颂毛泽东，还积极评价毛泽东诗词。（王丽娜，2003：484）本书主要研究毛泽东诗词向英语世界的译介，主要集中在两个方面：一是国内毛泽东时代和后毛泽东时代的对外译介，二是国外通过学术期刊、收入诗歌选集、收入毛泽东研究著作、单行本等途径向英语世界的译介。英译著作发行范围最广，其他外文译本的翻译也往往参照英文译本，英文译本产生的影响是其他语种译本无法相比的，毛泽东诗词作品的英文译介基本能反映毛泽东诗词对外译介的整体情况。

第一章 绪 论

本书主体部分共分八章。第二章首先简要总结了早期外国新闻记者对毛泽东诗词的零星译介,然后分析了毛泽东诗词结集出版与首个外文版本的诞生所处的意识形态语境,以及国外第一个外文译本和我国第一个外文单行本的诞生。本章主要从政治局势、外交格局、主流话语等几个方面阐述1950年代我国的政治环境。外交方面,我国和社会主义阵营国家结成紧密联盟,同资本主义阵营国家的对立十分明显;文学主流话语仍秉承毛泽东在延安文艺座谈会上的讲话精神,文艺要为政治服务。第一个外文译本诞生在前苏联,我国外文出版社1958年出版我国第一个外文单行本《毛泽东诗词十九首》。我国外文出版社1976年出版的毛泽东诗词英译本被国外视为权威的官方译本,本书第三章将对该译本的翻译出版做专门的研究。毛泽东诗词的对外译介不仅是文学的输出,而且是意识形态的输出。在后毛泽东时代,即我国改革开放以后,我国毛泽东诗词的对外译介呈现出"多元化"的格局。由于"文艺为政治服务"的弱化,我国毛泽东诗词的对外译介呈现出翻译主体多元化、翻译风格多元化、出版单位多元化的新格局,出现了吴翔林(1978)、许渊冲(1978,1993)、赵甄陶(1980,1992)、黄龙(1980,1993)和辜正坤(1993)等各具特色的译本,第四章深入研究了这种对外译介的新格局和各种译本。第五章论述了香港地区回归祖国前对毛泽东诗词的译介,详细分析了黄雯和林同端译本。第六章研究1960—1970年代国外对毛泽东诗词的译介,这个阶段译介的形式主要有《中国季刊》等学术刊物对毛泽东诗词的翻译和评介、被收入中国诗歌选集、非文学性研究对毛泽东诗词的译介和毛泽东诗词英译单行本。本章对布洛克(Bullock)& 陈志让译本、

-15-

聂华玲&恩格尔译本、巴恩斯通（Willis Barnstone）&郭清波译本进行了详细的文本分析。第七章分析毛泽东研究专家和传记作家如白英（Robert Payne）、威尔逊（Dick Wilson）、特里尔（Ross Terrill）、肖特（Philip Short）等通过毛泽东传记对毛泽东诗词的译介。第八章分析了国内毛泽东诗词英译本在词牌名的处理、诗节的划分、行数的增减、注释的增添等方面与国外英译本的系统性差异。第九章分析了进入新世纪后毛泽东诗词对外译介的状况：经典再版，旧译修订；译本扩充；新译出版。最后一章结论部分总结本研究的发现，剖析存在的局限。

1.3.2 研究方法

1.3.2.1 描述翻译学（DTS）的方法

本研究主要采用描述翻译学（DTS）的方法，结合文本对比、定量研究和定性研究。描述翻译研究旨在"描述我们身处的世界上出现的翻译过程（translating）和翻译成果（translations）这类现象"（Holmes, 1988））。描述翻译研究可以分为三大类：面向译本的研究（product-oriented），面向功能的研究（function-oriented）和面向过程的研究（process-oriented）（Holmes, 1988）。提莫志克（Tymoczko, 2004: 25）把描述翻译学定义为：在研究翻译的过程、产品与功能时，将翻译实践置于时间之中，广而言之，即将它置于政治、经济、文化之中予以研究。本研究把毛泽东诗词的对外译介置于特定历史语境中，从翻译的功能、翻译的过程和译本三个方面,通过文本对比、定量研究和定性研究进行考察,较全面反映毛泽东诗词对外译介的历史面貌。

1.3.2.2 皮姆的翻译史研究方法

澳大利亚著名翻译理论家皮姆(Anthony Pym)在《翻译史研究方法》(Method in Translation History)一书中指出,翻译史至少可以分为三个研究领域。

①翻译考古学(translation archaeology),记录和挖掘翻译活动的基本史实,弄清翻译活动发生的经过、时间、地点、原因及译作产生的影响;

②历史批评(historical criticism),专门收集并分析前人对历史上出现的翻译现象的评价;

③解释(explanation),说明翻译行为在特定历史时期和特定地点出现的原因以及与社会变迁的关系(Pym,1998:5-6)。

本书挖掘、搜集了大量有关毛泽东诗词翻译活动的史料,对已有的毛泽东诗词翻译研究的文献进行了述评,对毛泽东诗词在不同的时代、不同的意识形态环境中呈现出不同译介形式的原因进行了探讨。皮姆在同一本书中提出翻译史研究应遵循的四条原则:①翻译史研究需解释译作为什么在特定的社会时代和地点出现,即翻译史要解释翻译的社会起因(social causation);②翻译史研究的主要对象不是译作,也不是译作所处的背景系统(contextual system),也不是译作的语言特征,而是作为人的译者(human translator);③翻译史的重点是译者,翻译史的写作需要围绕译者生活及其经历过的社会环境展开；④翻译史研究应该表达、讨论或解决影响我们当前的实际问题，在这个过程中，研究者个人的主观介入不可避免，也不应该避免，需大力发扬（Pym, preface xxiii-xxiv）。本书作者基本赞成皮姆的四条原则，并在本研究中遵守了这些原则。但我们认为，作为毛泽东诗词对外译介史的专题研究，译作、译作所处背景系统和译作的语言特征和译者同等重要，因此它们在本文里所占篇幅不比对译者的研究少。

1.3.3 研究意义

本研究旨在勾勒出毛泽东诗词对外译介的历史。作为政治家、诗人，毛泽东身份特殊，其诗词作品的国内传播、汉外翻译及国际传播的途径方式和普通诗人明显不同。对他诗词作品译介的研究应从文艺学、语言学、历史学、社会学、政治学等多个角度入手，只有这样才能发掘毛泽东诗词在不同历史时期、不同文化语境中译本的成因及其产生的影响。对毛泽东诗词对外译介的全面综合性研究，不但要论及文本内的因素，而且要探讨文本外的因素对整个翻译活动的影响。因此，把毛泽东诗词在不同历史时期的对外译介置于大的文化语境中去考察，有助于拓宽毛泽东诗词译介研究的范围，有助于毛泽东诗词更好地对外传播，有助于深化整个毛泽东诗词的研究，为毛泽东诗词学体系的建立做出应有的贡献。

第二章
毛泽东诗词结集出版与我国首个外文版本的诞生

　　毛泽东诗词在1957年正式统一公开发表之前,对外译介是极其有限的,主要通过访问过延安的外国新闻记者的零星译介。新中国成立后,在新的时期,毛泽东诗词得以集中公开发表、集结出版和在国内广泛传播,并有了我国的首个外文译本。

2.1 结集出版前毛泽东诗词的零星对外译介

二十世纪三十年代中期以前，国内外大众对毛泽东了解甚少，使世人得以了解真实的毛泽东及以他为首的中国共产党，应归功于以斯诺（1905—1972）为代表的外国友好记者。三十年代中期以后，他们冲破重重封锁，亲自到陕甘宁边区采访了毛泽东等中国共产党和工农红军的领导人，将第一手材料撰写成新闻报道或著作公开发表和出版，让世人更全面了解中国革命的真相和真实的毛泽东。毛泽东的诗人身份和诗词创作也通过这些记者的零星介绍开始为西方世界，乃至中国大众所知晓。

毛泽东的诗词首次公开发表和首次对外译介都和美国记者斯诺有关。1937年初，斯诺把自己为伦敦《每日先驱报》（Daily Herald）和《纽约太阳报》（The Sun）撰写的英文稿件给了北平爱国青年王福时，王立即组织人员将这些文章翻译成中文，另翻译了三篇纽约《亚细亚杂志》（Asia）上一位美国经济学家发表的有关陕甘宁苏区的见闻编辑成《外国记者西北印象记》一书，斯诺的稿件成了该书的主体，在斯诺夫妇的资助下，该书于同年4月在北平出版。书中的一篇新闻稿转录了毛泽东的《长征》诗，这是这首诗在国内首次公开发表，也使更多国人知道了诗人毛泽东。（陈安吉，2003：6）

1937年7月，《亚细亚杂志》开始连载斯诺笔录的《毛泽东自传》（The Autobiography of Mao Tse-Tung, as told to Edgar Snow）。同年10月，斯诺在采访笔记基础上写成的《红星照耀中国》一书并由伦敦戈兰茨公司出版，出版后的几个星期内印行5次，销量超过10万册。

1938年1月,该书在美国兰登书屋出版,成为当时在美国有关远东的非小说作品最畅销的图书。该书在国外一版再版,还先后被翻译成近20种文字出版,成为世人了解毛泽东和中国革命的重要资料,"从总统、外交官到军人、实业家、传教士、基督徒;从工农群众、游击队员、青年学生到学者、教师、演员,《红星照耀中国》赢得了全世界的读者,人们都在不同程度上卷入了了解毛泽东的热潮"(张一心、王福生,1993:3)。

传播广泛的《红星照耀中国》也首次对外译介了毛泽东的诗词。斯诺在红区采访毛泽东时,毛泽东在介绍完红军长征到西北的情形之后,抄写了《长征》诗给斯诺,斯诺在译员吴亮平的帮助下,当场意译成英文(斯诺,1984:203)。在《红星照耀中国》第五章"长征"的末尾,斯诺写道"我把毛泽东主席关于这6,000英里的长征的旧体诗的意译附在这里作为尾声,毛泽东是一个既能领导远征又能写诗的叛逆",并引录了长征诗。斯诺的英译文如下:

> The Red Army, never fearing the challenging Long March,
> Looked lightly on the many peaks and rivers.
> Wu Ling's Range rose, lowered, rippled,
> And green-tiered were the rounded steps of Wu Meng.
> Warm-beating the Gold Sand River's waves against the rocks,
> And cold the iron-chain spans of latu's bridge.
> A thousand joyous li of freshening snow on Min Shan,
> And then, the last pass vanquished, Three Armies smiled!

我们把该英译文和现在流行的《长征》诗对比发现,该译文与《长征》目前版本个别用词有出入，译文第五行与目前流行的《长征》版本有较大出入，我们对比了《外国记者西北印象记》中的《长征》诗，发现最初的版本和目前的版本是有出入的，最初版本的第五行为：金沙浪拍悬崖暖。1936年毛泽东写给斯诺的文本与1957年1月正式发表的同一首诗相比，有三个字不同："浪拍""悬崖"改成了"水拍""云崖"。 斯诺把毛泽东的《长征》一诗收入《红心照耀中国》一书，是毛泽东诗词的最早对外译介。

在斯诺的影响或介绍下，一些外国友好记者如史沫特莱、贝特兰、卡尔逊、福尔曼、斯特朗、斯坦因、爱泼斯坦、贝尔登等也先后前往延安红区和抗日根据地采访报道，甚至有机会亲自采访毛泽东，在他们的新闻报道或报告文学作品中不时提及毛泽东的文学修养和诗词创作。例如美国女作家、新闻记者艾格尼丝·史沫特莱（Agnes Smedley，1892-1950），1937年1-9月访问延安，同毛泽东建立了珍贵的友谊。由她的战地通讯汇集而成被誉为第二次世界大战中优秀的报告文学作品的《中国战歌》（Battle Hymn of China）一书，1943年在美国出版，连续再版，该书第四章"统一战线与战争"记录了她领略到的毛泽东的诗词才华，毛泽东和她交谈时，"引用《红楼梦》《水浒传》一类古典文学作品中的故事，他懂旧诗词，而且就诗品而言也是一个诗人。他的诗具有古代诗家的风格，但诗中流露出他个人探索社会改革的一股清流。"（Smedley，2003：147）毛泽东常和史沫特莱及她的译员谈文艺，"有时毛泽东朗诵中国古代诗人的名句，有时他低吟他自己写的律诗。他有一首怀念他第一个夫人的悼亡诗，因为她被国民党杀害了。"（Smedley，2003：148）

在当时，毛泽东极少公开自己的诗词作品，新闻记者斯诺和史沫特莱在自己的新闻报道和报告文学中记录了毛泽东的单篇作品或论及毛泽东的诗词修养，是早期毛泽东诗词对外传播的唯一途径。

2.2 1950年代我国意识形态语境

按照马克思主义经典作家的观点，"社会意识受制于并反作用于社会存在"，意识形态是"观念的上层建筑"，在阶级社会中，统治阶级把语言作为传播意识形态的工具，通过语言去控制、操纵被统治阶级的思想。在任何语言活动中，当然包括翻译活动，统治阶级总是有选择地向被统治阶级灌输有利于自己统治的意识形态，而抑制不利于自己统治的意识形态。"无产阶级要想取得胜利，也离不开意识形态这个武器——推广自己的意识形态，批判资产阶级的意识形态。"（单继刚，2007：211）新中国成立后，以毛泽东为首的中国共产党为了巩固新的政权，也利用了意识形态这一工具。

2.2.1 意识形态概念的界定

随着解构（Deconstruction）和文化研究（Cultural Studies）在学术界的盛行，"意识形态"成了一个热门的研究课题。虽然许多学术领域都就意识形态发表了自己的见解，但这些观点往往并未得到事实的支撑证实，翻译学研究领域也不例外。难怪福西特（Peter Fawcett）在撰写贝克（Mona Baker）主编的《翻译学百科全书》

中的"意识形态与翻译"词条时说,"在一定程度上,讨论意识形态和翻译的问题就是讨论意识形态的界定和范畴问题"。(Baker,2010:106)"意识形态"一词最早出现在十八世纪的法国,在十九、二十世纪经历了许多变化:被歪曲、重述和重构,被社会和政治分析家讨论并结合进新兴的社会科学论述,它还回流到社会与政治生活的日常语言之中。今天我们在使用"意识形态"这一概念,或者听到别人、看到别人使用这一概念时,很多时候我们还不能完全确定这一概念是被描述性地使用还是规定性地使用,它只是用来描述一个事态还是也用来评价一个事态。说某种观点是"意识形态的"(ideological),似乎在含蓄地批评,该概念似乎带有了负面的批评意义(汤普森,2005:5)。在翻译学中,"意识形态"概念一般被看成中性的,尽量剔除这个概念的负面意思;比如它被看作有关社会行动或政治实践的"思想体系"、"信仰体系"或"象征体系"。

2.2.1.1 意识形态概念的嬗变

"意识形态"(ideologue 或 ideology)概念最初由法国哲学家特拉西(Destutte de Tracy)在 1796 年用来描述他提出的一门观念科学,这门科学有关观念和感知的系统分析。特拉西认为,我们无法认识本身,只能认识对事物的感知所形成的观念。我们如果能系统分析这些观念和感知,就能为一切科学知识提供坚实的基础,并得到更实际的推理。通过对观念和感知的谨慎分析,意识形态会使人性得以被认识,从而会使社会与政治秩序可以根据人类的需要与愿望重新加以安排。

(Bunin &Yu, 2004: 327-328)

马克思、恩格斯最初把意识形态概念用于对青年黑格尔派的攻击,后来他们把观念的产生与扩散同阶级关系联系起来,提出了一个新的意识形态概念:意识形态是一种观念体系,它表达的是统治阶级的利益而以幻想的形式代表阶级关系(汤普森,2005:41)。根据马克思、恩格斯的观点,组成意识形态的观念在任何特定历史时期都表达处于统治地位的社会集团力求保持其统治地位的野心、关注和一厢情愿的考虑,但意识形态以一种幻想的形式代表阶级关系,这些观念并不准确地描述有关阶级的性质与相对地位,而是以赞同统治阶级利益的方式来歪曲这些关系。

二十世纪二三十年代,以卢卡奇(Ceorg Lukacs)和葛兰西(Antonio Gramsci)为代表的早期西方马克思主义者从肯定的意义上使用意识形态概念。他们试图通过意识形态革命完成社会变革,实现人的自由和解放。他们认为对于无产阶级革命来说,意识形态是决定一切的,革命的胜利取决于无产阶级是否拥有成熟的阶级意识,是否取得了意识形态上的领导权。意识形态革命是推翻现存政治制度、进行社会革命的途径,无产阶级革命的方式要从暴力革命转向夺取意识形态的领导权。而活跃于二十世纪五六十年代的西方马克思主义的中坚法兰克福学派,从否定的意义上认为意识形态是维护现存的政治和秩序的主要手段,虚假性是一切意识形态所固有的普遍特性。二十世纪五六十年代出现的"意识形态终结论"的共同理论前提就是"意识形态否定论"。他们认为意识形态在本质上是以终极的普遍观念面貌出现的"虚假意识",是从属于一定利益集团而又隐蔽其真实性、否认其局限性的政治神话,因而是现代迷信、偏见和教条的根源。现代社会科技发展,人民生活水平提高,传统的阶级对立已经消失。传统的以阶级对立为切入点的意识形态研究已经毫无意义,现代社会主导因素是科学技术,意识形态已经终结。

而现代知识社会学的代表曼海姆(Karl Mannheim)力图超越传统的经济基础决定上层建筑的理论和科学技术与意识形态的关系理论,用知识社会学代替意识形态分析。曼海姆的意识形态理论主要体现在1929年出版的《意识形态与乌托邦》一书中。他首先区分了个别的意识形态和总体的意识形态,以个别的意识形态来表明"人们不愿意相信敌对者规定的'观念'和'表象'。这些观念和表象之所以被敌对者所坚持,或多或少地是出于对一个事实状况的有意识的掩盖,而关于这一事实的真实认识是不适合敌对者的利益的"(俞金吾,1993:246)。而总体的意识形态则是指"人们能够谈论一个时代或一个以历史的社会的方式具体地确定了的团体(可能是一个阶级)的意识形态,他们指的正是这个时代或确切地说是这个团体的总体的意识结构的特征和状态"(俞金吾,1993:246)。在此基础上,他又区分出总体的意识形态观念的两种阐述方式:个别的阐述和一般的阐述。在曼海姆那里,意识形态分析不再是传统意义上作为阶级利益和统治辩护的理论武器,而是价值中立的研究社会史和思想史的一种方法——"知识社会学"的方法。(曼海姆,2002:87)

法兰克福学派把技术理性、工具理性看作统治人们思想、造成奴役和不自由的一种意识形态,将意识形态界定为科学或技术,或者说科学技术。哈贝马斯(Jürgen Habermas)(1993:39)断言:"技术理性的概念,也许本身就是意识形态",因为在当今社会,技术与科学本身压制着人们寻求解放的观念和努力,使人的交往发生异化。相较于传统意识形态,哈贝马斯的以技术理性或合理性为根本特征的新意识形态具有较少的意识形态性,但其作用效力更大、影响范围更广,因为它已变得更加隐蔽。当代英国著名社会学家汤普森(John B. Thompson)认为,"研究意识形态就是研究意义服务于建立和支撑统治关系的方式。意识形态现象就是只有在特定社会—历史环境中服务于建立和支撑统治关系的有意义的象征现象。只有在:重要的是要强调,象征现象,或某些象征现象,并不就是意识形态的,而只有在特定环境中它们服务于维持统治关系时才是意识形态的"(汤普森,2005:62-63)。他还提出,意识形态概念的形成要根据象征形式调动意义来服务于建立和支撑统治关系的方式。所谓"建立",指意义可以积极地创建和制定统治关系;所谓"支撑",指意义可以通过生产与接收象征形式的现有进程来服务于维持和再造统治关系。"象征形式"指由主体所产生的并且由主体与别人所承认是有意义的建构物的一大批行动、言词、形象与文本。

上述对意识形态概念的不同阐释虽然未能囊括各家的观点,但基本反映了"意识形态"概念的历史嬗变,勾勒了其内涵变化的脉络,有助于我们更好地把握这一概念。

2.2.1.2 本研究对意识形态概念的界定

任何文学形态,都有其自己的现实层面和现实意义,都摆脱不了意识形态的纠缠，而且往往积极地宣传某种意识形态，毛泽东诗词的创作和对外译介也不例外。

从上节对"意识形态"概念嬗变的简要回顾可以看出，"意识形态"概念的内涵并非固定不变，这个各人文社会科学学科都会涉及的重要概念，至今没有获得普遍认可的界定，正如伊格尔顿（1999：94）所说，"没有一种意识形态概念获得该领域理论家们的普遍认同……有多少意识形态理论家，就有多少意识形态理论"，总的来说，"意识形态"有广义和狭义之分。翻译学中"意识形态"概念一般是广义的。翻译研究派的代表人物勒菲弗尔把"意识形态"定义为"影响我们行为的一系列规则、常规和信仰"，他认为"在翻译过程的每一个层面，如果语言的考虑和意识形态或诗学的考虑相冲突，往往是后者胜出"。从勒菲弗尔著《翻译、改写和文学名声的操纵》一书不难看出，他所论述的意识形态不仅仅包括"政治"意识形态。广义的意识形态指支配人们生存方式的文化体系，是人们言行中自觉遵守的价值准则和思维方式，其表现形式多种多样，如神话、宗教、哲学、历史、文学、艺术、伦理道德、政治法律等等，从词汇感情色彩说，它是中性的。狭义的意识形态则指某阶级为了实现特定目的而向民众灌输的带有明显引导性的思想、观念或学说，它从国家政治利益出发，体现为政党、政府、军队等的行为准则，主导经济、文化、教育及社会生活的方方面面。

本文研究特殊身份诗人（政治家诗人）毛泽东的作品在特殊历史时期的对外传播，采纳了狭义的"意识形态"概念。

2.2.2 文学主流话语：文艺要为主流意识形态服务

"文学是意识形态的再生产。"（伊格尔顿）文学的现实意义就是意识形态性，意识形态也影响和支配着文学，其影响和支配体现在以下几方面。首先，国家意识形态以制度化的形式影响、支配着文学生产。其次，社会以各种形式把文学纳入意识形态规范。最后，作家作为社会的人，其创作也要传达自己的社会价值观念，对社会现象进行政治、道德、法律等意识形态评价（杨春时，2007：59-60）。在不同历史阶段，文学创作要受当下文学主流话语的操控。

毛泽东作为中国共产党的领袖，不仅是文学实践者（诗人），也是文艺政策的制定者。他的文学思想，以及据此制定的文艺路线、方针及政策，从 20 世纪四十年代开始，不仅在局部地区，而且是在中国大陆整体范围内确立为文艺工作者应当遵循的路线和政策。毛泽东的文艺思想主要体现在《中国共产党在民族战争中的地位》《新民主主义论》，特别体现在《在延安文艺座谈会上的讲话》等论著中。

强烈的"实践性"是毛泽东文学思想的一个显著特点。毛泽东 1942 年 5 月在延安举行的文艺座谈会上的讲话，旨在解决中国无产阶级文艺发展道路上遇到的理论和实践问题，诸如党的文艺工作和党的整个工作的关系问题、文艺为什么人服务的问题、普及与提高的问题、内容和形式的统一问题、歌颂和暴露的问题等。他在文学领域所提出的问题，以及对这些问题的回答，在很大程度上都是对现实紧迫问题的回应。毛泽东在《在延安文艺座谈会上的讲话》中指出，"我们讨论问题，应当从实际出发，不是从定义出发"，"我们是马克思主义者，马克思主义叫我们看问题不要从抽象的定义出发，而要从客观存在的事实出发，从分析这些事实中找出方针、政策、办法来。我们现在讨论文艺工作，也应该这样做"（《毛泽东选集》第三卷，1991：853）。《在延安文艺座谈会上的讲话》的发表，标志着新文学与工农兵群众相结合的文艺新时期的开始。

文学的社会政治功能是毛泽东文艺思想的核心。毛泽东认为，"在现在世界上，一切文化和文学艺术都是属于一定的阶级，属于一定的政治路线的。为艺术的艺术，超阶级的艺术，和政治并行或互相对立的艺术，实际上是不存在的"。"党的文艺工作""是服从党在一定革命时期内所规定的革命任务的"。在毛泽东看来，现实政治是文学的目的，而文学则是政治力量为实现其目标必须选择的一种手段。因此，我们从中国当代文学史中很容易看出，从二十世纪四十年代的延安文学开始，在相当长一段时期，文学写作、文学运动，不仅在总方向上与现实政治任务保持高度一致，而且在组织、具体工作步调上，也完全和政治紧密结合。毛泽东不但要求文学应成为政治斗争的"武器"，也要求这种"武器"不是"缺乏艺术性的艺术品""也反对只有正确的政治观点而没有艺术力量的所谓'标语口号式'的倾向"。

文学从属于政治并影响政治的观点，必然产生对文学的规范性要求，一定程度上不但为文学写作规定了"写什么"，而且规定了"怎么写"。为了让文学更好地服务于政治，让工农群众对文艺有更直接的参与，毛泽东倾向于将创作视为对"生活"的加工。以先验理想和政治乌托邦激情来改写现实，使文学作品"比普通的实际生活更高，更强烈，更有集中性，更典型，更理想，因此就更带普遍性"的浪漫

— 31 —

主义，可以说是毛泽东文学观中主导的方面。二十世纪五十年代提出"革命现实主义和革命浪漫主义的结合"，是毛泽东在《在延安文艺座谈会上的讲话》精神的合乎逻辑的展开和延伸。（洪子诚，2012：13-14）

1949年7月，在北平召开了中华全国文学艺术工作者第一次代表大会，表明新民主主义文艺运动的基本结束和社会主义文艺运动的开始。第一次全国文代会确定了以《在延安文艺座谈会上的讲话》为代表的毛泽东文艺思想，为全国文艺工作者战斗的共同纲领。确定了为人民服务、为工农兵服务的方向为全国文艺运动的总方向。要求广大文艺工作者，不仅要熟悉工农兵，还要把自己的思想感情和工农兵打成一片，创造无愧于我们伟大民族、伟大时代的人民的文艺。制定了规范性的纲要和具体细则，对当代的文学创作、理论批评、文艺运动的展开方式和方针政策做出统一要求。（中华全国文学艺术工作者代表大会宣传处，1949）第一次全国文代会提出"以制度的力量，进一步推进当代文学的思想、艺术规范"（洪子诚，2012：16）。

1953年9月，在北京召开了全国文艺工作者第二次代表大会。大会确定了"把社会主义现实主义方法作为我们整个文学艺术创作和批评的最高准则"（周扬，1953），要求作家进一步学习和掌握社会主义现实主义的创作方法。中国作协副主席周扬在大会报告中指出以下几点。

> 文艺作品是应该表现党的政策的。……我们的文学艺术是同党、国家和人民的整个事业的各个方面密切不可分地联系着的，因此它的活动必须是广泛的、多方面的，它的形式必须是多种多样的。我们提倡各种不同的艺术形式的自由竞

赛。社会主义现实主义不但不束缚作家在选择题材、在表现形式和个人风格上的完全自由，而且正是最大限度地保证这种自由，借以发挥作家的创造性和积极性。毛泽东同志关于戏曲活动所指示的'百花齐放'的原则应当成为整个文学艺术事业发展的方针。（周扬，1953）

新中国成立后在文艺领域展开过多次思想斗争，对建国初期存在于文艺界的右倾批判是及时的、有力的，凸显了文艺要为当下的政治意识形态服务的功能。

2.2.3 社会意识形态

新中国成立后，毛泽东思想不仅是中国共产党的指导思想，而且是新中国各项事业的指导思想。1951年4月，中国共产党第一次全国组织工作会议要求，"一切党员，必须努力学习，使自己懂得更多的马克思列宁主义、毛泽东思想，使自己的觉悟更加提高。"（中共中央文献研究室，1993：208）学习毛泽东思想的最主要途径是学习毛泽东的著作。新中国成立后，学习毛泽东著作是从《实践论》（1950年12月发表）和《矛盾论》（1952年4月发表）开始的，它们是毛泽东从哲学层面总结中国革命经验的重要理论著作。《矛盾论》和《实践论》发表后，全国立刻出现了学习热潮。据不完全统计，从1951年到1956年，国内省市级以上报刊共发表学习《实践论》的文章近140篇，学习《矛盾论》的文章近50篇，出版讲解《实践论》的著作25种、讲解《矛盾论》的著作8种。（韩荣璋等，1993：53）为了全国人民更全面地学习掌握毛泽东思想，中共中央政治局于1950年3

月正式成立中共中央毛泽东选集出版委员会,负责选编、注释和出版毛泽东在新民主主义革命时期的重要文献。文献分四卷出版,毛泽东亲自主持了第一、二、三卷的编辑工作。《毛泽东选集》第一、二、三、四卷分别于1951年10月、1952年4月、1953年4月和1960年9月出版发行。《毛泽东选集》出版后,党政军各界领导以及各民主党派著名人士都写了毛泽东选集的学习文章。理论宣传工作者,乃至从旧社会过来的知识分子,也撰写了大量学习、宣传毛泽东思想的文章。从1950年到1956年,公开发表的学习《毛泽东选集》的文章(学习《实践论》、《矛盾论》的文章除外)约165篇,公开出版的有关毛泽东的著作、生平事迹等的研究书籍67种,在省级以上报刊发表的文章398篇。(张静茹主编,师吉金著,2011:314)

2.3 毛泽东诗词结集出版及在国内的广泛传播

毛泽东诗词在新中国成立后很快成了文学经典,并在国内广泛传播。文学经典构建应具备六个基本要素或条件:文学作品的艺术价值、文学作品的可阐释空间、意识形态和文化权力变动、文学理论和批评的价值取向、特定时期读者的期待视野、发现人或赞助人。(童庆炳,2005)毛泽东诗词满足了文学经典构建的所有要素,作品本身具有极高的艺术价值和可阐释空间,二十世纪五十年代我国的主流政治意识形态、主流文学话语和社会意识形态,共同促成了毛泽东诗词成为新的文学经典,得以结集出版和广泛传播。

2.3.1 政治性和艺术性结合的毛泽东诗词

毛泽东不但是伟大的政治家、思想家、军事家，而且是独领风骚的诗人。虽然诗词作品数量不算多，但他的诗词都是以革命斗争生活为创作源泉，思想性强、艺术性高，是一部中国当代革命和建设的宏伟壮丽的史诗。诗人不但通过作品生动描绘了领导中国人民走过的曲折而漫长的革命建设征途，也抒写了作为伟大共产主义者的心灵轨迹和壮美情怀。革命斗争生活是毛泽东诗词创作的源泉，但我们读者并不满足于革命斗争生活本身，因为它们毕竟是粗糙的，有待转化为艺术，艺术的作品才能使读者获得持久而充分的美的享受。艰辛的革命斗争生活一旦转化为艺术，就能感动广大读者，令读者百读不厌。毛泽东通过诗词创作，把生活美转化为艺术美，诗词的真实性保证了完美的艺术性。

毛泽东将思想性和艺术性统一于自己的诗词创作。他早在《延安文艺座谈会上的讲话》中就提出了文艺创作的"三个统一"原则，即"我们的要求则是政治和艺术的统一，内容和形式的统一，革命的政治内容和尽可能完美的艺术形式的统一。缺乏艺术性的艺术品，无论政治上怎样进步，也是没有力量的。因此，我们既反对政治观点错误的艺术品，也反对只有正确的政治观点而没有艺术力量的所谓'标语口号式'的倾向"。可以说，毛泽东的诗词皆"三个统一"的典范之作。革命政治内容和尽可能完美的艺术形式的统一，即思想性和艺术性的统一，是毛泽东诗词的核心审美标准。

2.3.2 毛泽东诗词首次结集公开发表和出版

毛泽东诗词体现了当下的文学主流话语，毛泽东诗词的公开发表和结集出版，不但有利于巩固毛泽东在新中国的领袖地位，也有助于宣传毛泽东作为新兴社会主义国家领袖的国际形象。新中国成立后，毛泽东诗词的传播基本沿着这样的路径：多由权威人士和权威报刊先行发表，其他报刊转载，然后出版社结集出版发行，继而翻译成外文发行。每当新的毛泽东诗词一发表，随后便有新的毛泽东诗词版本问世。印刷媒介联动，通过大规模的复制，不同版本的发行，使得毛泽东诗词得到更广泛传播。

建国初期，毛泽东并未公开发表自己的诗词作品。1956年8月出版的《中学生》杂志刊登了谢觉哉《关于红军的几首词和歌》一文，收录了谢觉哉凭记忆转录的毛泽东诗词四首：《西江月·秋收暴动》（后改题为《秋收起义》）、《西江月·井冈山》《如梦令·宁化途中》（后改题为《元旦》）、《清平乐·六盘山》。这是1957年《诗刊》创刊之前公开披露毛泽东诗词最多的一篇文章。1957年1月20日《诗刊》创刊号出版，发表了经毛泽东亲自审定的诗词18首，以及他给《诗刊》主编臧克家等人的一封信。这次集中发表的18首诗词是《沁园春·长沙》《菩萨蛮·黄鹤楼》《西江月·井冈山》《如梦令·元旦》《清平乐·会昌》《菩萨蛮·大柏地》《忆秦娥·娄山关》《十六字令三首》《七律·长征》《清平乐·六盘山》《念奴娇·昆仑》《沁园春·雪》《赠柳亚子先生》《和柳亚子先生》《浪淘沙·北戴河》和《水调歌头·游泳》。《诗刊》的《编后记》说："读着这些雄伟瑰丽的诗篇，是不能不令人赞叹的。……在我们的生活和斗争中，毛主席不但是伟大的革命领袖，同时也是伟大的诗人。……我们相信，这些诗词和在我们的文学事业中所将要发生的深刻的影响，将是不可估量的。"由于《诗刊》集中发表了毛泽东的18首诗词，"形成排队购买刊物的热烈场面，给文学史上平添佳话"（臧克家，2003：1）。

2.3.3 在国内的广泛传播

《诗刊》创刊号出版的同月29日，《人民日报》第八版转载了毛泽东词七首，30日转载了词三首[①]。2月4日，著名诗人郭沫若在《人民日报》第八版发表《试和毛主席韵》三首。紧接着，各地文学杂志和语文教学杂志刊登了数种毛泽东诗词注释文章。10月，中国青年出版社出版了臧克家讲解、周振甫注释的《毛主席诗词十八首讲解》一书，该书极大地推动了大众对毛泽东诗词的理解和传播。1958年1月1日，《湖南师范学院院刊》发表毛泽东赠李淑一《蝶恋花·游仙（赠李淑一）》词，1月5日《文汇报》转载，1月7日《人民日报》第八版转载，接下来《诗刊》等全国各地报刊相继转载。《蝶恋花》词的歌、舞、剧也相继搬上全国各地的舞台。

1958年4月，香港新民主出版社出版发行由商务印书馆香港印刷

---

①这七首和三首作品分别是：《沁园春·长沙》《菩萨蛮·黄鹤楼》《如梦令·元旦》《清平乐·会昌》《菩萨蛮·大柏地》《忆秦娥·娄山关》《十六字令》《念奴娇·昆仑》《浪淘沙·北戴河》《水调歌头·游泳》。

— 37 —

厂印刷的《毛泽东诗词十九首》，无前言后语，将毛泽东写给臧克家等人的信放在19首诗词正文前，而将中国青年出版社1957年10月出版发行的《毛主席诗词十八首讲解》中对这封信的说明以《关于诗的一封信》为题附在正文之后。还收录了《毛主席诗词十八首讲解》中周振甫的注释。关于新词《蝶恋花·游仙（赠李淑一）》的注释，编者全文引录了1958年1月号《诗刊》编者注，并对蝶恋花词牌等做了自注。将诗文由横排改为竖排，简化字改为繁体字，注释集中附在19首诗词正文之后，以利于香港、澳门、台湾及海外读者阅读。（谢太浩，2006）人民文学出版社基本按照《诗刊》上发表毛泽东诗词的原样，增收毛泽东新词《蝶恋花·游仙（赠李淑一）》，于1958年7月出版发行《毛主席诗词十九首》；9月，文物出版社以相同的内容出版发行了《毛主席诗词十九首》线装木刻本。人民文学出版社和文物出版社"从20世纪50年代起，就以不同的版本和字体出版内容相同的毛泽东诗词集，满足不同文化修养、不同经济收入的读者的需要"（陈安吉，2002）。各类报刊对新发表诗词的竞相转载，各类诗词注释赏析的涌现，能满足不同需求的各类版本的出版发行，广泛传播了毛泽东的诗词，也极大提高了政治领袖毛泽东在大众心目中伟大诗人的地位。

2.4 第一个外文译本诞生在苏联

1957年1月《诗刊》创刊号首次正式刊发毛泽东《旧体诗词十八首》，同年9月、11月，苏联出版发行了内容相同、装帧版式迥异的两种俄文版《毛泽东诗词十八首》，这也是最早出版的毛泽东诗词外文译本。9月版本为平装本，系苏联真理报社出版的《火花》丛书第38期，专门登载俄译毛泽东诗词18首。全书32页，发行量高达15万册。内容版式和《诗刊》载毛泽东诗词相同，卷前收录毛泽东给臧克家等同志信的俄译文，18首诗词及注释的俄译文按中文式样排列，卷尾是俄文译者撰写的《跋》，封面上有十分醒目的毛泽东肖像。

11月版为袖珍精装本，苏联外国文书籍出版局出版，蓝色布漆封面，特种书籍纸、红黑两色套印，全书76页，印数889册。扉页印有毛泽东肖像及毛泽东本人的签名，将平装本的《跋》作为《序》置于正文18首诗词之前，每首诗词的题解、注释和译文集中置于正文之后；每首诗词题目前均配有一幅由画家斯米尔诺夫绘制的具有中国风格的装饰性诗意画，是"早期国外出版发行毛泽东诗词译作中难得的精品"（谢太浩，2009）。两个版本都由苏联著名汉学家费德林和艾德林主编，马尔什佳、苏尔科娃等翻译。1960年8月，商务印书馆根据苏联外国文书籍出版局出版的精装本的译文，经韦光华注释，用俄汉对照的形式出版了《毛泽东诗词十八首》，印刷了15 000册，供读者学习参考。

毛泽东诗词在公开发表后仅8个月，就出版了两个不同的外文版本，且在苏联出版，这并非偶然。新中国成立后前10年，中国和苏联的外交关系处于"蜜月期"。1956年苏共二十大以后，中苏两党开始出现分歧，但"中国共产党在许多问题上对苏共都给予支持""经过中国和各国社会主义力量的共同努力，世界上的反苏反社会主义潮流被遏制住了。在这个过程中，中苏关系是良好的"（当代中国研究所，

2012: 304-305)。1957年6月,苏联政局发生重大变化、赫鲁晓夫面临严峻挑战,毛泽东公开表示支持赫鲁晓夫,"这使中苏两党两国的关系有了新的发展,苏联主动增加了对华经济科技援助"(当代中国研究所, 2012: 305)。

俄文译本主编之一费德林(Н.Т.Федоренко)1939年进入苏联外交部,旋即被派遣到苏联驻中国大使馆工作,先后在中国工作12年,从普通外交官擢升为文化参赞,直到大使,五十年代中期,他由外交部第一远东司司长升任为副部长,一直主管中国事务。1949年和1958年,作为外交官和中国问题专家,先后参与了毛泽东同斯大林在莫斯科的会谈和毛泽东同赫鲁晓夫在北京的会晤。这位"中国通"在中苏"蜜月期"的交往中发挥了重要作用,毛泽东诗词俄文版的及时出版是他为促进中苏友好关系所做工作之一。俄文版《毛泽东诗词十八首》赶在毛泽东率中国党政代表团赴苏参加社会主义革命40周年庆典前夕出版,这对增进中苏两国人民的了解和友谊,对巩固社会主义阵营无疑具有非同寻常的意义。"这两种版本的先后出版,为毛泽东诗词在苏联和各人民民主国家的传播起到了积极作用。"(谢太浩,2009)

2.5 我国第一个《毛泽东诗词》外文单行本

毛泽东诗词作为政治性和艺术性结合的典范,体现了当下主流政治意识形态和文学话语,在国内公开发表,除了其文学价值,也具有极大的政治意义。诗词在《诗刊》创刊号发表以后,其外译工作就被提上了外文书刊出版单位的议事日程。

2.5.1《中国文学》刊载英译毛泽东诗词十八首

20世纪50年代,我国致力于对外译介新中国文学成就的专业刊物是北京外文局出版的英文刊物《中国文学》(Chinese Literature)。该刊物是在时任对外文化联络事务局局长洪深的倡议下,得到文化部副部长周扬的支持,由刚刚从英国归来的作家叶君健负责筹备,1951年创刊,以从事对外文化交流。创刊初期,"《中国文学》的订户和读者主要分布在亚非等第三世界",后来"刊物发行到一百多个国家和地区"(徐慎贵,2007)。《中国文学》在新时期中国文学对外译介方面成就卓著。"这份刊物一度是中国文学作品走向世界的唯一窗口,在新中国文学外译史上,起到奠基石的作用。"(陈岚,2008)美国汉学家金介甫(Jeffrey C. Hindley)认为,"到1979年为止,真正引起西方对中国新时期文学关注的是《中国文学》"(金介甫,2006)。

《中国文学》杂志隶属于政府机构中国外文局,这种国家机构组织实施的文学作品外译的根本目的是"扩大我国的国际影响,推动我国社会主义现代化建设"(杨正泉,1999:1)。这里的影响,除了指中国文学的影响,也包括新中国政治的影响。要实现这一对外宣传的根本目的,宣传的内容不得不紧随当下政治意识形态,反映当下主流文学话语。外文出版社1960年工作规划草案称:"1960年《中国文学》月刊的性质、方针和任务遵照过去的规定不变,宣传内容仍以反映中国人民的革命斗争和社会主义建设的伟大成就为重点,并以多种方式,从各个方面,宣传和阐明毛主席的文艺思想。"(转引自吴自选，2012）毫无疑问，将新中国领袖毛泽东的诗词翻译成英文对外传播，既是"宣传和阐明毛主席的文艺思想"的一种生动方式，也是"扩大我国的国际影响"的一种手段，也能间接鼓舞建设新中国的斗志，以"推动我国社会主义现代化建设"。

《中国文学》1958年第3期发表了《诗刊》创刊号上登载的毛泽东18首诗词的英译文，译者署名安德鲁·波义德（Andrew Boyd）。毛泽东诗词在《诗刊》甫一刊出，时任《中国文学》的负责人叶君健认为"自然应该尽快在刊物上发表这些诗词的英译"。因为毛泽东诗词的特殊性，他向"毛选翻译委员会"联系，希望他们提供译文，未果，只得自己努力翻译。在外文出版社英文组负责人于宝矩的"协同"努力下，叶君健1958年完成诗词的英译，同年在《中国文学》发表（叶君健，1991）。从叶君健的回忆可以看出，《中国文学》上发表的毛泽东诗词18首的译文其实是以叶君健为主，在于宝榘的协同下完成的。译者署名波义德，一是很可能他参与了译文的润色，二是署名外国人也许有助于国外读者对译文的接受，三是当时国内出版的对外宣传的译文"都是不具（国内）译者姓名的"（徐知免，2005）。

刊载毛泽东诗词18首的《中国文学》第3期第1页，顶上约占1/3页面是一张毛泽东乘火车出巡的半身照，中间约1/3页面是大字体的 MAO TSE-TUNG EIGHTEEN POEMS（《毛泽东诗词十八首》），下面约1/3页面是《毛泽东诗词18首》的简要说明，说明如下。

> 后载毛泽东诗词18首，写于1928-1956年，1957年1月在《诗刊》发表。其中16首是词，只有《长征》和《赠柳亚子先生》是律诗。欲了解有关这两种诗歌体裁，读者可阅读本期141页《中国古诗词格律》一文。在译文中，原诗词独

第二章　毛泽东诗词结集出版与我国首个外文版本的诞生

特的节奏和韵式不能保留，这是很自然的。除注明是诗人原注以外，所有注释为编者所加。

简要说明未对诗词思想性和艺术性做任何评价，可以看出，编者尽量采取的中立而又谨慎的态度。译者对原作的理解全面，译文紧扣原文，没对原诗内容随意增减和改动。原诗词的节奏韵式未能在译文中保留，这是无法克服的汉英语言差异所致。总体而言，译者对待这些诗词作品英译的态度是十分谨慎的。从词牌名的翻译、译文加注和译文原文行数的对应即可见译者谨慎态度之一斑。先说词牌名的翻译。16首词的词牌名，1个意译，15个一律用威妥玛拼音法音译。词牌名"十六字令"意译为 to the melody Sixteen Characters，其他音译词牌名是"沁园春"（to the melody Shen Yuan Chun）、"菩萨蛮"（to the melody Pu Sa Man）、"西江月"（to the melody His Chiang Yieh）、"如梦令"（to the melody Ju Meng Ling）、"清平乐"（to the melody Ching Ping Lo）、"忆秦娥"（to the melody Yi Chin-o）、"念奴娇"（to the melody Bien Nu Chiao）、"浣溪沙"（to the melody Wan His Sha）、"浪淘沙"（to the melody Lang Tao Sha）和"水调歌头"（to the melody Shui Tiao Ko Tou）。再说加注。除了原诗词所附诗人自注以外，编者加了少量注释，主要是地名和意象。地名如"长沙""黄鹤楼""井冈山""宁化、清流、归化""会昌""大柏地""娄山关""六盘山""昆明湖""北戴河"。意象的注释，例如"茫茫九派流中国"中的"茫茫九派"，英译为"the Great River"，编者加注"The Yangtse"；"沉沉一线穿南北"中的"沉沉一线"英译为"the line"，加注释"The Peking-Hankow Railway line"。"何时缚住苍龙"中的"苍龙"英译为"The Dragon"，加注释"This refers to the

— 43 —

invading Japanese army"。最后，每首诗词译文的行数和原文相同，译诗的分节和原作也保持一致。译者遵循谨慎原则，固然和严谨的治学和翻译态度有关，但我们恐怕也不能完全否认特定意识形态语境对翻译态度和翻译策略的影响。

2.5.2 我国第一个毛泽东诗词外文单行本

叶君健在翻译《诗刊》创刊号上发表的毛泽东诗词18首后，准备在《中国文学》发表时，"外文出版社英文组的负责人于宝矩曾协同做出过很大的努力，因为外文出版社也要出毛诗英译的单行本"（叶君健，1991）。毛泽东诗词18首在《中国文学》1958年第3期即5-6月号上发表，为外文出版社毛泽东诗词英文单行本在同年9月的顺利出版打好了基础。该单行本就是1958年9月出版的英文版《毛泽东诗词十九首》。前18首诗词的译文就是《中国文学》1958年第3期发表的译文，第19首《蝶恋花·赠李淑一》由外文出版社英籍专家戴乃迭（Gladys Yang）女士翻译。

单行本的副文本很丰富。单行本封面上有中、英文书名，目录前是出版前言，目录后是诗人臧克家为这本英文版写的序言，序言后是毛泽东1957年1月12日关于诗的一封信及手迹的插页。注释比《中国文学》发表的译文所附注释详细，每首诗词后都有时代背景和典故等的简要注释，注释根据周振甫的中文注释改写。书的最后是臧克家对19首诗词的讲解。除了封面的汉语书名和手迹插页上的汉语文字以外，全书皆为英文。该单行本为34开平装本。

这个英译单行本1959年3月又出了新版，新版书名为《毛泽东诗词》，但收录的诗词同样是十九首，译文和1958年版本完全相同。主要不同在于，译本中的副文本内容作了调整，不再收录毛泽东那封谈诗的书信，也不再收入臧克家的序言和讲解文章，把有关十九首诗词的简要注释集中放在诗词后面。这个版本重点突出十九首诗词本身。译本内的插页换成了《沁园春·雪》和《蝶恋花·赠李淑一》的手迹。新版的装帧比1958年版本美观，为34开全绸布面精装，封面为深紫红色，书名为毛泽东手迹，烫赤金，护封用白色铜版纸，正中印齐白石画《祖国万岁》的彩墨"万年青"，配红黑二色英文书名，书前有毛泽东在杭州西湖的照片一副。

1959年英译版本和1958年英译版本收录作品和译文完全相同，因此都可归入我国第一个毛泽东诗词英译单行本。

2.6 小结

在诗词作品正式结集公开出版之前，毛泽东的诗人身份已通过外国友好记者斯诺、史沫特莱等的作品中的零星译介为英语世界所知晓。新中国成立后，我国进入毛泽东时代，主要出于意识形态语境（包括对外关系、文学主流话语和社会意识形态）的需要，毛泽东诗词经诗人亲自审定后公开集中发表和结集出版，并在国内广泛传播。毛泽东诗词结集出版后不久，与新中国具有相同意识形态语境的政治同盟国苏联推出俄文译本，也是首个毛泽东诗词外文译本。次年，毛泽东诗词英译文在中国官方主办的英文刊物《中国文学》上集中发表，紧接着出版诗词英译单行本。

第三章

毛泽东诗词"官译本"的翻译出版

最早的毛泽东诗词英文单行本于 1958 年出版发行，仅收录当时已公开发表的 19 首诗词。《中国文学》1960 年第 1 期、1963 年第 1 期和 1966 年第 5 期分别刊载了毛泽东新公开发表的诗词 2 首（以及已收入《毛泽东诗词 19 首》英文本的《赠李淑一》）、6 首和 10 首的英译文。1961 年 1 月，经中央同意成立了由中宣部文艺处处长袁水拍任组长的毛泽东诗词英译本定稿小组，为全面修订诗词旧的译文和翻译新发表的诗词做了大量工作。1966 年开始的"文化大革命"，使整个翻译和定稿工作停顿。1974 年秋，英译定稿小组始能继续毛泽东诗词的翻译定稿工作，1976 年"五一"节《毛泽东诗词》（三十九首）英译本正式出版。由于是在北京出版，一般被国外人士当作是"官方定本"或"官译本"。特殊身份诗人的作品在特殊年代经特殊方式翻译出版，既是为了有效输出主流意识形态和文学，也是为了更好地对外传播毛泽东个人形象。

3.1 1960—1970 年代我国社会历史环境概述

　　进入 20 世纪 60 年代，国际力量结构开始分化和改组，资本主义和社会主义两大阵营出现分化。这一方面是由于国际力量对比发展的不平衡，另一方面是因为苏美两个超级大国在各自的阵营内推行大国主义和不平等政策。与此同时，亚非拉绝大多数国家在万隆亚非会议之后都获得了独立，成为国际舞台的新兴力量，直接冲击以苏美为首的两大阵营。由于两个阵营的分化和世界其他力量的发展，二十世纪七十年代国际力量结构朝着多元化方向发展，这比六十年代大分化、大改组的变化更为深刻。世界上不再仅仅有苏美两个超级大国，而是有美国、苏联、欧洲、日本和中国五大力量中心。毛泽东在 1974 年提出"三个世界"的重要论断，认为"美国、苏联是第一世界。中间派，日本、欧洲、加拿大，是第二世界。咱们是第三世界。美国、苏联原子弹比较多，比较富。第三世界人口很多。亚洲除了日本都是第三世界。整个非洲都是第三世界，拉丁美洲是第三世界"（顾关福，2010：72）。毛泽东三个世界的划分，"既客观地反映了 70 年代力量结构的新组合，同时也分清了几类国家的政治性质和政治分野，非常有利于世界人民集中矛头反对霸权主义"。该论断"极大鼓舞了第三世界国家，使反霸斗争进入了一个新阶段"（顾关福，2010：72）。尼克松提出美、中、苏战略"大三角"的构想，表明二十世纪七十年代虽然还存在美苏两极，但各种国际力量的发展已超出了美苏的控制，"世界多元化、多层次、多中心的趋势已经不可逆转"。战略"大三角"形成的根源在于中国的强大和中国国际地位的提升。到了七十年代，中国的作用和地位非同以往了。1971年10月，二十六届联大恢复了中国在联合国的合法席位，同时恢复了中国安理会常任理事国的席位。在1970年到1980年的十年间，同中国建交的国家有75个，比新中国成立后二十年内同中国建交的总数还多二分之一。(顾关福，2010：73)

3.2 "官译本"的生产——政治任务

整个二十世纪六七十年代，毛泽东在国内具有无上的权威，毛泽东思想和马克思主义、列宁主义一起"空前大普及"。普及的主要途径是发行马列毛泽东著作。1976年5月22日《人民日报》头版头条《马列著作毛主席著作发行量大幅增长》报道，"文化大革命"十年中，"全国新华书店共计发行马列著作和毛主席著作四十八亿册""《毛泽东选集》发行二亿二千五百八十万部""在祖国辽阔的土地上，从天山南北到乌苏里江，从内蒙古草原到南海诸岛，马列著作和毛主席著作发行到哪里，哪里就是一片欢腾。"由此也可想象广大群众对毛泽东诗词的热情和毛泽东诗词的普及程度。

到二十世纪七十年代，中国的国际地位和中国发挥的国际作用也大大提升。借助于《毛泽东诗词》的翻译出版，对外传播毛泽东诗人形象，无疑有助于提升毛泽东作为中国政治领袖的国际地位，尤其是在根据毛泽东的世界划分理论属于"第三世界"的亚非拉国家。作为新中国文艺中思想性和艺术性相结合、革命现实主义和革命浪漫主义相结合的典范，毛泽东诗词外文版的出版也有助于对外传播新中国的优秀文学作品。在特定的意识形态语境下,毛泽东诗词的翻译不是纯粹的语言转换活动,而是谨慎的"政治任务"。

3.2.1 翻译活动的组织

1958年9月,毛泽东诗词的第一个英文单行本《毛泽东诗词十九首》出版。同年10月,《人民日报》发表毛泽东《送瘟神》二首;1962年5月,《人民文学》发表毛泽东第二次国内革命战争时期创作的《词六首》,次年12月发表新的诗词十首。《中国文学》在1960年第1期、1963年第1期和1966年第5期上分别刊载了上述三次发表诗词的英译文。

从毛泽东诗词18首在《诗刊》创刊号上公开发表,到《中国文学》刊载英译文,时间相隔18个月,而1963年发表的新诗词十首的英译文要等34个月才在1966年5期《中国文学》刊出。最初18首诗词英译是以叶君健为主,在于宝矩大力协助下完成的,而1966年5期刊载的10首诗词的英译文是"团队"共同努力完成的。如果毛泽东诗词18首在《中国文学》1958年第3期发表时,主要是把诗词作为文学作品对外译介,诗词的翻译主要是作为比较纯粹的语言转换活动或艺术,那么《中国文学》1966年第5期刊载毛泽东诗词也许不再是比较单纯的文学对外传播了,其翻译更主要被视为需高度谨慎的政治活动。如果最初18首诗词的翻译可以被视为"个人行为"的话,那么《中国文学》1966年第5期刊载诗词的翻译就是典型的"组织行为"了。如果最初翻译18首诗词的译者可以在一定程度上被视为能尽可能发挥主观能动性、体现个人翻译风格的"显性"译者,1966年5期刊载译文的译者则是典型的尽可能约束主观能动性、掩盖个人翻译风格的"隐性"译者。这些差异是和毛泽东诗词翻译活动的组织紧密相关的。

毛泽东诗词翻译定稿活动的赞助人由多方组成,下自《中国文学》杂志社、外文出版社,上至中宣部,都是赞助人。由时任《中国文学》杂志负责人的叶君健提议,有关部门向上级申请,同意成立毛泽东诗词英译定稿小组,由袁水拍担任组长,乔冠华、钱钟书、叶君健作为成员参加。定稿小组成员皆是具有不同背景的权威人士。诗人兼翻译家的袁水拍身为中宣部文艺处处长,从政治上把关,"对原作的解释具有最后的发言权",在外交部任职的乔冠华除参与对原作的解释,还负责与作者毛泽东的沟通。(叶君健,1991)曾任《毛泽东选集》英译委员会主任委员、学贯中西的大学者钱钟书和《中国文学》杂志负责人叶君健主要负责诗词的翻译和译文润色。后来小组增加了诗、词、曲名家赵朴初作为成员,并请英文专家艾德勒(S. Adler)协助译文的润色工作。成立这样一个高规格的英译定稿小组,其目的从小组成立前袁水拍以笔名酒泉在1960年22期《文艺报》发表的题为《在河北厅里》的文艺笔谈就可看出。文章首先评价外文出版社出版的《毛泽东诗词》英译本(即1959年对1958年出版的《毛泽东诗词十九首》英译本的再版),指出了译文中一些值得商榷之处。在文章的结尾处,他说他指出译文的不足,"只是希望译文尽善尽美,以便满足全世界广大读者的要求,并且鉴于这是我国自己出版的译本,很可能被英语国家以外其他各国作为根据,以译成他种文字,也就更加热切地期望这个译本能够进一步达到信、达、美的要求了"(酒泉,1960)。袁水拍位居中宣部文艺处处长,他的意见在很大程度上就是政府部门的意见,就是当下最高级别翻译赞助人的意愿。因为诗人毛泽东地位特殊,其诗词作品在当时的意识形态环境下并不是仅当作纯粹的文学作品来欣赏和传播。翻译的过程,是一个改写和阐释的过程,不同的译者可以对同一文学作品做不尽相同的改写和阐释,对于"无达诂"的诗词,导致不同改写和阐释的可能性比一般文学作品要大。因此,毛泽东诗词英译定稿小组的成立是突出政治性的特殊时代的需要,是政治正确的保障。

1961年英译定稿小组的成立,保证了翻译的"政治正确",但翻译的"谨慎"也属罕见。1962年《人民文学》5月号发表了毛泽东的《蒋桂战争》等6首诗词,英译定稿组9个月内就完成了英译并发表。为了翻译并定稿,1963年12月人民文学出版社和文物出版社同时出版的《毛泽东诗词》单行本37首诗词中曾未发表的10首诗词,英译定稿小组用了34个月。这10首新发表诗词的英译1965年夏就已初步完成,袁水拍"通过中宣部将新译文及过去的旧译一并发往国内几个主要省市宣传部转各有关大学的英语教授征求意见"(叶君健,1991)。定稿小组根据反馈的意见,再对这10首新诗词的英译定稿,由此可见特殊意识形态环境下,特殊文本的译者的谨慎态度。10首新诗词译文1966年在《中国文学》5月号发表不久,"文革"开始,小组主要成员再也无法继续修订毛泽东诗词英文旧译,因为"袁水拍得接受审查,钱钟书靠边,至于乔冠华,我也无法与之联系,接着我自己也被专政"(叶君健,1991)。1974年秋,小组成员相继参加英译文修订,不久修订完成。1975年初,袁水拍和叶君健一道去上海、南京、长沙、广州等地,在多所大学召开一系列译文讨论会,向大学外语系师生及有关人士（如毛泽东的老友周世钊老人）征求意见。然后小组根据各地收集的意见，"经多次的反复推敲"，译文终于定稿，袁水拍负责送定稿到有关上级部门审核。

毛泽东诗词翻译定稿的组织和《毛泽东选集》英译定稿的组织相似。翻译及定稿的条件优越：定稿小组成员的政治理论修养或语言的驾驭能力都无可挑剔，诗词中的疑难可得到诗人亲自解答，在定稿基础上可再广泛征求大学师生和有关人士的意见，结合反馈意见最终再反复推敲讨论，形成终稿。相较于一般的文学作品的翻译，毛泽东诗词翻译定稿参加人员之广、标准掌握之严、译员热情之高都是罕见的。

3.2.2 译本的出版发行

毛泽东诗词的翻译不是一般文艺作品的语言转换活动，同样，毛泽东诗词英语译本的出版发行不是简单的图书面世的一个环节。它的翻译和出版发行都是和当下意识形态或者说政治生活紧密相关，是特殊历史时期的政治生活中的一件大事。外文出版社出版的《毛泽东诗词》（三十九首）英译本，选择有特殊政治意义的"五一"国际劳动节这天，在北京、上海、广州等大城市同时发行。中国共产党中央委员会的机关报、中国第一大报、中国最具权威性、最有影响力的《人民日报》在1976年4月30日头版头条以《〈毛主席诗词〉英译本出版》[①]为题，对毛泽东诗词英译本出版发行做了报道。报道对诗词的政治影响作了简

---

①译本封面英文书名 MAO TSETUNG POEMS，即《毛泽东诗词》，但《人民日报》新闻报道通篇用"毛主席"而不是"毛泽东"，汉语书名也用《毛主席诗词》。

第三章 毛泽东诗词"官译本"的翻译出版

要概括,认为"反映了半个世纪以来中国人民革命各个历史时期——包括社会主义革命时期以及国际共产主义运动中波澜壮阔、天地翻覆的阶级斗争和路线斗争"的"气魄宏伟的"毛泽东诗词,"具有深刻的政治思想教育意义和巨大的革命鼓舞作用,是反对资产阶级、反对帝国主义、反对现代修正主义的锐利武器,不仅为中国人民所热爱和传诵,也为全世界无产阶级和革命人民群众所爱好和推崇"。认为英译本的出版将会满足外国读者"多年来的期望和需要"(《人民日报》1976)。除《人民日报》,中央人民广播电台、中央电视台也播发了新华社的《毛泽东诗词》英译本出版的消息。

《毛泽东诗词》英译本版式多样,总体装帧精美。共五种版本:小八开特种精装甲种本、小八开特种精装乙种本、二十八开精装本、二十八开平装本、五十开袖珍本。小八开特种精装甲、乙种本都是紫红丝绸烫金字封面,书脊也是烫金字。小八开特种精装甲乙种本正文英汉对照排列,其他版本正文全英文。目录前附毛泽东庐山照片,并印有毛泽东亲笔签名;此外还附有用宣纸精印毛泽东手迹《忆秦娥·娄山关》词。平装本封面是银白色梅花底纹。

英译本出版发行后,国内外语院系,尤其是英语系师生,学习毛泽东诗词也不仅仅是作为纯粹的文学作品去欣赏,很大程度是作为意识形态斗争的工具。译本出版不久,北京外国语学院英语系举行了一场英译毛泽东诗词朗诵会,出版一个月后,英语系于6月10日召开了老、中、青教师代表4人,工农兵学员代表4人参加的师生座谈会,"大家畅谈了对毛泽东的光辉诗篇英译本的体会"。新华社对外部派人参加座谈会,"希望大家谈谈意见",以便改进译文。参加座谈会的英语系副主任许国璋的发言，代表了毛泽东诗词英译本的出版在外语师生中的反响："外语学院系领导都很重视，革命师生欢欣鼓舞，奔走相告。"他认为，"盼望已久的由我们自己翻译的毛主席诗词英译本"的出版，英语工作者感到"无比光荣，无比亲切"，一定要认真学习运用这一"强大的思想武器"，"更自觉地改造自己的世界观，为贯彻毛主席革命外交路线多出一分力量"（北京外国语学院英语系，1976）。

1976 年版《毛泽东诗词》英译本出版时间的选择、中国共产党中央委员会的机关报所做头版头条新闻报道，以及出版后在外语师生中的反响，更使这个版本成为中外读者心中的《毛泽东诗词》英译的"官方译本"，虽然我国官方并未给这个英译本如此定性。

同年 9 月，商务印书馆出版了《毛泽东诗词》英汉对照版，英译文与外文出版社出版的"官方译本"相同。

3.2.3 完成"政治任务"的译者的心态

"通常对文学的意识形态要比对文学的诗学更为感兴趣"的翻译赞助人"时刻在操纵着翻译活动的全过程"，不但要控制翻译作品的意识形态、出版，也控制译者的经济收入和社会地位。（lefevre，1992：26）一般翻译作品的赞助人性质比较单一，而毛泽东诗词翻译的赞助人包括外文出版社、中宣部，也可以说整个中国政府，因为国务院总理周恩来亲自领导（杨绛，2004：151），"总理在世时，对毛主席诗词英译本的工作很重视，并亲自看过译稿，提出宝贵的意见"（北京外国语学院英语系，1976）。

3.3 译本分析

3.3.1 收录诗词

"官方译本"收录毛泽东诗词 39 首,它们是 1957 年《诗刊》创刊号发表的 18 首,1958 年《人民日报》发表《蝶恋花·赠李淑一》和《送瘟神二首》,1962 年 5 月《人民文学》发表的第二次国内革命战争时期创作的《词六首》,1963 年 12 月《人民日报》发表新的诗词 10 首和 1976 年 1 月人民出版社出版的《词二首》。该译本是在对"文革"前发表于英文刊物《中国文学》上面的 37 首诗词译文进行全面修订的基础上,加上新译的 1976 年 1 月发表的两首而形成的。

3.3.2 翻译原则

毛泽东诗词的英语"官译本"是集体翻译的结果。从译本本身和参与翻译人员的回忆来看,该翻译小组遵循了下列翻译原则。

(1)"政治"上的慎重。翻译毛泽东的诗词,译者不但要正确理解诗词本身的文字意义,还要正确把握诗词作品的政治内涵。在特殊时代翻译特殊身份诗人的作品,译者在政治上也特别慎重。钱钟书被邀请参加毛泽东选集翻译时就说,这翻译"不是好做的,不求有功,但求无过",这也反映了他参与毛泽东诗词翻译定稿的心态。很明显,他所谓的"过"不是指译文本身在语言表达方面的"过错",而是指对作品政治内涵阐释的"过错"。翻译小组成员之一的叶君健,当对诗词原作的理解与另两位成员袁水拍和乔冠华不一致时，"总是以他们的看法为准"，因为他们是来自中央机关和外交部的负责人，"政治素质高，见多识广"（叶君健，1991）。叶君健的谨慎，显然出于"政治正确"的考虑。对诗词加注也需政治上"无过"。译本在最后出版时，仅保留了诗人自己的注释，译者的注释"一律撤销"。近二十年后，译者叶君健回顾当时的这一决定，认为撤销译者添加的注释也许是译本的"美中不足"，但"考虑是慎重的"（叶君健，1991）。

（2）追求"信"和"雅"。毛泽东诗词作为艺术品，翻译应遵守"信"与"雅"的文学翻译的基本要求。毛泽东诗词翻译定稿小组统一的要求是"译文既要'信'（包括意义、意境和政治的'信'），又要'雅'——也就是具有相当高水平的'诗'，而且是现代的'诗'，不是古色古香的'诗'（因为原诗所表达的是生气勃勃的现代生活和思想），虽然原作所采用的形式是中国的古典诗词"（叶君健，1991）。翻译小组的人员构成，基本能确保译本既"信"又"雅"，他们还有机会"广泛请教有关专家和英语界的人士"，最后英译文风格"基本上能达到一致认可的程度"（叶君健，1991）。当然，集体翻译和个体翻译有一个根本的不同，那就是集体中的所有个体很难对译本"一致认可"，有些个体必须妥协让步，否则难以产生最后的译本；而从事个体翻译的译者不需要和其他人达成一致，说服自己即可。

3.3.3 对官译本的评价

生产"官译本"所具有的条件，可以说是生产其他译本难以具备的，但"官译本"并未得到读者的一致认可和好评。有人对官译本部分肯定，也有人对其大加赞扬。赵甄陶、吴翔林和许渊冲都有自己的毛泽东诗词英译本，也进行了相关的理论探讨，他们对官译本的评价基于自己的毛泽东诗词英译实践和理论研究，都有一定的说服力。赵甄陶认为"国内外许多读者对译笔感到不满"，一是因为"原诗词本为格律诗，但不幸译成既无轻重节奏、又未押韵的自由诗"，二是因为"英译本译笔上"的"错误或不妥之处"（赵甄陶，1978）。赵甄陶在《外语教学与研究》上连续发表两篇文章，指出"官译本"中"错误或不妥之处"。吴翔林对该译本评价较高，认为和1977年以前的几个英译本相比，"这个译本是可靠的，语言准确洗练，远胜其他译本""其他译本在不同程度上不妥及错误之处较多"（吴翔林，1978：52）。许渊冲认为"官译本"基本上是根据外文出版社的1958年译本和香港东方地平线出版社1966年出版的黄雯译本，"取长补短，略加增删，修订而成，译文比较精炼；但是原诗许多妙处，尤其是难译的地方，译得似乎还不够，不能引人入胜"（许渊冲，1979）。外文出版社1958年译本收录诗词19首，黄雯译本收录27首，但1976年译本收录39首，说1976年译本"基本上"是对1958年译本和黄雯译本"取长补短，略加增删，修订而成"，有失公允。朱树飏对官译本的评价也不高，认为"这个本子大部分是直译，表达原诗词的风味不足"（朱树飏，1981）。韩素音说，她"读过许多毛泽东诗词的外文译本，但按'信'和'雅'的标准来要求,还没有一种译本达到完美的境界"(韩素音序赵甄陶译《毛泽东诗词》(汉英对照)1992)。韩素音没明确说读过"官译本",但我们可以肯定她读过的许多外文译本中包括"官译本"。吴欣阅读了毛泽东诗词各种版本,"觉得还是外文出版社的译本(指"官译本"——引者注),更能体现它(毛泽东诗词)的博大精深、绚烂多彩""译作体现了原作的审美意识,发掘了原作的内在美,尤其是在'气势美''情感美''景致美'等方面,把握了原作的精华,并娴熟地用精到的意向语言表述了出来,为世界文学的百花园增添了一朵奇葩"(吴欣,2009)。

韩素音系英籍华人作家、翻译家,在英文作品《黎明的洪涛:毛泽东与中国革命》(The Morning Deluge: Mao Tsetung and the Chinese Revolution)、《塔中风:毛泽东与中国革命 1949—1975》(Wind in the Tower: Mao Tsetung and the Chinese Revolution 1949—1975)中,引用多首毛泽东诗词,译文系自己翻译。韩素音对毛泽东其人、诗词作品及作品的翻译都有深入的研究。朱树飚毕业于西南联大,留学美国,回国后任洛阳外国语学院英美文学教授,他对"诗词风味"的感受应该应比一般读者更敏感。在他们看来,"官译本"或许有这样那样的不足,但总体来说,官译本对原作的理解"可靠",译文语言"精炼"。由于诗人身份特殊、时代政治气氛浓厚,该译本以传意为主,尽量避免理解偏差,试图完整准确地传递毛泽东诗词的思想内涵。在这样的翻译原则指导下,难免译文似分行散文,"诗味"不足。

有必要指出的是,赵甄陶所指出译本中"错误或不妥之处",也许大部分和诗词作品的"文学性"关系不大,倒关系到百科知识的正确性。如赵甄陶在《就毛主席诗词英译本谈谈译文中的几个问题》一文中探讨了这样一些问题："芙蓉国"的"芙蓉"是"木芙蓉"吗？梅李不分的译法恰当吗？"蓬间雀"是"麻雀"吗？"万丈长缨，要把鲲鹏缚"的"鲲鹏"译为 roc and whale 对吗？"蚍蜉"是 mayflies（蜉蝣）吗？"五洋捉鳖"之"鳖"单纯译为 turtles 而且无译者注释，行吗？"桂花酒"是 cassia wine 或 laurel brew 吗？ 在文学作品，尤其是诗词作品中，这类"动植物"或食物除非是作品描述的对象，否则这些名称翻译在科学上的准确性一般不会引起读者的关注，即使不够准确，也不会破坏作品的主题、意境等。"官译本"尽管有这类"知识性"错误与不妥，整体上做到了"信"于原文，对原作的理解就是"可靠"的。

就"官译本"产生的影响而言，也是其他译本难以企及的。1976年英文版"官译本"成了随后其他语种译本的蓝本。虽然其他语种译本的赞助人也是外文出版社或者中国政府，在选择外语译本蓝本时会首先考虑到自己赞助出版的译本，但该蓝本对原作精神的把握、译语的简练性，是当时其他任何译本都不能相比的。其后国外英文毛泽东传记引用毛泽东诗词时，其译文大多照录官译本，或在官译本基础上做一定改动，这也说明了该译本在国外读者心目中的地位。

3.4《毛泽东诗词》英译之目的

官方组织的《毛泽东诗词》英文翻译同样不单是一项语言转换活动，而且是一项严肃的政治任务。

毛泽东既是诗人，又是政治家，不妨称作政治家诗人或诗人政治家。其诗词创作,是优秀的文学作品,但这些作品不仅是文学文本,也可作为政治文本来欣赏,因为这些诗词"是毛泽东思想的诗化表现"(马世奎,2006),"文革"末期出版《毛泽东诗词》英译本,主要是为了适应对外宣传毛泽东思想的需要。国内毛泽东思想和著作的宣传已达到"饱和"状态,四卷《毛泽东选集》英文版早在1961年已出版。在"文革"后期,毛泽东诗词由官方组织英译定稿并出版发行。

3.5 小结

成立高规格的毛泽东诗词英译定稿小组,是突出政治性的特殊时代的需要,旨在生产出"我国自己出版的译文定本",通过毛泽东诗词这一优秀文学载体,译介中国当今文学。从英译定稿小组成立到"官方译本"的出版,历经16年。该译本成为随后我国其他语种官方译本的蓝本,就译本产生的影响而言,是其他任何译本难以企及的。希望"成为我国自己出版的译文定本"的"官方译本",采用了自由诗体,整体上做到了思想内容"信"于原文、译文语言精练,但译文是集体合作的结果,在"诗味"等方面仍有"国内外许多读者对译笔感到不满"。

第四章

后毛泽东时代我国毛泽东诗词对外译介的"多元化"

从1949年新中国成立到1976年毛泽东去世,一般统称为"毛泽东时代"。就主流文学意识形态而言,毛泽东时代可划分为两个阶段,一是中国文学史(以及中国翻译史)上所谓的"十七年"阶段(1949—1966),二是"文革"阶段(1966—1976)。前一阶段毛泽东文艺思想全面推行,后一阶段毛泽东文艺思想激进发展。毛泽东时代的文艺创作(包括文学翻译)的总特征是创作主题、创作方法,乃至创作主体等"一元化"。我们不妨将毛泽东去世至二十世纪末的20多年称作"后毛泽东时代"。在后毛泽东时代,我国推行改革开放,意识形态逐步宽松,文艺的政治功能被弱化,创作者的主体意识得到强化,文艺的审美特征得以突出,创作技巧和创作方法走向多元,文艺创作不断繁荣,呈现出"多元化"的特征。(刘学明,2007)文学翻译作为文艺创作的一个重要组成部分,在后毛泽东时代呈现出新的气象,毛泽东诗词的对外译介表现出"多元化"的格局。

4.1 文艺创作提倡不同形式和风格的自由发展

"文革"结束后,我国的文学艺术创作迅速复苏。1979年10月,邓小平代表中共中央和国务院在中国文艺工作者第四次代表大会上致祝词。一方面,他指出"我们要继续坚持毛泽东同志提出的文艺为最广大的人民群众、首先为工农兵服务的方向",要求"文艺工作者要努力学习马列主义、毛泽东思想,提高自己认识生活、分析生活、透过现象抓住事物本质的能力","要给人民以营养,必须自己先吸收营养",营养来源于人民,"人民是文艺工作者的母亲";另一方面,他要求文艺工作者应"坚持百花齐放、推陈出新、洋为中用、古为今用的方针,在艺术创作上提倡不同形式和风格的自由发展,在艺术理论上提倡不同观点和学派的自由讨论""在文学事业中,绝对必须保证有个人创造性和个人爱好的广阔天地,有思想和幻想、形式和内容的广阔天地"。(邓小平,1994)1980年初,邓小平在讲话《目前的形势和任务》中明确表态"不继续提文艺从属于政治这样的口号",但同时强调"不是说文艺可以脱离政治"。1984年12月和次年1月中国作家协会第四次代表大会召开,中共中央书记处的祝词再次提出"创作自由"的口号,表示"作家有选择题材、主题和艺术表现方法的充分自由,有抒发自己的感情、激情和表达自己的思想的充分自由"(胡启立,1984)。邓小平在第四次文代会上的祝词是中国共产党在后毛泽东时代的文艺纲领,为文艺工作的发展和繁荣指明了方向;邓小平的"不继续提文艺从属于政治的口号"的表态和中共中央书记处在第四次中国作协代表大会上的祝词进一步激发了文艺工作者创作的激情。主流意识形态对文艺创作的不同形式、不同风格自由发展的鼓励，对不同艺术理论观点和学派自由讨论的许可，对个人文艺创作创造性和爱好的广阔天地的保证，使翻译工作者享有了更大的创造自由，他们更大的创造热情也被激发出来。这无疑促成了后毛泽东时代我国毛泽东诗词对外译介的多元化格局。

4.2 对外译介的多元化格局

我国对文艺创作不同形式和风格的鼓励，激发了文艺工作者（包括翻译家）的创造热情，使毛泽东诗词翻译主体多元化，毛泽东诗词翻译风格多元化以及毛泽东诗词翻译出版单位多元化。

4.2.1 翻译主体的多元化

改革开放前，或更准确说，在"文革"结束前，毛泽东诗词翻译的主体比较单一。《中国文学》先后5次刊登毛泽东诗词的英译文，1958年第3期刊登18首诗词英译文，署名译者为波义德；1960年第1期刊登3首诗词英文，译者为戴乃迭；1963年第1期刊登6首诗词译文，由杨宪益和戴乃迭夫妇翻译；1966年第5期刊登了10首诗词译文，译者未署名；1976年第4期刊登了37首诗词译文，译者未署名。波义德、杨宪益、戴乃迭皆外文出版社工作人员，专职翻译。1966年

第四章　后毛泽东时代我国毛泽东诗词对外译介的"多元化"

和 1976 年刊登的译文虽然译者未署名，但相关文献表明，译者是毛泽东诗词英译定稿小组，小组主要成员之一的叶君健是《中国文学》杂志副主编。1958 年，外文出版社出版《毛泽东诗词十九首》英译本，其中前 18 首译者署名波义德，最后一首译者署名戴乃迭。这 19 首诗词的译文已在《中国文学》杂志发表。次年出版《毛泽东诗词》英译本，收录译文相同，只是简化了译文后的注释。1976 年外文出版社出版的"官译本"，译文和同年《中国文学》刊登的译文相同。我们不难看出，"文革"结束前毛泽东诗词的翻译者单一都是外文出版社工作人员或"翻译小组"。

"毛泽东时代"，有人对已发表或出版的毛泽东诗词译本"有过一些不同意见"，但在特殊的历史时期,这些意见"根本得不到重视"(裘克安，1978）。集体翻译毛泽东诗词这种合作形式，也有学者不以为然，认为"译诗如写诗，主要应该是个人努力的成果"，对原作的理解可集思广益，译文表达也可以听取旁人的意见，但译文最后定稿"要靠个人的英语形象思维"，"如果一首诗谁都可以去改改，七拼八凑，肯定会译不好"（裘克安，1978）。在"后毛泽东时代"，这些不同的意见有了充分表达的机会。

"毛泽东时代"结束后，毛泽东诗词翻译的主体出现多元化。严格讲，"毛泽东时代"结束前毛泽东诗词的翻译者已多元化，只不过这些译者是"隐身的"，他们的译作没机会发表或出版。"毛泽东时代"一结束，尤其是改革开放后，毛泽东诗词翻译者"涌现"出来了。马士奎在博士论文《中国当代文学翻译研究（1966—1976）》中，按照当下政治意识形态能接受的程度，将"文革"时期的文学翻译（包括中国文学的外译）的译作分为三种存在形式：公开译作、内部译作和潜在译作（马士奎，2007：83）。"毛泽东时代"结束后几年内出版的毛泽东诗词英译本，基本上都是"毛泽东时代"的"潜在译本"。吴翔林在《南京大学学报（哲学社会科学版）》1977年第4期上发表"试译毛泽东诗词21首"，此前"三年来数易其稿"（吴翔林，1977），次年出版《毛泽东诗词三十九首》英译单行本。1978年，洛阳外国语学院印刷厂印行许渊冲的《毛泽东诗词四十二首》（英、法翻译）。早在20世纪60年代，许渊冲认为当时的毛泽东诗词英语和法语译本多译成分行散文，没能传达出原诗词的美感，因此在接受劳改和批判之余就已偷偷把毛泽东诗词翻译成英、法语韵文。赵甄陶在1980年就正式出版了毛泽东诗词英译本，1980年《东北师大学报》增刊专门登载黄龙翻译的毛泽东诗词43首。这些译本在"毛泽东时代"结束前就基本定稿了，只不过还没机会出版。二十世纪七十年代末八十年代初集中出版了几种毛泽东诗词新的英译本，九十年代和进入二十一世纪不断有翻译家加入毛泽东诗词英译者行列，提供新的译作。他们都是国内高校教师，绝大多数译本由译者一人完成，也有中外合作翻译，如赵恒元 & Paul Woods（1993）。

4.2.2 出版机构多元化

毛泽东时代的文学翻译在翻译主体（大多是集体翻译，且译者不署名）、翻译选材（服务于当下的政治意识形态）、译作发行范围（相当部分是内部发行）等方面与其他时期存在明显差异。1966年"文革"

第四章 后毛泽东时代我国毛泽东诗词对外译介的"多元化"

开始后,我国文学翻译(无论外译中还是中译外)工作基本停滞,文学翻译的出版也基本处于停顿状态。"文革"结束前,毛泽东诗词在国内已空前普及,拥有任何其他文学作品不可及的崇高地位,毛泽东诗词英译本也只有中国外文局所属外文出版社能出版,即便是刊载毛泽东诗词译文的《中国文学》也由外文出版社出版。以毛泽东诗词英译"官译本"为蓝本翻译出来的其他语种外语译本,也由外文出版社出版。外文出版社是毛泽东诗词外文译本的唯一赞助人,这有利于译文质量的把关。但单一的出版机构,也即是单一的译本赞助人,无疑不利于翻译艺术的"百花齐放"。

"毛泽东时代"结束后,尤其是改革开放后,文艺工作者和出版机构受到意识形态的束缚减少,享有更多的创作、翻译和出版的自由。1978年以前,除北京、上海两个出版基地以外,其他各地的出版社一直执行"地方化、通俗化、群众化"的出版方针,主要出版本省需要的课本和政治读物以及其他通俗性的工农业生产和文艺读物。(潘国彦,1996)毛泽东诗词英译本明显不符合"地方化、通俗化、群众化"标准,在地方出版社是难以出版的。之后,国家针对新形势调整地方出版社出版方针为"立足本地,面向全国",新的出版方针不但拓宽了出版社出书范围,也使地方出版力量大大增强。(潘国彦,1996)

二十个世纪七十年代末八十年代初,集中正式或非正式地出版了几个新的毛泽东诗词英译本,这些译本的赞助人是南京大学学报编辑部、洛阳外国语学院印刷厂、东北师大学报编辑部和湖南人民出版社。所谓"非正式出版",指这些译本不是由出版社以书籍的形式出版,而是由大学学报(南京大学学报、东北师大学报)或大学的教务部门

（许渊冲的英、法译本作为教学资料）赞助得以与较多的读者见面。这些译本分别是：1978 年南京大学学报编辑部出版纳入"南京大学学报丛书"的吴翔林译《毛泽东诗词三十九首》，1978 年洛阳外国语学院印刷厂印行的许渊冲译《毛泽东诗词四十二首》（英、法文翻译），1980 年《东北师大学报》增刊专载黄龙译的毛泽东诗词 43 首，1980 年湖南人民出版社出版赵甄陶的译本。20 世纪 80 年代中期以后所有的毛泽东诗词译本都由出版社正规出版。九十年代有 6 家出版社出版毛泽东诗词英译本，这些出版社是：1992 年出版赵甄陶《毛泽东诗词》（英汉对照本）的湖南师范大学出版社、1993 年出版许渊冲《毛泽东诗词选》英译本的中国对外翻译出版公司、1993 年出版赵恒元 & Paul Woods《毛泽东诗词》的天津人民出版社、1993 年出版黄龙《毛泽东诗词英译》的江苏教育出版社、1993 年出版辜正坤英汉对照韵译《毛泽东诗词》的北京大学出版社。进入新时期，毛泽东诗词英译本的出版机构明显多元化，既有国家级出版社，也有省级出版社，既有高校出版社，也有地方出版社，既有专业性出版社，也有综合性出版社。

4.2.3 翻译风格的多元化

任何翻译都涉及对原作的阐释，不同的译本体现对原作的不同阐释，包括原作的思想内涵、艺术风格等，毛泽东诗词的翻译也不例外。无论是最初发表在《中国文学》杂志上，后来收录在 1958/1959 年单行本里主要是个体译者的译文，还是经诗词英译翻译定稿小组集体生产的译文，风格比较统一：用自由诗体或散文化的语言准确再现诗词的思想内涵。在后毛泽东时代，译者享有更大的翻译创造的自由，翻译作品有更多机会出版发行，这为毛泽东诗词翻译风格的多元化创造了条件。

4.3 主要译本研究

同一位译者可能先后出版不止一种毛泽东诗词译本，它们的差别或者在于收录诗词的多少，或者在于对译文适当的修订，或者在于副文本的增加，但这些版本的正文本（即毛泽东诗词本身）的翻译风格一致，体现了相同的翻译思想。因此，本文不对同一译者的不同译本分别论述。

4.3.1 吴翔林译本——在忠实原意基础上的格律体翻译

1976 年毛泽东诗词"官译本"出版之后，我国（大陆）第一个英译本应是南京大学外文系教师吴翔林 1978 年出版的英译《毛泽东诗词三十九首》。此前，译者在《南京大学学报（哲学社会科学版）》1977 年第 4 期上发表文章《毛主席诗词英译格律体的探讨》和《试译毛泽东诗词 21 首》。吴翔林在文章中阐述了为何采用格律体翻译毛泽东诗词。毛泽东的诗词采用汉语古典诗词的形式，但当时国内外的5种英译本①都采用了自由体,他提出了采用格律体翻译毛泽东诗词的"设想"。格律体和自由体诗歌有自己的理论体系和审美观,各有长短得失。吴翔林提出用格律体翻译毛泽东诗词的设想,出于以下几个方面的考虑。第一,尽管自由体诗歌是当前的主流,但格律体诗歌源远流长,仍有生命力;第二,毛泽东诗词原作采用了格律体;第三,自由体和格律体各有长短得失,各人会有自己的偏爱。"正是由于考虑到使喜爱或偏爱格律体的读者也能有自己的选择",吴翔林提出采用格律体翻译毛泽东诗词的设想。吴翔林完全知道采用格律体翻译汉语古诗词的"通病",就是"意思上走样,甚至弄得面目全非"。犯这种"通病"的原因既有主观的,也有客观的。客观原因在于,传统的英诗格律"讲究严格,不容许变通,一有出格便易遭指责"。总体说来,当代英语格律诗对格律的要求"趋于宽松,容许变通",甚至出现了"半格律半自由诗"。吴翔林在英译毛泽东诗词时,方法灵活,视具体情况而定,或者采用较严格的格律体,或者"只求具有一些格律因素",旨在译文"能有一点节奏感,能有一点韵味"的半格律体。

---

①这5种英译本是:(1) Mao Tsetung, Nineteen Poems, Foreign Language Press, Peking, 1958; Mao Tsetung, Poems, Chinese Literature, No. 1, 1960; No. 1, 1963; NO. 5, 1966. (2) 附在 Mao and the Chinese Revolution 一书后, London, 1965, Translated by M. Bullock & Jerome Ch'en. (3) Poems of Mao Tsetung, Translated by Wong Man, Eastern Horizon Press, Hong Kong, 1966. (4) The Poems of Mao Tsetung, Translated by Willis Barnstone, Harper & Row, New York, 1972. (5) Mao Tsetung, Poems, Foreign Language Press, 1976.

第四章　后毛泽东时代我国毛泽东诗词对外译介的"多元化"

运用格律体来翻译，难免遣词造句"不很理想"，难以做到像自由诗那样文字"准确流畅，干净利落"。吴翔林最后认为，"在忠实于原意的前提下，如果还是要求比较接近原作的艺术风格，具有较浓郁的音乐性，那么就值得译格律体"。

吴翔林采用了英诗格律体，但不为其束缚，尽量"格律为我所用"。翻译毛泽东的"诗"，"各首均以抑扬格为基本节奏，有时有变格"，每首诗的音步数整齐，押韵均为隔行押韵，七律一韵到底。翻译毛泽东的"词"，和翻译"诗"一样，每首都以抑扬格为基本节奏，时有变格，每首词的译文"保持原词长短句的特点，而在可能情况下争取参差之中亦有整齐"，原词牌的押韵格式尽可能相同或相近。吴翔林的翻译原则，尽管不完全符合英语诗歌传统格律规范，但能将汉语古典诗词艺术的一些民族特色或多或少引入英译诗歌，使译文在一定程度上保持了原作的面貌。

吴翔林在英译本《毛泽东诗词三十九首》后"附记"中说，在毛泽东"百花齐放、百家争鸣"方针鼓舞下，尝试采用格律体英译，"以便使艺术形式多样化，使喜爱或偏爱格律体的读者也能有自己的选择"，翻译主要根据"官译本"，按照格律的要求，对"官译本"文字加以改编或重译，文字的改动出于三种考虑：一是格律；二是对原作不同的理解；三是只为了提供一种新的译法。吴翔林的译文是"后毛泽东时代"最早的一种可贵尝试，让外国读者了解"另一种形式的"毛泽东诗词。试比较下列《菩萨蛮·黄鹤楼》原词、"官译本"译文和吴翔林译文。

原文如下：

茫茫九派流中国，

沉沉一线穿南北。

烟雨莽苍苍，

龟蛇锁大江。

黄鹤知何去？

剩有游人处。

把酒酹滔滔，

心潮逐浪高！

"官译本"译文：

YELLOW CRANE TOWER

—— to the tune of Pu Sa Man

Spring 1927

Wide, wide flow the nine streams through the land,

Dark, dark threads the line from south to north.

Blurred in the thick haze of the misty rain

Tortoise and Snake hold the great river locked.

The yellow crane is gone, who knows whither?

Only this tower remains a haunt for visitors.

I pledge my wine to the surging torrent,

The tide of my heart swells with the waves.

吴翔林译文：

YELLOW CRANE TOWER

—— to the tune of Pu Sa Man

第四章　后毛泽东时代我国毛泽东诗词对外译介的"多元化"

Spring 1927

Wide and far through the midst of the land nine streams flow forth,

Deep and dark there threads the line from south to north.

Enshrouded in a haze of the misty rains,

The Snake and Tortoise hold the Yangtze in chains.

The yellow crane has departed, who knows whither?

Leaving this haunt for sightseers to come hither.

The tides of my heart with the rising waves entwine,

When to the surging torrent I pledge my wine!

毛泽东这首《菩萨蛮》共44个字，按照如下词谱填写：

⑰平⑰仄平平仄，
　　　　　△
⑰平⑰仄平平仄。
　　　　　△
⑰仄仄平平，
　　　△
⑰平平仄平。
　　△
⑰平平仄仄，
　　　△
⑰仄平平仄。
　　　△
⑰仄仄平平，
　　　△
⑰平平仄平。
　　△

（平 仄表示可平可仄，△表示韵脚）

吴译的押韵格式和原词相同，原词的格式为：AABBCCDD，译文押韵格式也为AABBCCDD。原词上阕一二行每行7个字，三四行每行5个字，即$A_7A_7B_5B_5$；下阕一二三四行每行都5个字，即$C_5C_5D_5D_5$。上阕英译文一二行每行7个字对应每行6个音步，原词其余皆每个字对应译文一个音步。译文音步数分配为：$A_6A_6B_5B_5C_5C_5D_5D_5$。吴翔林译本作为采用自由诗形式翻译的毛泽东诗词"官译本"刚出版不久就面世的第一个格律体英译本，为刚经历文学翻译十年萧条的翻译者开阔思路、活跃翻译思想，为翻译的"百花齐放"起了一定的示范作用。

4.3.2 许渊冲译本——对"三美"的追求

迄今，国内外毛泽东诗词英译本有近二十个，就流传之广和影响之大而言，没哪个译本能与1976年出版的外文出版社译本相比。仅次于此的，很可能就是许渊冲的译本了。

许渊冲迄今长达60多年的文学翻译生涯，可分为三个阶段：1983年调入北京大学之前的"早期实践"阶段、20世纪80年代初期到1990年代初期的"中期古诗词外译"阶段、1990年代初期至今的"成熟期经典作品重译"阶段。在这三个阶段都有毛泽东诗词英译本问世，这些译本收录作品数量不断增加，译文也有不同程度的改动。毛泽东诗词的翻译贯穿了许渊冲整个翻译生涯。

1976年"官译本"出版不久，许渊冲将自己的毛泽东诗词译稿寄给参加毛泽东诗词英译定稿小组的钱钟书，征求他的意见，译本得到钱的褒奖，钱钟书在给许渊冲的英文回信中称许译文"成就很高"，

第四章　后毛泽东时代我国毛泽东诗词对外译介的"多元化"

说许渊冲"带着音韵和节奏的镣铐跳舞，灵活自如，令人惊奇"[①]（许渊冲，2003：110-111）。

1978年洛阳外国语学院出版了许渊冲的《毛泽东诗词四十二首》（英、法翻译），收录的诗词比"官译本"多三首，这三首是《贺新郎·别友》《七律·吊罗荣桓同志》和《贺新郎·读史》。《七律·人民解放军占领南京》的英译文有两种，《沁园春·长沙》的英译文也提供了两种，其中一种标注有"修订稿"字样。1981年香港商务印书馆出版了许渊冲的英汉对照《动地诗—中国现代革命家诗词选》，其中收录毛泽东诗词43首，比洛阳外国语学院译本多收录1首，这首是《彭大将军》；1993年，中国对外翻译出版公司出版许渊冲的英汉对照《毛泽东诗词选》（纪念毛泽东诞生一百周年珍藏版），收录诗词50首，比香港商务印书馆译本多收录7首：《七古·送纵宇一郎东行》《西江月·秋收起义》《六言诗·给彭德怀同志》《临江仙·给丁玲同志》《七律·和周世钊同志》《杂言诗·八连颂》和《浣溪沙·和柳［亚子］先生》。进入21世纪，许渊冲还推出了新译本。

许渊冲既是翻译实践家也是翻译理论家。他的毛泽东诗词翻译影响较大，不但因为他不断推出新的译本，还因为他在毛泽东诗词的翻译实践中提出了在国内翻译理论界极具影响的翻译"三美论"。后来概括为"三美论"的翻译"意美·音美·形美"概念，许渊冲首次在1978年洛阳外国语学院出版《毛泽东诗词四十二首》（英、法翻译）

[①] 英文原文如下：…Many thanks for showing me your highly accomplished translation. I have just finished reading it and marvel at the supple ease with which you dance in the clogs and fetters of rhyme and meter…

的"代序"中提出。在《代序》中，许渊冲把鲁迅在《汉文字史纲要》第一篇《自文字至文章》中提出的"三美"说应用到中国古典诗词的翻译，认为诗词的翻译要尽量传递原作的"三美"。他在《代序》中说，"毛主席诗词就是具备意美、形美、音美的艺术高峰。翻译毛主席诗词也要尽可能传达出原诗的三美。"文学翻译的"三美"，不但是许渊冲翻译毛泽东诗词的追求，也是许渊冲一生翻译实践的追求。翻译"三美"的基本思想在1978年译本的《代序》中首次提出，次年根据《代序》写成的《如何翻译毛泽东诗词》一文发表在《外语教学与研究》上，扩大了"三美"翻译思想的影响，1998年发表在《中国翻译》上的《美化之艺术》一文是许渊冲"翻译四十年毛泽东诗词的经验总结"（许渊冲，1998）。

他认为，译诗要尽可能传达原作的"三美"，而"三美"的基础是"三似"，即意似、音似、形似。"意似"指译文要传达原文的内容，不能有错译、漏译、多译。一般而言，意似和意美是一致的，但有时意美的产生借助于特定的历史因素或联想，当译入另一种语言时，相同历史因素的缺失不易引起相似的联想，也就无法产生相似的意美。毛泽东诗词中一些词汇的意美源于该词汇的音美和形美，这样的词汇难以在英语中找到相应的译文。例如毛泽东诗词中的叠韵词具有音之美，偏旁相同的词具有形之美，有些偏旁相同的双声词既有音之美又有形之美。要传达毛泽东诗词的意美，许渊冲建议"可以选择和原文意似的绝妙好词，可以借用英美诗人喜闻乐见的词汇，还可以借助音美、形美来表达原文的意美"（许渊冲，1979）。诗歌如果有节调、押韵、顺口、好记，就具备音美的特质。毛泽东诗词讲究韵律、平仄，

第四章　后毛泽东时代我国毛泽东诗词对外译介的"多元化"

有音韵之美，英文翻译可采用抑扬格和扬抑格，也可以采用抑抑扬格或扬抑抑格；汉语七言诗可译成英语的亚历山大体，五言诗可译成英雄体。许渊冲认为，押韵的处理，最好能做到音似。但是，"音美和音似矛盾的时候远远超过了一致的时候"，因此，"传达原文的音美往往不能做到、甚至也不必做到音似"。例如，要在英译文中保留毛泽东诗词中丰富叠字的音美很困难，要传达这些叠字的意美也不容易。许渊冲认为，毛泽东诗词音美的传达，一是可以借用英美诗人喜闻乐见的格律，二是运用和原文音似的韵脚，三是借助于双声、叠韵、重复等手段。（许渊冲，1979）汉语是象形文字，在英译汉语诗词时，要尽可能传达原文的形美，如"十六字令"最好也能译成十六个字，译文的长短和对称最好能做到形似，至少做到大体整齐。传达毛泽东诗词的形美，主要方面在于句子长短和对仗工整。如果译诗能做到和原诗的音义相同或相近，那是最理想的译文。许渊冲也意识到，"要求译文和原文形似或音似，是很难做到的，只能大体近似"。由于同时在译文中传达原作的三美实属不易，他建议"最好能把传达音美和形美的困难分散"。有关"三美"的主次，许渊冲认为，意美最重要，音美其次，形美再其次。译者应在传达原作意美的前提下去再现原作的音美，在成功传达原作意美和音美的前提下再去传达形美。

　　以上是许渊冲翻译毛泽东诗词遵循的原则，许渊冲在毛泽东诗词的翻译中始终追求译文的"三美"。

　　许渊冲为了追求译文的"三美"，每一个新译本都尽量对前面的译文做一些完善。迄今，许渊冲已出版 4 种毛泽东诗词英译本，除新收录的诗词译文，旧的译文多少都有一些改进。以下是译文改进的一些例子。

(1) 词牌名的翻译

表1 词牌名翻译对照表

词牌名	1978年译本译文	1993年译本译文
沁园春	Spring in the Garden of Hsin	Spring in a Pleasure Garden
清平乐	Pure and Calm Music	Pure Serene Music
采桑子	Gathering Mulberries	Picking Mulberries
蝶恋花	Butterflies in Love with Flower	Butterflies Lingering Over Flowers
念奴娇	The Charming Maiden Singer	Charm of a Maiden Singer
浣溪沙	The Brook Washes the Sand	Sand of Silk-washing Stream
浪淘沙	Waves Break on the Sand	Ripples Sifting Sand
卜算子	Fortune Telling	Song of Divination

不难看出，1993年译本词牌名的翻译表达更简练，措辞更准确，音韵更悦耳。1978年译本中"浣溪沙""浪淘沙"译成了完整句子 The brook washes the sand 和 Waves break on the sand，1993年译本将其简练为名词短语 Sand of silk-washing stream 和 Ripples sifting sand。"沁园春"原来的音译改为意译。1993年译本的措辞 serene, pick, linger over, song of divination 比 1978译本中的措辞 calm, gather, in love with, fortune telling 更富有诗意。1993年译本中两个词牌名英译 Sand of Silk-washing Stream，Ripples Sifting Sand 都用了 s 头韵，更具"音美"。

(2) 译文大的修改

后出的译本对1978年译本做了较大的修改，几乎每首诗词的译文都有改动。

例1，《菩萨蛮·黄鹤楼》第一阙："茫茫九派流中国，沉沉一线穿南北。烟雨莽苍苍,龟蛇锁大江。"

表 2 词牌名翻译对照表(《菩萨蛮·黄鹤楼》)

1978 年版
YELLOW CRANE TOWER
— to the tune of "Buddhist Dancers"
Spring 1927
Nine wide, wide rivers over the heartland outspread;
One long, long railroad links north and south like a thread.
Shrouded in Frizzling mists and drizzling rains,
Mts Snake and Tortoise hold the great river in chains.
1993 年版
YELLOW CRANE TOWER
Tune: "BUDDHIST DANCERS"
1927
Wide, wide through the land flow nine streams full to the brim;
Long, long from south to north threads one line deep and dim.
Shrouded in Frizzling mist and drizzling rain,
Tortoise and Snake hold the River in chain.

例2,《西江月·井冈山》第二阕:"早已森严壁垒,更加众志成城。黄洋界上炮声隆,报道敌军宵遁。"

表 3 词牌名翻译对照表(《西江月·井冈山》)

1978 年版
Our ramparts strongly guarded as before,
Like further walls our wills unite.
O'er Huang-yang-jie the cannon's roar
Announces the foe's nocturnal flight.
1993 年版
Our ranks as firm as rock,
Our wills form a new wall.
O'er Huangyangjie the cannons' roar
Announces the foe's flight at night-fall.

(3) 许渊冲对"三美"的追求

许渊冲的译文在 1993 年译本中就基本定型，改动不大，但译者对"三美"的追求并没停止，2006 年译本对旧译仍做了极个别的改进。如将词牌名"贺新郎"改译为 Congratulations to the Bridegroom；将上引《西江月·井冈山》第二阕 1993 年译本译文最后两句再次修订为：

The cannon roared at Huangyangjie Block,
The foe fled at night-fall.

下面试从 1993 年译本举例分析译者是如何实现译文的"三美"。先看"意美"。毛泽东诗词本身具有"意美"，译文意美的基本前提是译文和原文"意似"，译者不得"错译、漏译、多译"，也就是对原文基本思想内容的忠实。许渊冲的译本在这一点上不容置疑。但这只是达致译文"意美"的基本前提，译者还采用了以下策略。

第一，"三化"法。许渊冲在 1984 年出版《唐诗一百五十首》英译本序言中首次提出了诗词翻译的"三化论"：深化、等化、浅化。要使译文内容比原文更深刻，采用"深化"法，具体包括特殊化、具体化、加词、一分为二等译法；要使深奥难解的原文化在译文中浅显易懂，则用"浅化"法，具体包括一般化、抽象化、减词、合二为一等译法；等化的具体技巧有灵活对等、词性转换、正说、反说、主动、被动等译法。在明确提出"三化论"之前，许渊冲已经在毛泽东诗词翻译中运用这些策略，以实现译文的"三美"。获得"意美"主要途径之一就是采用三化法。例如，"六亿神州尽舜尧"中的"舜尧"即唐尧虞舜，相传是我国古代有圣人之德的人君，作品中代指具有高尚品德的人。人名"舜尧"具有的文化内涵是音译无法传递的，音译"Shun and Yao"不能传达其意美。许渊冲将这两个特殊称谓人名一般化,浅化为"masters of wisest sort"。"不爱红装爱武装"翻译为"To face the powder, not powder the face",用了"深化"的翻译法。因为"红装"深化为"涂脂抹粉"(powder the face),"武装"深化为了"面对硝烟弥漫的战场"(face the powder)。只要译文表层意思和原文表层意思相同,并且译文同原文的"意似",即可传达原文的"意美",如"寂寞嫦娥舒广袖"中的"嫦娥"译为"Goddess of the Moon",这样的翻译方法即为等化法,诗词中不少人名地名等专有名词的音译或字面意译即是等化法。"三化"法是译者传递毛泽东诗词"意美"运用最广的方法。

第二,意译代替音译。一般人名地名等专有名词采用音译等化法即可,因为这些人名地名往往已无其他特殊含义。但许渊冲为了增加译文的意美,对可以丰富译文意象的人名地名等专有名词也会用意译代替音译,这在一定程度上也算是深化法。如"我失骄杨君失柳,杨柳轻飏直上重霄九"中的"杨"和"柳"是毛泽东夫人杨开慧和李淑一丈夫柳直荀的姓,姓名一般音译即可,但考虑到"杨柳在中国古典诗词中常常用来表达离别之情,诗人正是要表达自己与亲人的生离死别之情"(董俊峰,1998),另外考虑到"杨柳"与"轻飏直上重霄九"间的搭配,译者意译了"杨"和"柳":

You've lost your Willow and I've lost my Poplar proud,

Their souls ascend the highest heaven, light as cloud.

再如"芙蓉国里尽朝晖"中的"芙蓉国"指诗人毛泽东的家乡湖南,在诗人梦里"芙蓉国"是美丽的,因此许渊冲把"芙蓉国"意译为 a

Lotus Land，lotus 是古希腊神话中的忘忧果，食后感到梦幻般的快乐轻松。"长夜难明赤县天"中的"赤县"古代指中国，译为 Crimson Land（赤红大地），"富饶美丽的河山，却笼罩在漫漫长夜里，这是何等鲜明的对照，令人惋惜之情油然而生。如直译中国，则这些鲜明的对照丧失殆尽"（董俊峰，1998）。

第三，洋为中用。"'意美'有时是历史的原因或者是联想的缘故造成的。译成另一种语言没有相同的历史原因，就引不起相同的联想，也就不容易传达原诗的'意美'。"（许渊冲，1993：6）由于"互文性"的作用，汉语中的某个表达在汉语读者中引起联想，产生"意美"，直译入英语，原文在汉语文化中的"互文性"不复存在，难以在不了解汉语文化的英语读者中产生"意美"。借用英语诗歌中的名句或神话传说等"洋为中用"，一定程度上能弥补原文"互文性"失落对译文"意美"造成的损失。莎士比亚名剧《麦克贝斯》中有一句台词 "New sorrows strike heaven on the face"，许渊冲套用该句，翻译"天兵怒气冲霄汉"为：The wrath of godlike warrior strikes the sky overhead。再如，英国诗人托马斯·格雷（Thomas Gray）《墓畔哀歌》中的诗句：

　　Chill Penury repress'd their noble rage
　　 And froze the genial current of the soul.

贫困不但阻碍穷苦农民实现自己的崇高理想（noble rage），还束缚了他们发挥自己的创造力（genial current），格雷通过这些诗句对农民深表同情。许渊冲借用 noble rage 来翻译"书生意气"一句：Full of the scholar's noble rage。同样，许渊冲借用英国诗人雪莱《西

第四章　后毛泽东时代我国毛泽东诗词对外译介的"多元化"

风颂》中的 wild west wind 翻译毛泽东诗词《娄山关》中的"西风烈",借用雪莱《致云雀》中的诗句"In the golden lightning/of the Sunken sun, / O'er which clouds are bright'ning"里的 the sunken sun 来翻译"苍山如海,残阳如血"中的"残阳"。为了获得"意美",许渊冲还借用希腊神话中的意象。Hercules 是希腊神话中的大英雄,力大无比,在现代语言中已成为"大力士"的同义词。许渊冲把"不可沽名学霸王"译成"Do not fish like the Herculean King for renown!"用"the Herculean King"翻译"力拔山兮气盖世"的西楚霸王,神似也。Nectar 意为希腊神话里众神饮的酒、琼浆玉液,用来翻译"问讯吴刚何所有,吴刚捧出桂花酒"中的"桂花酒",达致意美。中国神话中的人物"吴刚",在月宫用桂花酿成的美酒,自然是琼浆玉液。英译文借用英语诗人的名句和英文读者熟悉的希腊神话中的人物、事物,更容易在英译文读者头脑中引起和汉语在中文读者头脑中所引起的类似联想,产生相同的"意美"效果。

再说音美的实现。毛泽东亲自审定后发表的诗词大部分已经谱曲,且不少在广大群众中久唱不衰,这和诗词本身悦耳的音乐性有关。(叶继红,1994)译本在保留原作音乐性,即原作的"音美"方面,达到了尽可能的极致。音美的获得,主要通过译文节奏的把握、押韵的使用和叠字的巧妙处理。毛泽东诗词讲究平仄,译本的节奏采用了四种韵步:抑扬格、扬抑格、抑抑扬格和扬抑抑格,但一般是一轻一重的抑扬格。例如,《七绝·庐山仙人洞》的译文:

The Immortal's Cave.

A sturdy pine, as viewed in twilight dim and low,

Remains at ease while riotous clouds come and go.

The Fairy Cave's a wonder wrought by Nature's hand:

The view from perilous peak is sublime and grand.

这首诗的译文每行 12 个音节 6 个音步，每个音步都是严格的先轻后重的抑扬格。但并非所有译文都采用一种节奏，译本注重节奏的变化。例如，"红军不怕远征难，万水千山只等闲"的译文：

Of the trying long march the Red Army makes light:

Thousands of rivers and mountains are barriers slight.

第一行诗的译文采用了抑抑扬格，共四个音步，第二行诗的译文用了扬抑抑格，也共四个音步。再如，下列两行诗的译文中运用了两种不同的音步韵步：

原文：不爱红装爱武装

译文：To face the powder and not powder the face.

同一行诗的译文中既有抑扬格也有抑抑扬格。

原文：钟山风雨起苍黄

译文：Over the purple mountains sweeps a storm headlong.

这一句译文中既有扬抑格，也有扬抑抑格。韵步类型的变化，既减少了一种节奏贯穿全诗的单调感，也避免了强求整首诗词采用一种节奏可能带来的因韵害意。

译文押尾韵是许渊冲汉语诗词英译的显著特征。除了尾韵，采用头韵（Alliteration）的译文也不少，例如《长征》中就多处押头韵：

Of the trying long <u>m</u>arch the Red Army <u>m</u>akes light:

Thousands of rivers and mountains are barriers slight.

第四章　后毛泽东时代我国毛泽东诗词对外译介的"多元化"

The five serpentine Ridges outspread like rippling rills;
The pompous Wumeng peaks tower but like mole-hills.
Against warm cloudy cliffs beat waves of Golden Sand;
With cold iron-chain Bridge River Dada is spanned.
Glad to see the Min Range snowclad for miles and miles,
Our warriors who have crossed it break into broad smiles.

头韵的使用增添了"音美",巧妙的头韵还有助于诗歌意境的营造。"雪压冬云白絮飞,万花纷谢一时稀"的译文巧妙运用了较密集的头韵:

Like cotton fluff fly winter clouds hard pressed by snow;
All flowers fallen now, for a time few still blow.

多个以字母 f 开头词语的密集使用,营造出仿佛耳畔听到寒风的呼呼声,眼前一片大雪纷飞的隆冬景象。辅音 /f/ 的使用很巧妙,正如 R·米勒和 I·居里在《诗的语言》中所说,"一连串以 /f/ 开头的重读音节用来描写风声意象再合适不过了。因为称为'摩擦音'的这个声音是由空气吹过微开的双唇发出的"(转引自刘重德,1994:189)。

押行内韵(Internal Rhyme),尤其是押行内元韵(Assonance)也有助于译文的音韵之美。如《清平乐·六盘山》中的两行"天高云淡,望断南飞雁"的译文是:

The sky is high, the clouds are light,
The wild geese flying south out of sight.

16 个英文单词就有 6 个带 /ai/ 音,3 个单词带 /au/ 音,含这两个合口双元音的单词简短,译文读起来响亮高亢,节奏感强,不但音美,而且这种音韵效果与作品的意境十分吻合。

毛泽东诗词运用了大量的叠字，如仅8句的《菩萨蛮·黄鹤楼》前后就出现了四组叠字"茫茫""沉沉""苍苍"和"滔滔"。再如"风烟滚滚来天半""关山阵阵苍""更加郁郁葱葱""惟余莽莽""高天滚滚寒流急""嗡嗡叫""潺潺流水"等。这些叠字"加强了语势，造成语意中的明显节奏，或急或缓，或快或慢，或喜或悲，或颂或讽，跌宕起伏，别有韵味"（李子健，2003：239）。译者深知传达叠字"音美"（许渊冲，1993：9）的困难，但在可能的情况下还是通过词汇重复、押内韵、押头韵等方法在一定程度上再现叠字的音韵美。如"茫茫九派流中国，沉沉一线穿南北。"英译为：

Wide, wide through the land flow nine streams full to the brim;
Long, long from south to north threads one line deep and dim.

叠字"茫茫"译为"wide, wide"，"沉沉"译为"long, long"。再如，"烟雨莽苍苍，龟蛇锁大江。"英译为：

Shrouded in frizzling mist and drizzling rain,
Tortoise and Snake hold the River in chain.

frizzling, mist, drizzling押行内元韵/I/，一定程度上弥补了叠词"苍苍"的音之美。《冬云》诗句"高天滚滚寒流急，大地微微暖气吹。"的英译文：

In the steep sky cold waves are swiftly sweeping by ;
On the vast earth warm winds gradually growing high.

"滚滚"和"微微"分别译为押头韵的 swiftly sweeping 和 gradually growing，成功再现了原作叠字的音之美。

最后看许渊冲如何达致译文的"形美"。在许氏的"三美"论中，

第四章　后毛泽东时代我国毛泽东诗词对外译介的"多元化"

相对"意美"和"音美"而言，"形美"并非必要条件，因为一般要在取得"意美"和"音美"的前提下再考虑"形美"，但译者仍尽力在译作里传递原作的"形美"。他认为，诗词的"形美"，主要体现在两个方面，一是"长短"，二是"对称"。（许渊冲，1993：10）据董俊峰（1998）的统计，许译本当中"诗"的译文基本做到了"长短"整齐。译本中的8首七律诗，除3行诗外，每行都12个音节；2首七绝诗中1首除1行外每行10个音节，另一首七绝和七律诗一样，每行都12个音节。译本中"词"的翻译，也做到了"大体整齐"，原文长短不一，译文也随之变化。至于"对称"，诗词中对称结构较多，如每首七律的颔联和颈联相互对仗，这类对称诗句的译文难以对称。译本中对仗诗句翻译成功的例子除了上文引用的"高天滚滚寒流急，大地微微暖气吹。"的译文，再如"望长城内外，惟余莽莽；大河上下，顿失滔滔。"的英译：

> Behold! Within and without the Great Wall
>
> The boundless land is clad in white,
>
> And up and down the yellow river, all
>
> The endless waves are lost to sight.

译文也对仗工整，充分再现了原文的形美。

许渊冲翻译毛泽东诗词有自己系统的翻译理论做指导，译文经过四十多年的不断完善，具有鲜明的译者风格。不同译本由多个出版社（包括大陆和香港的知名出版社）在不同时期出版，一方面说明译文得到高度的认可，另一方面也间接说明许渊冲的译文传播较广。

4.3.3 赵甄陶译本——深透理解、严谨表达

1976 年的英文"官译本"书名《毛主席诗词》，随后吴翔林的南京大学译本和许渊冲的洛阳外国语学院译本书名都是《毛主席诗词》。1980 年湖南人民出版社出版赵甄陶英译本，书名《毛泽东诗词》，这是"毛泽东时代"之后第一个书名不用"毛主席"而用"毛泽东"的英译本。这在一定程度上表明，译者对毛泽东的态度更冷静、更客观。译文经过修订，1992 年由湖南师范大学出版社出版英汉对照版。

赵甄陶（1921—2000），早年毕业于长沙明德中学和湖南大学，对中国历史、古典文学、诗词和英文造诣精深，生前任湖南师范大学外语系教授、中国外语学会理事、湖南诗词协会副会长、湖南省语言学会副会长、岳麓诗社副社长、《岳麓诗词》副主编等，享受国务院政府特殊津贴。公开发表诗词 200 余首，作品被收入多部诗词选集。除了《毛泽东诗词》英译本，还出版有《中国诗词精选英译》和《孟子》英译等。

在《外语教学与研究》"文革"后复刊的第一期即 1978 年第一期上，赵甄陶发表《就毛主席诗词英译本谈谈译文中的几个问题》一文，文章一开头写道"毛主席诗词英译本（1976 年版）出版以来，国内外许多读者对译笔感到不满。原诗词为格律体，但不幸译成了既无轻重节奏、又未押韵的自由诗"。（着重号为引者所加）如果吴翔林、许渊冲表达对"官译本"的不满还比较"含蓄"，赵甄陶则是直言不讳。由于"读者垂爱"（赵甄陶，1979），赵甄陶在同一期刊第二年第 2 期上继续一一指出"官译本"的"硬伤"。他的这种勇气即源于自己深厚的学养，也源于当时译者享有更加宽松的意识形态语境。

湖南人民出版社约请赵甄陶用格律体英译毛泽东诗词，译者翻译

第四章　后毛泽东时代我国毛泽东诗词对外译介的"多元化"

毛泽东诗词遵守了五条原则：①保留汉语古典文学典故，便于文学联想，但不得以牺牲诗词的艺术风格和情感力量为代价；②增加注释，帮助读者更好地理解和欣赏与历史、地理、社会或革命背景有关的思想内容；③每行诗词译文的音步数不超过6个，以再现原作语言的简练有力；④译文使用通俗语言（common speech），以保留丰富的现代生活气息；⑤译者对诗人毛泽东的文学语言和诗词中文学典故的艺术内涵有多年的研究，翻译基于译者对原作的理解。（赵甄陶，1980：Preface）

赵译本和之前的译本相比，对原作某些方面的理解更深透，这不但表现在对诗词涉及的动植物等细节的科学性方面，也表现在对原作精神的把握方面。此外，译文格律严谨，充分再现了原诗词的音韵之美。

先看赵甄陶对"花草树木""飞禽走兽"等事物名称翻译的一丝不苟。赵甄陶在翻译毛泽东诗词前，一一考证了"芙蓉""梅花""蓬间雀""鲲鹏""鳖""蚍蜉""桂花酒"等的正确含义及译法。读者一般不会深究这些事物名称的精确含义，一般翻译者也会想当然地对它们作简单化的处理。赵甄陶凭着严谨的治学态度、一丝不苟的精神和敢于向"权威"挑战的勇气，力求处处准确无误。通过汉语古诗词、历史文献、英语大辞典、科学著作（如《本草纲目》），甚至向生物学教授请教来考证这些名词的精确含义，确定它们的正确翻译。（赵甄陶，1978）以下是赵译本对一些事物名称的翻译与"官译本"、吴翔林译本、许渊冲译本的对比：

表4 赵译本和其他译本对比

原文	"官译本"译文	吴翔林 1978	许渊冲 1978	赵甄陶 1980
芙蓉国里尽朝晖	Of <u>the land of hibiscus</u> glowing in the morning sun.	<u>The Land of Hibiscus</u> is glowing in the morning sun.	<u>The Lotus Land</u> is glowing in the morning sun.	The morning sunlight floods your <u>Land of Lotus Blooms</u>.
梅花欢喜漫天雪	<u>Plum blossoms</u> welcome the whirling snow.	<u>Plum flowers</u> relish the bounteous whirling snow.	Even <u>plum blossoms</u> welcome a skyful of snow.	<u>The mime flowers</u> enjoy a skyful of the snow.
吓倒蓬间雀	<u>A sparrow in his bush</u> is scared stiff.	And <u>a sparrow in his bush</u> is panic-stricken at the fray.	<u>The sparrow in his bush</u> is cowed.	<u>A quail in bush</u> scared out of his wits.
万丈长缨要把鲲鹏缚	Seeking to bind <u>roc and whale</u> with a league-long cord.	Seeking to tie up <u>whale and roc</u>, an endless cord in hand.	Ready to capture <u>rocs and whales</u> with long, long cords.	As if ready to bind <u>the roc</u> with long, long cords.

- 92 -

（续表）

原文	"官译本"译文	吴翔林 1978	许渊冲 1978	赵甄陶 1980
蚍蜉撼树谈何易	And mayflies lightly plot to topple the giant tree.	And pismires lightly boast of shaking giant trees.	A day-fly could not find it easy to shake one tree.	Ants…or lightly try to shake the trees.
可下五洋捉鳖	And seize turtles deep down in the Five Seas.	We can catch turtles down in the five oceans.	…or go after/ a turtle in the depth of five oceans.	And take leviathans from the seas away.
吴刚捧出桂花酒	Wu Kang, asked what he can give/ Serves them a laurel brew.	And Wu Kang brings out a cassia-flower brew.	They see him with a nectar of laurel appear	The god served an osmanthus brew.
战地黄花分外香	The yellow blooms on the battlefield smell sweeter.	Much sweeter smell chrysanthemums on the battleground.	Battlefield flowers smell sweeter by a long way.	Golden flowers all the sweeter on the battleground.

上列赵甄陶的每个译文和其他三个译本都有或大或小的差异，但任何差异都有根有据，几乎做到了科学上的"真"。译者对"真"的追求，也是对翻译的"信"的追求。译者对这种"真"的追求，也就是对"美"的追求，正如英国著名浪漫主义诗人济慈所说的"真即美"。

赵甄陶一丝不苟的翻译风格还体现在对普通字、词的深究。"官译本"将《卜算子·咏梅》中"飞雪迎春到"一句翻译为 Flying snow welcomes Spring's return，把"迎"字理解为"欢迎"。赵甄陶认为，从整首词的主题分析，"飞雪"与"悬崖百丈冰"对立，飞雪不可能"欢迎"春天到来，因为春天到来意味着飞雪的融化。因此，"迎春到"宜翻译为 ushers in Spring 或者 heralds Spring。（赵甄陶，1978）再如，对《沁园春·长沙》中"鱼翔浅底"里"翔"和"浅底"词意的考察。一般学者在注解毛泽东诗词时，都认为词中的"翔"意为在水中"滑行"，这里的"浅底"指清澈见底的深渊。"鱼翔浅底"的"官译本"译文是 Fish glide in the limpid deep。赵甄陶认为，该译文错误，译者沿用了一般的理解，"以讹传讹""相沿而误"。他认为"鱼翔浅底"的正确理解是"鱼飞跃于浅水之上"，应译为 Fish leap out of the shallows。他用了两页的篇幅，从四个方面论述了应做如此理解的"事实和文学根据"。第一，"浅底"代指"浅水"，这种转喻修辞（Metonymy）在古诗词中常见；第二，在"橘子洲头"，湘水清浅，"站在高处的洲头无法看见远离洲头的深渊里的游鱼"；第三，"鹰击长空，鱼翔浅底"意似《诗经》中"鸢飞戾天，鱼跃于渊"，"鱼跃于渊"意为鱼飞跃于深渊的水面之上；第四，从上下文看，诗人意欲表达的是鱼飞跃于浅水的水面之上，似乎要和长空中飞翔的雄鹰竞自由。（赵

第四章　后毛泽东时代我国毛泽东诗词对外译介的"多元化"

甄陶，1979）其他如对"江天""天堑""飞峙"的理解和翻译，"劲松"单复数的确定，"天高云淡"中"淡"字英译的选词，都体现了译者对原作字斟句酌、反复咀嚼、吃透原文，对译文仔细推敲，力争准确无误的严谨译风。

如果上述对字词的考证主要是局部的"信"和"真"，那么对原作精神的准确把握就是全局上的"信"和"真"。《七律·登庐山》中两句"陶令不知何处去，桃花源里可耕田"的"官译本"（1976）译文如下：

Who knows whither Prefect Tao Yuanming is gone
Now that he can till fields in the Land of Peach Blossoms?

吴翔林（1978）译文如下：

Who knows whither Prefect Tao Yuan-ming is gone-
Could he be, in the Land of Peach Blossoms, tilling the ground?

许渊冲（1978）译文如下：

We wonder where the poet Tao might be found now
That his Peach Blossom Land becomes good for the plow.

前面三种译文对疑问的处理有所不同，前两种是直接疑问，第三种是间接疑问，但有一点是相同的，即三种译文对在桃花源里耕田的赞扬，这种理解违背了原文作者的意图。"陶令不知何处去"是诗人明知故问，是诗歌的一种表现方法。"桃花源里可耕田？"是诗人毛泽东对陶渊明"弃官归田"过隐居生活的疑问，并非肯定他可以在桃花源里耕田。《登庐山》写于1959年，当时已建立了农村人民公社，陶渊明这类生不逢时、未能施展抱负的有识之士，如果生在当下，不会远离沸腾的人民公社,在乌托邦式的桃花源里过上单干的隐居生活。就这首诗的意境而言,"陶渊明的隐居不仕的生活是与社会主义沸腾的生活格格不入的"(赵甄陶,1979)。因此,赵甄陶(1980)改译如下:

I wonder where he's gone, the poet-hermit Tao,

Could he be farming in the Land of Peach Flowers now?

译文更准确地再现了原作的精神和情味:要是陶公生活在今天,也会投身到火热的新生活中,而不愿独自在桃花源里耕田。赵译本在译文后附注释,对原作的最后一行即"桃花源里可耕田"的含义进行了阐释:

"The eighth line is a rhetorical question: Could Tao Yuanming, a man of insight, remain a hermit in his utopian land and farm on his own in a socialist country seething with revolutionary enthusiasm?"(赵甄陶,1980:63)

再如,《念奴娇·昆仑》最后两句"太平世界,环球同此凉热。"的翻译。先看赵译本之前的三个译本的译文。

(1) Peace would then reign over the world,

　　The same warmth and cold through the globe. ("官译本")

(2) Eternal peace would then prevail in the world,

　　Your warmth and cold shared by every continent. (吴翔林译本)

(3) In a peaceful world young and old

　　Might share alike your warmth and cold! (许渊冲译本)

原作最后两行可说是整首作品的点睛之笔,诗人欲裁切巍巍昆仑的目的在于环球冬暖夏凉、四季宜人,既没有火焰山般的炎热,也没有"周天寒彻"般的严寒。上引三种译文都把"凉"翻译成 cold，选用"cold"一词对译"凉"字，读者感觉诗人意欲"要冷都冷，要热都热"，而不是"在太平世界，有福同享"，这有悖原作的精神实质。

赵译文：

There'd be a peaceful ball

With warmth and cool for all.

选用了 cool 而不是 cold，再现了原作的整体精神，也充分体现了赵甄陶诗词翻译"炼字"的功夫。赵译本中这类深透理解原作精神的译例不少，在此不一一列举。

赵甄陶不但对原作有尽可能透彻的理解，译文表达也做到了严谨。严谨既体现在译文的"炼字"，也体现在韵律的采用。运用格律体翻译毛泽东诗词，是"后毛泽东时代"毛泽东诗词英译者的相同选择。英语格律诗体比自由诗体更能再现汉语旧体诗词的音乐美。赵译不但有韵律，而且通过韵律来突出诗词的意境。如《清平乐·六盘山》的译文：

The sky is high; the fleecy clouds are bright.

We watch the southern wild geese out of sight.

None but the brave can get to the Great Wall;

We've covered twenty thousand li in all.

On Mount Liupan, nay, on its very crest,

Red banners play in breezes from the west.

We have a long, long cord in hand today;

When ever can we bind the Dragon Grey?

译文采用了五音步抑扬格，韵脚为 AABBCCDD。首句第二音步中的 high/hai/ 和句末韵脚 bright/brait/ 形成行内谐元韵（Internal Assonance），突出了诗句"天高云淡"欲表达的天空高远的效果。行末运用 AABB 型全韵（Full Rhyme），"表达了展望前程的急切心情"（王天明，1995）。韵律的运用很好地和意境的营造结合在一起，译文不但"音美"，而且"意美"。

赵译本所有译文都采用格律体翻译，但译者灵活地针对原诗词不同的风格采用不同的英语诗歌体裁翻译。政治说教诗（politically didactical poem）《念奴娇·鸟儿问答》含有用词粗俗的句子，英译文采用了英雄双韵体（Heroic Couplet），两句一韵，每行由五音步抑扬格构成。例如，上阕的译文如下：

Spreading his wings, the roc soars to the sky,
Stirring a whirlwind thousands of miles high.
Above, upon his back are azure skies;
Cities and suburbs on the earth he spies.
Drumfire licks heaven; shells make countless pits.
A quail in brush is scared out of his wits.
"How terrible!" the quail is heard to say.
"Oh, my! I want to hop and flit away."

英雄双行体是一种古老的封闭式诗体，采用这种诗体"造成了一种幽默和讽刺的效果，与原诗风格相映成趣"（王天明，1995）。原作的诗行长短不一，长的诗行有 7 个字，短的只有 3 个字。译者对诗行做了灵活处理，在不删减原作思想内容的前提下，把这原作的 20 行，

第四章 后毛泽东时代我国毛泽东诗词对外译介的"多元化"

调整为译文的 16 行。

有时为了一首诗每行英译文的音步数一致,赵译本也灵活地在不增添原作思想内容的前提下增加原诗的行数。如为了《念奴娇·昆仑》译文的每行采用抑扬格三音步,原文两行的"千秋功罪,谁人曾与评说?"翻译成了三行:

By all the things you've done,
Good or bad, old or new,
Who's ever judged of you?

为了一首诗词的译文每行都采用相同的韵步(Metrical Foot),赵译本常对诗行的多少和长短适当调整,采用三音步、四音步、五音步,还是六音步,因诗而异,因为原作采用了不同的词牌,但一切为了译文诗行的节奏和谐悦耳。《十六字令》句短字少,节奏短而有力,表达了雄伟壮大的气魄和形象。赵译文紧追原作的节奏,译文字数仅比原文多一个,表达简练,音调铿锵,节奏鲜明有力,再现了原作的气势。如《十六字令三首》中第一首的译文:

Mountains!
Mounted, I wield my whip,
And look back in surprise,
Three foot three off the skies!

作为格律体英译,赵译本整体上是成功的,但为了追求韵律,难免出现个别"因韵害意"的情形或留下为了音韵的斧凿痕迹。如"江山如此多娇,引无数英雄竞折腰"的译文:

Our land has such a charming show

- 99 -

That countless heroes love it so!

love it so 未能传达出"折腰"的韵味,究其原因是译文受到音节不能太多的限制。

再如,"七百里驱十五日,赣水苍茫闽山碧"被译为:

March fifteen days, and seven hundred li we've made,

Gan's waters wide, and Fujian's hills as blue as jade.

"赣""闽"相对,"赣"是江西省的简称,直接音译为 Gan,"闽"是福建省的简称,却译为了 Fujian。这种不对称的翻译出于音节数的考虑,因为每行诗的音节总数是 12 个。

著名英籍华人作家韩素音评价赵译本认为,"即使有不尽完美之处,但该书确实表达了毛泽东诗词及毛泽东品格的优美情调",在她读过的许多毛泽东诗词外文译本中,就"信"和"雅"的翻译标准来说,赵译本"可能是最好的译本之一"(赵甄陶,1980:韩素音《序》)。这一评价是中肯的。

4.3.4 黄龙译本——发掘幽微,穷其毫末

黄龙(1925—),1945 年毕业于安徽大学外文系,1950 年金陵大学文科研究生毕业,曾任东北师范大学外文系副教授和南京师范大学外文系教授,长期从事翻译学、莎学、红学及中国古典文学的研究。主要英译作品有《孔雀东南飞》(1984)、《牡丹亭》(1989)、《中国古代名诗选译》(1989),主要翻译理论著作有《翻译技巧指导》(1986)、《翻译学》(1988)和《翻译艺术教程》(1989)。

第四章　后毛泽东时代我国毛泽东诗词对外译介的"多元化"

1980年《东北师大学报》以增刊的形式出版黄龙的《毛泽东诗词》英译,收录诗词43首,前面的39首和"官译本"收录作品一样,后面多收录了4首:《贺新郎》(1923)[①]、《七律·吊罗荣桓同志》(1963)、《贺新郎·读史》(1964)、《电复彭德怀同志》(1935)[②]。1993年,江苏教育出版社出版黄龙的《毛泽东诗词英译》收录诗词作品50首,在1980年译本基础上增录了7首:《七古·送纵宇一郎东行》(1918)、《西江月·秋收起义》(1927)、《临江仙·给丁玲同志》(1936)、《五律(外侮需人御)》(1942)、《浣溪沙·和柳亚子先生(颜齐王各命前)》(1950)、《七律》(1955)[③]、《念奴娇·井冈山(参天万木)》(1965)。诗词全部按照创作时间先后顺序排列。黄龙增录的这些诗词都是在毛泽东去世后,经中共中央或有关部门审定后公开发表的。

黄龙认为,毛泽东诗词的翻译,"贵在字里解题,行间求意,句外索隐",诗人"笔短情长,书不尽意",翻译者应该补其"笔短",译其"情长",译文才能臻于化境。(黄龙,1988:196)黄龙翻译

[①] 这首词1978年在《人民日报》首次发表,题为《贺新郎》,1997年中央文献出版社出版《毛泽东诗词集》改为《贺新郎·别友》。

[②] 1979年《人民日报》发表这首词时采用了本标题,收入1996年中央文献出版社的《毛泽东诗词集》时题为《六言诗·给彭德怀同志》。

[③] 这首词最早见1983年人民出版社出版的《毛泽东书信选集》,无标题。1986年人民文学出版社的《毛泽东诗词选》和1996年中央文献出版社的《毛泽东诗词集》中这首诗题为《七律·和周世钊同志》。

毛泽东诗词，在发掘幽微、穷其毫末上下的功夫，堪比赵甄陶翻译毛泽东诗词对一事一物名称含义及翻译方法的深究。我们试分析三个译例，一窥译者在"探微"方面的努力。

例一，"橘子洲头"的翻译。《沁园春·长沙》中"橘子洲头"四字的理解，此前国内外的译本似乎不存在分歧。Barnstone，Engle & Engle，"官译本"译为 Orange Island；黄雯、林同端译为 Orange Isle；Jerome Ch'en & Bullock；吴翔林、许渊冲、赵甄陶译为 Orange Islet。黄龙认为，"橘子洲"是长沙西湘江中的水陆洲，既不是"岛屿"（island），也不是"小岛"（isle, islet），是"江心岛"。"江心岛"指"河或湖中的小岛"，对应的英文名称是 ait 或 eyo。"洲头"中的"头"字，此前译本一般选用 tip 或 head 来翻译，如 on the tip of（Bullock & Jerome Ch'en, Engle & Engle, "官译本"，吴翔林），at the head（许渊冲），on…head（赵甄陶），也有译本译为 around the promontory of（Barnstone）①。黄龙根据橘子洲的地理形状，没有对"洲头"作字面的翻译。该洲乃长沙西湘江中一个狭长的洲，南北长大约十一里，东西最宽处约一里，"两端颧突，其状如舟首（prow）与舟尾（stern）"，因此将"头"译为 on the prow of（舟头）。（黄龙，1988：197）这样处理是译者对"情长"诗人"笔短"的一种弥补。"橘子洲头"的黄龙译文为：On the prow of Orange Ait。

例二，"惜"字的理解。各类毛泽东诗词注释本一般不对《沁园春·雪》中"惜秦皇汉武，略输文采；唐宗宋祖，稍逊风骚。一代天

---

① Barnstone 的译文值得商榷，promontory 意为"岬，海角"，指突入海中陆地的尖端；而橘子洲在内陆河中，而非海上。

骄，成吉思汗，只识弯弓射大雕。"中"惜"字的感情色彩做分析，英译者似乎也对这个字在词中的褒贬色彩未做过多深究。"惜"在这首词中是一个领起字，根据词律，领字领起以下四句，但这里领起以下的七句。"惜"意为"可惜"，"略输"意为"略差一点"，"稍逊"意为"稍次一等"，在这首词里都是中国古典文学作品里常用的委婉的说法，含有对历代封建统治者的轻蔑和批判。因此，"惜"字这里具有贬义的感情色彩。此前的译本对此主要有两种译法：① But alas！（如"官译本"、许渊冲、赵甄陶）；② Pity + 宾语从句（如吴翔林）。"alas"是一个感叹词，表示悲痛、遗憾、怜悯、关切、恐惧等的惊叹声，意为"哎呀！唉！"；pity作及物动词用时，意为"同情，怜悯；可怜（常含有鄙视意）"（陆谷孙，2007：43,1488）。比较而言，选用及物动词pity多少传递了作品中诗人用这个字隐含的贬义色彩，吴翔林译文如下：

Pity the Emperors Chin Shih-huang and Han Wu-twere lacking in literary grace,

Their Majesties Tang Tai-tseng and Sung Tai-isu

On us little poetry did bestow.（吴翔林，1978：22）

但"Pity + 宾语从句"这样的祈使句式传递的祈使语气与原作不符。黄龙充分领会了诗人使用"惜"字带有的贬义色彩，在译文中曲尽其妙：

It's pitiable, forsooth, for Qin Huang and Han auto be in

some measure less talented in literature,

And for Tang Zong and Song Zu

— 103 —

To be in a sort less refined in culture.（黄龙，1980：50）

本译文选用了形容词 pitiable 来表达"惜"的字面含义，紧随其后加上一个副词 forsooth，意为"确实地，无疑地"，作插入语，使 pitiable 的感情色彩贬义化。

例三，"天堑"的翻译。"一桥飞架南北，天堑变通途"（《水调歌头·游泳》）中的"天堑"本意为"天然的壕沟"，这里指长江。此前的译本一律选择了 chasm 一词翻译"天堑"，如"官译本"译为 a deep chasm，许渊冲译为 the chasm，吴翔林译为 Nature's chasm。chasm 指地面上的干涸的陷窟、裂隙、深渊，来翻译波涛滚滚的长江"天堑"不妥。黄龙选用了 moat 一词，将"天堑"译为 the heaven moat，更贴切，因为 moat 指有水的壕堑。

将诗人在原作中隐含的思想、情感显化，是黄龙译本的另一个特点。这是他"诗人笔短情长，书不尽意，译者必须补其笔短"翻译观的体现。将黄译本和其他译本如"官译本"比较，这一特点非常明显。例如"诗人兴会更无前"（《浣溪沙·和柳亚子先生》）中的"兴会"一词，意为"兴致，意趣"，字面意思大致对应的英语名词有 taste, interest, excitement, whim, inspiration, verve。原文"兴会"是一抽象名词，此前译本一般英译为同样的抽象名词，如许渊冲和赵甄陶就选用了 verve，或者采用表达抽象意义的动词短语 be inspired，如"官译本"和吴翔林译本。具体而言，"兴会"在原作里指"诗兴"，但这一指涉是含而不露的。黄龙将"兴会"显化为希腊神话中的形象 Pegasus（佩加索斯），"诗人兴会更无前"被译为："And poets' Pegasus is inspired to fly to an unprecedented height."（黄龙，1980：60）在希腊

第四章　后毛泽东时代我国毛泽东诗词对外译介的"多元化"

神话中，佩加索斯是英雄玻耳修斯割下墨杜萨的头时，从她的血中跳出的双翼飞马，诗歌女神缪斯骑上这匹飞马，马蹄所及处即有泉涌，饮此泉水可获诗歌创作的灵感。在现代，佩加索斯是诗歌灵魂的象征。显化的译例再如，"只争朝夕"（《满江红·和郭沫若同志》）的翻译。"朝夕"犹言一朝一夕，形容时间短暂；"争朝夕"指不能等待，要抓紧时间，要争分夺秒。黄译本把这简练的四个字包含的意思完全显露出来了："Seize the morn and even as tight as you may."再如，黄译本中"天高云淡，望断南飞雁"的译文是：

So high is the crystal vault with clouds clad in light white,

Our gaze follows the south-flying wild geese till they dwindle out of sight．（黄龙，1980：46）

"天高云淡"的景象，读者不难想象，诗人为读者留下了一定的想象空间，但黄译文把想象的空间填满了："水晶般明净的天穹，漂浮朵朵淡淡的白云，是如此高远。"这类将原文隐含思想感情显化的译文不少，明晰化是黄龙译本的一个显著特征。就诗歌文体特征而言，这不能算译本的优点，因为这有违诗歌应语言简练、思想含蓄的基本要求。我们把黄译本中"诗人兴会更无前"和"只争朝夕"两句的译文和"官译本"比较，就能看出显化的译文语言不够简练，思想不够含蓄。

（1）原文：诗人兴会更无前

黄译本：And poets' Pegasus is inspired to fly to an unprecedented height.

官译本：And the poet is inspired as never before.

（2）原文：只争朝夕

黄译本：Seize the morn and even as tight as you may.

官译本：Seize the day, seize the hour!

黄龙还提出一种翻译原则，即"以古译古，以今译今，以文译文，以野译野，以雅译雅，以韵译韵"（黄龙，1988：196）。毛泽东诗词的韵律严谨，译者尽力"以韵译韵"，但就韵律的严谨性而言，译文远不及原文。译本无统一严谨的韵式，有些诗词译文格律诗体和自由诗体夹杂。即便是格律诗体，只做到了押尾韵，未能顾及诗行的长短、音节的多少、抑扬的搭配。例如《七绝·为女民兵题照》的译文：

With a mettlesome and handsome bearing the heroines carry their five-foot rifles on shoulders,

The parade ground being illumined with the first beams of day.

Strong-minded with lofty aspirations are all China's daughters,

They preferably cherish military uniforms rather than red array. （黄龙，1980：82）

为了"以韵译韵"，不少押韵的诗行因韵害义，或者以牺牲语言的简练换取行末押韵。《清平乐·六盘山》下阕的译文：

On the Liupanshan's lofty crest

Red flags flutter freely with the west.

Today we've seized hold of a long cordon,

When shall we bind fast the Grey Dragon?（黄龙，1980：46）

为了和第一行结尾 crest 押韵，第二行结尾用 west，但 west 无"西风"的意思，westerly 作名词意为"西风"。为了和第四行结尾的 dragon 押韵，第三行结尾用 a long cordon 译"长缨"，a long cordon 非"长缨"，乃"长绶带或饰带"，和原意相去甚远，这是典型的因韵害意！

再如，《北戴河》第一阕的译文：

Down upon youhan a pelting rain pours from the sky,
And the white breakers surge heaven-high.
Off Qinhuangdao were fishing boats in rows.
Now they've vanished from sight save a vastness of billows.
Whither are they bound? Who knows?　（黄龙，1980：61）

为了和第二行结尾的 high 押韵，译者在第一行原文"大雨落幽燕"后硬加上不言而喻的"从天空"（from the sky）三个单词；为了和第四五行押尾韵，译者在第三行原文"秦皇岛外打渔船"的含义中平添了"一排排"（in rows）的意思。为了押韵，不但损害了原意，也牺牲了译文简洁性。"意美"是诗歌翻译首要追求的，其次才是追求"音美"。牺牲"义美"，获取"音美"，本末倒置！

译本在发掘幽微、穷其毫末，全面理解诗词，充分再现一字一词含义方面，有其特色。但不足之处主要有两点：一是为了弥补诗人之"笔短"，原作含蓄的思想情感在译文中显化突出，译文语言啰唆；二是为了追求"以韵译韵"，不少诗行不但因韵害意，而且牺牲了语言的简练。

4.3.5 辜正坤译本——副文本丰富

辜正坤，文学博士，北京大学外国语学院世界文学研究所教授兼英语系教授，博士生导师，北京大学文化文学与翻译研究会会长，获国务院颁发有"突出贡献专家"称号。提出"翻译标准多元互补论"，代表性专著和译著有《中西诗比较鉴赏与翻译理论》、《莎士比亚研究》、《老子道德经》英译、《元曲一百五十首》英译、《莎士比亚十四行诗集》汉译。1993年，北京大学出版社出版辜正坤译注《毛泽东诗词：英汉对照韵译》。该译本收录毛泽东诗词46首，分"正编"和"副编"两部分，"正编"部分收录毛泽东生前亲自审定的39首[①]。"副编"收录的7首诗词是《七古·送纵宇一郎东行》《西江月·秋收起义》《六言诗·给彭德怀同志》《临江仙·给丁玲同志》《浣溪沙·和柳[亚子]先生》《七律·和周世钊同志》《念奴娇·井冈山》。毛泽东去世后，这些诗词经中共中央或有关部门审定后在《人民日报》等报刊公开发表。整体上，译本忠实于原文，语言地道，韵律优美。

相较于其他译本，该译本的显著特征是"副文本"丰富。"副文本"（para-text）是法国文论家热拉尔·热奈特（Gerard Genette）在二十世纪七十年代提出的概念，指"在文本和读者之间起协调作用、服务于作品的'呈现'的言语或其他材料（序言、后记、标题、献词、插图）以及许多其他中间现象（in-between phenomena）"。（Genette，1997：1）热奈特将副文本分为两大类："外围文本"（peritext）和"嵌入文本"（epitext）。"外围文本"主要有正副标题、序、跋、注释等，而"嵌入文本"指采访、书评、手记、书信、告读者等。热奈特认为，副文本旨在引导读者沿作者、编辑或者出版者提示的路径，最大限度去还原作者的意图。（Genette，1997：5）完整的文学作品译本不但有正文本，也应该有类型多样的副文本，这些"副文本因素参与了、丰富了、甚至阐释了该译本正文本的意义"（肖丽，2011），在文学

[①] 辜译本将《贺新郎·别友》编入经毛泽东生前亲自审定的诗词"正编"中，有误，这首诗没经毛泽东本人审定。

第四章 后毛泽东时代我国毛泽东诗词对外译介的"多元化"

作品的原作者、译者、出版者和读者之间起到重要的纽带作用。辜正坤译本的副文本内容较丰富,既有外围副文本,也有嵌入的副文本。前者如正副标题、内容提要、序言、注释、索引、汉语拼音、译注者简介;后者如毛泽东关于诗词的三封信、毛泽东诗词手迹。下面简要分析该译本一些副文本的特征。

早在1931年,比较文学法国学派的泰斗梵·第根(Paul Van Tieghem)在比较文学法国学派的奠基作《比较文学论》中就充分认识到了译者序言的价值,认为从中可以了解"关于每个译者的个人思想以及他所采用(或自以为采用)的翻译体系"等"最可宝贵的材料"。(梵第根,2009:128)此前的毛泽东诗词国内英译本,有的无译者序言,有译者序言的也仅简要说明自己翻译遵循的原则。比较而言,辜正坤译本的长篇序言内容更丰富,对译文读者,尤其是不懂汉语的译文读者的帮助更大。

辜译本"前言"对毛泽东诗词的文化影响、思想内容、艺术风格、语言技巧和译者遵循的翻译原则做了总体论述。辜正坤认为,毛泽东诗词对当代中国文化尤其是当代中国文学的影响巨大,"在东方无处不能强烈地感受到",所以有必要将这些作品对外译介。(Gu, 1993, Forward:2)他对原作的阐释"从不坚持单一的原则",因为"诗歌在本质上抗拒单一的理解和解释""任何阐释从不同的角度去判断都可能是正确的"。因此,辜正坤在阐释毛泽东诗词时,一般采用"多种视角"。他一方面认为对毛泽东诗词的各种阐释"都是有价值的",但另一方面常常"坚持一种阐释",因此在译者注释中,有时把对同一问题的各种观点一一罗列出来。他认为,虽然毛泽东诗词一般具有高度的政治性，但绝不是机械的"道德说教"，无论是诗词形式还是语言表达，一般都"极具创新、极其优美"。西方的读者可以通过两种方法阅读毛泽东的诗词：或者"忽略作品的政治背景"，把作品当作独立于作者的纯粹诗歌创作文本，静静地接受作品优美的意象、词句、思想、主题，乃至韵律，不去考虑诗人"本来的含义"、典故等；或者结合创作的背景，从"文化、政治、经济"层面来把握毛泽东的诗词。(Gu，1993，Forward：13)文学界有一种较普遍的观点，认为毛泽东诗词"形象、具体、精确地再现了毛泽东思想"。辜正坤认为，这种看法某种意义上有道理，但《毛泽东诗词》中呈现出来的毛泽东首先"是诗人，而不是哲学家、战略家、政治领袖、学者或者道德宣传者"，阅读毛泽东诗词主要是为了欣赏诗歌艺术之美而不是为了学习作品体现的"一套道德规则或者哲学原理"（Gu，1993，Forward：14-15）。辜正坤对毛泽东诗词的这种阐释态度，必然影响他翻译毛泽东诗词遵循的原则。毛泽东诗词是严格按照汉语诗词格律创作的，格律不但大大有助于作品的音乐性，有时还有助于"新颖思想和意象"的构成。辜氏一为了让译文读者意识到原作是有格律的，二是出于格律对于原作的重要作用，认为"毛泽东诗词韵译自然是需要的"。在这样翻译时，"小心谨慎"，不是因为毛泽东是泱泱大国的领袖，而是因为和其他诗人一样，毛泽东作为独特诗人值得谨慎对待。辜氏翻译的原则是，"保留原作的词序、原作简练的措辞，同时译文是足够流畅的韵译（a reasonably fluent and rhymed English version），使其成为可以尽可能独立存在的作品。"

再看译本的注释。加注是译者对原作某些内容进行阐释的一种手段，译文加注是译者在场的明显标志，体现了译者在翻译过程中的主体性，译者通过加注表达自己对原作的理解，在译作中重构文化语境，帮助译语读者对作品的理解。（杨振、许钧，2009）此前的国内译本，仅赵甄陶译本在译文后附有简短注释，平均而言，每首诗词后有3条注释，第一条说明原诗词的格律（因为词牌名都省略不译），第二条解题，第三条解释个别词句。每条注释长度一般是1-2行。国内毛泽东诗词译本译注的缺失或简略，一定程度上反映了译者在特定意识形态语境下的谨慎态度。辜正坤在译者注中更充分表达了自己对诗词的理解。平均每首诗词有近两页的注释，注释内容包括诗词题解、历史背景、人物、地理、典故、词句等，这些注释项是理解、欣赏诗词作品必不可少的知识。丰富的译注无疑有利于诗词在译入语读者中的接受和传播。

标注汉语拼音是辜译本的首创。为方便外国读者，译本以英汉对照形式排版，每行汉语诗词后是该行每个字的汉语拼音。诗词原文由单音节的方块字写成，诗行的长短规整，从排版一眼即可看出，英汉对照有助于译文读者了解原作的句法特征。标注汉语拼音不但有利于汉语不够熟练的外国读者认读汉语原文，而且通过拼音能一定程度上识别原作的韵律特征。例如毛泽东的七律诗《长征》和《人民解放军占领南京》的格律都遵循下面的平仄式：

⊕平⊗仄仄平平,
⊗仄平平仄仄平。
⊗仄⊕平平仄仄,
⊕平⊗仄仄平平。
⊕平⊗仄平平仄,
⊗仄平平仄仄平。
⊗仄⊕平平仄仄,
⊕平⊗仄仄平平。

  从这个格式能看出，1、4、6、8 行末皆为"平"声，押同样的韵。《长征》的第一行结尾字读音为 nán，第二行结尾字读音 xián，第四行结尾字读音 wán，第六行结尾字读音 hán，第八行结尾字读音 yán。这几行结尾都押 an 韵。《人民解放军占领南京》的第一行结尾字读音为 huáng，第二行结尾字读音 jiāng，第四行结尾字读音 kāng，第六行结尾字读音 wáng，第八行结尾字读音 sāng。这几行结尾都押 ang 韵。这些特征从紧随汉字标注的拼音就能看出，这无疑有助于外国读者更多了解原诗词的格律。汉语采用繁体字，因为繁体字一定程度上还是象形文字，"能引起更形象的联想"（Gu, 1993, Forward: 20）。译者和编辑的这番用心，有利于译入语读者对汉语古诗词格律、句式等的直观认识，自然有利于毛泽东诗词的接受和传播。

  译本后增加"索引"（Index）也是辜译本的首创。编制书后索引是以特定文本为对象，以该文本中有特定意义的词语为线索，标注

第四章　后毛泽东时代我国毛泽东诗词对外译介的"多元化"

出该词语描述的信息在该文本中的位置。书后索引主要有三个功能：帮助读者查找文本的相关内容、读者借助索引回味曾阅读过的知识，或借助索引在未阅读过的文献中找出自己所需的信息。（田兵，2010）编制书后索引在西方发达国家已经成熟规范，而且十分普及，"美国目前95%的学术图书和50%的一般图书都有书后索引"（斯罗特，2005），但书后索引还没被我国学术图书广泛接受和采纳，更不用说被翻译作品所采用。为了让译本更好地为习惯于书后索引的西方读者所接受，译者编制了"索引"附于译本的"正文本"之后。索引项包括诗词题目，诗词中出现的人物、事件、地理、典故，译注中出现的人物、事件、地理、刊物、史书等。该索引对通过该译本研究毛泽东诗词或毛泽东思想的英文读者帮助极大。

译本收录毛泽东有关诗词书信3封，作为《附录》。第一封是1957年1月12日写给《诗刊》主编臧克家等《关于诗的一封信》；第二封是1959年9月7日《给胡乔木同志的信》；第三封是1965年7月21日《给陈毅同志谈诗的一封信》。这3封信件体现了毛泽东的诗词观，有助于对诗人毛泽东的更全面理解。

"译注者简介"也是辜译本的一个显著副文本特征。此前的译本，包括"官译本"、许渊冲译本、吴翔林译本、赵甄陶译本都无译者简介，"官译本"甚至译者也没标注。越往后，国内译者所处意识形态语境越宽松，译者的个性越能得以张扬，译者的身份越能进一步得到彰显。辜正坤译本近一页的"译注者简介"足以证明这点。

译本还收录毛泽东诗词毛笔手迹3幅，作为插图。毛泽东用草书书写自己的诗作，精妙娴熟，诗书一体，读者欣赏优美诗词的同时，也欣赏到优美的书法。书法手迹插图为译本平添了一分艺术气息。

辜译本无论"正文本"还是"副文本",都比此前的译本有所提高。除了译者自身的努力,有此前译本的参考和更宽松的意识形态环境也为更理想译本的出版提供了条件。

4.4 小结

我国改革开放后至上个世纪末,在大陆出版的毛泽东诗词英译除了上述5位译者的译本,还有1993年天津人民出版社为纪念毛泽东100周年诞辰出版的由赵恒元和在华工作的英国人Paul Woods合作完成的《毛泽东诗词》英汉对照本。该译本收录诗词50首,译文采用自由诗体,无译者注。总体而言,译本粗糙,译文质量与前述译本相去甚远。译本中误解误译处较多。例如,《秋收起义》原文八行,译文就有下列明显不妥之处:①题目"秋收起义"译为Autumn Uprising(秋季起义);②"地主重重压迫"译为Opposed by the landlords right and left(左右遭受地主的反对);③"农民个个同仇"译为Farmers shared a bitter hatred(农民分享深仇);④"秋收时节暮云愁"译为Autumn harvest is cloudy at dusk(黄昏的秋收乌云满天)。(赵恒元、Paul Woods,1993:27)再如,"茫茫九派流中国,沉沉一线穿南北"(《菩萨蛮·黄鹤楼》)的英译文是:

Snaking rivers meet in Yangtze;

Dark and moody railway rushes north and south. (同上,25)

译文的意思为"蜿蜒河流汇长江,沉郁铁路冲南北",完全背离

第四章 后毛泽东时代我国毛泽东诗词对外译介的"多元化"

原文。《蒋桂战争》用了两个典故,一是"一枕黄粱再现"中的"一枕黄粱",二是"收拾金瓯一片"中的"金瓯"。"一枕黄粱"本指黄粱美梦的故事,现比喻虚幻的梦想;"金瓯"本指用金子制造的盆、盂之类的器皿,后来指代国土或比喻疆土的完整坚固。译本将"一枕黄粱再现"译为"(Bringing distress and danger to the citizens;/) Another dead sea apple for them to have";"收拾金瓯一片"译为"To make an oasis in desert (/We are busy sharing out the land)"。(同上,31) 英语成语"死海之果"(dead sea apple),意为"不可靠的成就,令人失望的事情",和"一枕黄粱"承载的文化含义完全不同。"沙漠中的绿洲"(an oasis in desert)和"金瓯"的比喻意义相差就更远了。总体而言,该译本乏善可陈。

改革开放后,迎来了我国文学翻译的春天。文学艺术领域提倡"百花齐放,百家争鸣",我国译者有了表达对毛泽东诗词"官译本"不满意的机会,更为宽松的图书出版环境为译者提供了公开呈现自己的毛泽东诗词英译本的条件。多元化的毛泽东诗词对外译介,不但有利于毛泽东诗词艺术的译介,也繁荣了我国的文学翻译研究。海外毛泽东诗词的译介并不和我国同步,毛泽东时代结束后,海外通过单行本对毛泽东诗词的译介减少了,但毛泽东诗词通过传记仍得到大量译介。

第五章

香港地区回归祖国前对毛泽东诗词的译介

《中华人民共和国香港特别行政区基本法》第九条规定，1997年香港回归祖国后，香港特区的行政机关、立法机关和司法机关使用中文，也可以使用英文，英文也是正式语文。香港回归祖国前，该地区在英国殖民教育制度下浸淫多年，学中文的人很少，学普通话的人更是稀少，因为香港的官方语言是英语，官方文字是英语，求职用英语，政府办公用英语，广播电视即使用汉语也多用粤语；中学采用中文教材、用粤语或普通话教学的学生人数仅为使用英文的中学生人数的十分之一左右；在英文学校，全部采用英文教科书并用英文授课，除了中国语文和中国历史两科。（张仁寿，1996）在回归祖国前，香港受到长达百年的英国殖民统治，英语在香港占绝对的支配地位。

香港的特殊政治环境、地理位置，加上香港和祖国大陆文化传统上的特殊联系，使得毛泽东诗词的英译和出版比较活跃。1997年前，香港地区就出版了好几种毛泽东诗词英译单行本。1966年，香港东方地平线出版社出版黄雯（Wong Man）英译的《毛泽东诗词》，次年同一出版社出版《毛泽东词十首》，收录

-117-

《中国文学》发表的译文[①];1968年,香港文汇出版社出版三卷英译《毛泽东诗词注释本》,译者不详;1980年,香港三联书店出版美籍华人学者林同端(Nancy T. Lin)译注《毛泽东诗词》(英文书名Reverberations);1981年,香港商务印书馆出版中国大陆翻译家许渊冲英译《动地诗——中国现代革命家诗词选》(Earth-shaking Songs),其中收录毛泽东诗词43首。文汇出版社出版的三卷英译注释本基本是对北京英译文和注释的汇集,许渊冲《动地诗》收录的43首诗词中的42首的译文曾在1978年发表过,不再赘述。下面主要评介黄雯译本和林同端译本。

---

① 曾任中国毛泽东诗词研究会副会长的陈安吉,在专著《毛泽东诗词版本丛谈》(2003:287)中说,1967年香港东方地平线出版社出版"黄雯译《毛泽东诗词十首》(英文)",有误。该译本并未署名译者,按照译本后的"出版说明",此时黄雯已去世,黄雯译本未能收录新发表的毛泽东诗词十首,为弥补这一不足,特收录《中国文学》发表的十首诗词译文成册出版。

第五章　香港地区回归祖国前对毛泽东诗词的译介

5.1 黄雯译本

黄雯，香港中国文学家和诗词翻译家，出版过中英对照《诗词译选》（Poems from China, 1950）等。香港东方地平线出版社1966年出版了黄雯1963年9月去世前不久刚英译并注释的英汉对照《毛泽东诗词》。该译本收录毛泽东诗词27首，包括了译者去世前所有已公开发表的毛泽东诗词。1963年12月，人民文学出版社出版《毛主席诗词》，收录诗词37首，并对以往发表过的27首诗词做了个别改动。该译本1966年出版时，未能收录"六三版"《毛主席诗词》中新发表的十首，为弥补该译本的这一不足，东方地平线出版社于次年出版《毛泽东新发表诗词十首》（Ten More Poems of Mao Tse-Tung）英译本，收录1966年5月《中国文学》杂志刊载的十首诗词的译文。"六三版"诗集对此前发表诗词的个别改动，黄雯译本中编辑只用脚注方式注明，未改动黄雯的译文。

黄译本包括前言、诗词、注释三个部分。为了帮助英文读者欣赏毛泽东喜爱的律诗和词这两种诗歌体裁，"前言"较详细地叙述了汉语诗歌的发展及其特征。译者认为，"大致说来，律诗从唐代以来，词从宋代以来，除开内容，其形式、结构和韵律至今已固定了"，"毛泽东本人明确不鼓励年轻人运用古代的体裁创作诗歌"，但我们"不会认为律诗和词已经死亡，当我们读到本诗集中的作品，其中一些是在马背上哼成的"（Wong, 1966, Preface：viii-ix）。译者高度评价毛泽东在汉语古体诗词继承和创新方面的卓越贡献，认为毛泽东的诗词"为律诗和词打开了一个清新的新世界，是旧瓶装新酒"，因为毛

- 119 -

泽东诗词不同于以往的这类作品。以往的这类作品，一般表现"喜怒无常、次要的和以自我为中心的情绪、堕落的生活、逃避思想、不思进取、怀旧、浪漫的乡村情调和主观思想。这些都弥漫着消极、忧郁、自怜和悲观的色彩"，即便是苏轼的《赤壁赋》、岳飞的《满江红》、辛弃疾的《别茂嘉十二弟》和《滁州送范倅》也表达了"脆弱的情感"（Wong，1966，Preface：ix-x），而毛泽东的每一首诗词讴歌"客观、新颖、乐观、活力、努力、爱国和世界和平"等主题，且诗词严格遵守诗词的格律。在译者看来，毛泽东是"太空时代律诗和词的开拓者（a pioneer of this space age for the lu and the tau）"（Wong，1966，Preface：x）。"注释"主要针对词牌名、历史典故、人物地理等做简要说明。

翻译紧扣原文，语言简练，不增益或删减原文内容，诗词体裁特征也尽可能得到再现。词译文的行数不但和原文相同，而且诗行长短也和原文基本一致。例如《减字木兰花·广昌路上》原文共8行，单数行每行4个字，双数行每行7个字。译文完全再现了原文的诗行特征：

The whole world was white;
　Marching in the snow with never a green pine in sight,[①]

[①]译本原注"This line has since this translation been amended by the author to read:'Marching in the snow added to the urgency of the situation'。译者根据的原文是'雪里行军无翠柏'，这行诗后修订为'雪里行军情更迫'"。

第五章　香港地区回归祖国前对毛泽东诗词的译介

Above our heads the high hills

As we crossed the great pass with red flags unfurling in the wind.

Whither bound we this trip?

To where wind and snow enshroud Kankiang.

Orders already out yesterday:

'That ten thousand workers and peasants shall take Chian.' (Wong, 1966: 16)

译文也是单数行简短，双数行较长。汉语律诗每行字数一样，长短一致，这也在黄雯的译文中得以体现。例如《七律·和柳亚子先生》（饮茶粤海未能忘）的译文：

Those tea-drinking days in Canon cannot be yet forgotten,

Nor our verse exchanging as Chungking leaves turned golden;

A return to the old town after thirty-one years had passed by,

To read your fine verse at a season when blossoms were falling.

Beware of heart-break over-yielding to fretfulness,

Range far your vision better to judge world events,

Say not that too shallow seem the waters in Kunming Lake,

Where fish-watching may be preferred to Fuchungkiang. (Wong, 1966: 44)

每行译文的音节少则 12 个，多则 14 个，也大致反映了原作的诗体特征。译文主要采用自由诗体，但也有不少诗行押韵自然。例如《清平乐·蒋桂战争》上阕的译文：

Sudden veer of wind and rain,

— 121 —

The warlords made war again,

Miseries to shower through the land:

Yet another Golden Millet Dream of the brain. (Wong, 1966: 10)

再如，《七律·长征》的首联的英译：

The Red Army feared not its Long March trials,

Ten thousand crags and torrents but easy miles. (Wong, 1966: 10)

总体而言，黄雯博士的译本忠实于原文，语言简练，韵律和谐，较好地再现了毛泽东诗词的艺术特色。

5.2 林同端译本

林同端 1942 年毕业于西南联大外语系，后入美国籍，曾受邓颖超之托，英译周恩来青年时代创作的诗歌，以《追索：周恩来诗抄》(In Quest: Poems of Chou En-lai) 为书名的译本 1979 年由香港三联书店出版，"译文流畅，读起来不失三分诗味，很是难能可贵"，"这集诗册不但有超妙的英译，还备有译者对原作的诠注，译者显然下了一番功夫，结果是一本极有分量的英译中诗的典范"（木令耆，1980）。1980 年，同样是香港三联书店，出版了林同端译注的《毛泽东诗词》，是当时收录毛泽东诗词最全并由知名出版社出版的译本，共收录毛泽东诗词 42 首，该译本受到译界广泛关注。

该译本包括两部分，第一部分是 42 首诗词的英译文，第二部分是诗词原文。每篇译文后附有注释，注释有两种，一种是诗人自己在不同时期提供的注释，另一种译者认为对理解诗词有帮助的有关文学和历史注释。"注释部分特别有价值的是，融入了诗人毛泽东自己对诗词注释者和翻译者有误解或争论的问题的评论和解释。这些可靠的评注大多数首次在该译本中被译成英语"。（Lin，1980：出版说明）出版者认为，林同端"作为周恩来诗歌翻译者在《追索》中展示的能力，在该译本再次得到展现。该译本翻译准确、译艺精湛，读者会喜欢阅读的"。（同上）

译者在简短的"序言"中陈述了自己的诗词翻译的原则：

> 一般说来，诗歌是无法充分翻译的，对于汉、英这类在句法、习语和文学传统方面有如此大差距的语言，就更是如此。在翻译已去世的毛主席的诗词时，我遵循的原则一直是，尽我所能抓住每首诗词的中心主题和意味，把根本的意象和涉及的主导节奏波浪（rhythm-waves）移植到译文中。虽然我希望把原诗词的冲击力（poetic impact）有一定程度的再现，我担心本译本呈现的结果很可能只不过是另一个不充分的个人阐释的样本。（Lin，1980：1）

林同端在访华时所做报告《译诗的一些体会》，更全面地总结了她自己翻译诗词的原则和方法，这些原则和方法也体现在毛泽东诗词的翻译中。林同端的毛泽东诗词译本主要有以下特点。

5.2.1 译者把握了原诗词的思想感情，尤其是主题

翻译难，诗歌翻译尤其难。要翻译好毛泽东诗词，要用另一种语言把这些诗词的"意"表现出来，把这些诗词的"味"传达出来，得首先要把握原诗词的思想感情，尤其是主题。毛泽东继承了中国古典诗词的创作方法，但也进行了大胆的创新，用旧的文学形式来反映我国革命中无数英雄史实、人民战士的豪情壮志和无产阶级改天换地的

气概。林同端对毛泽东诗词主题有准确的把握,"切实体会到了诗词中的主导的用意,其中的思想感情,也就是这首诗的意味"(林同端,1980),为在译文中传递诗词的"意味"打下了坚实基础。在这一方面,中国大陆以外的译本,似乎只有黄雯、恩格尔&聂华苓译本可和林同端译本相比。

译者几乎在每首诗词后的注释中,对作品的思想主题和创作技巧都有言简意赅的评论。如对《蝶恋花·答李淑一》这首词的评论,认为这首词"是一个很好的例子,表明诗人富有想象力地借古典神话为今用的技巧,使个人情感和革命者自豪感(revolutionary dignity)的融合达到动态平衡,这种平衡所达到的高度是罕见的"(Lin,1980:55)。再如对《到韶山》的评价:"解放十年后写的这首诗,不单是怀旧,是在受到来自党内的批评和来自国外的敌意指责时对人民公社运动的肯定,这首诗结尾几行即表明了这一点。"(同上:62)再如对《答友人》的评价,"诗歌开头是想象中的帝子到访,结尾是阳光普照的世界,是表现诗人通过神话和自然的象征手法(symbolisme)来谈论政治的创作特征的又一个例子"(同上:68)。对作品主题的准确把握,不但有助于翻译的"达意",而且有助于翻译的"传神"。

5.2.2 注意意象的传递

意象是诗词思想感情表达的主要手段之一,一首诗的意象一般可分为两种:广义的意象和狭义的意象,前者指整首诗烘托出的总意象,而后者指诗中的个别语词意象,而这些个别语词意象多是为总意象服务。毛泽东诗词意象丰富，林同端译本不但注意把握诗词总的意象，而且认真对待体现个别意象的词语，因为总意象通过这些个别意象词语来构成。

《人民解放军占领南京》不但描绘了人民解放军占领南京的磅礴气势，也表现了诗人革命家的战略家胆识和气魄，以及人民军队占领南京后诗人激动和喜悦的心情。这首诗呈现的整体意象是"锐不可当的气势"，这一总体意象通过个别词语呈现的小的意象或局部的意象来呈现，译者对局部意象的再现用心良苦。如"百万雄师过大江"中的动作意象"过大江"，其他译本一般按字面译作 crossed the Great River，用动词 cross 对译动词"过"不算错，但就意象的传递，或者对作品整体意象的营造而言，这样字面直译的效果远不及林同端的翻译：Sweep across the Grand Yangtse。动词短语 sweep across 不但包含了"过江"的意思，而且传递了人民解放军席卷一切、势不可当的气势，这正是这首作品要呈现出的整体意象。再如《沁园春·长沙》中动作意象"独立寒秋"的翻译。此前的译本一般选用了介词 in，如聂华苓译为 Standing alone in the cold autumn，官译本译为 Alone I stand in the autumn cold，译文的语法正确性无可挑剔，但介词 in 意为"处于……之中"，译文"独立寒秋之中"使读者"产生一种在寒秋中孤独受侵袭的被动之感，让人联想到一种孤寂伤感的情境，而失掉了这位伟大革命诗人当时那种豪壮的气概"（林同端，1980），因为根据当时的历史背景，正受到湖南军阀赵恒惕通缉的毛泽东秘密来到长沙，独自来到橘子洲头，意象"独立寒秋"不仅简单描述一人站立在"寒秋"之中，还表达了诗人革命家在困境中仍保持的岿然不动的反抗姿态。林译本中该意象的译文为"Against the chill of autumn / I stand alone",更能传达出革命家反抗与斗争的形象。译者在访问中国时在北京做的一个有关诗歌翻译的报告中,也分析为何选用介词against而不是in,"against 这个字在这个地方有两个功能,一是和过去一般译文中'in'字的功能'大同小异',把寒秋作为一个背景而言;另一个用意乃是促进加强的catalytic 作用,把'寒秋'和'独立'形成一个对抗的形势,因为'against'这个虚字,可把诗中原有的形象指点出来,给读者以一种physical position(具体位置)之外另加了一种mental confrontation(精神上的对立)的动态,较确切鲜明地表现出这位革命诗人不屈不挠大无畏的风度,如此可与整首诗的总形象调和一致"(林同端,1980)。在一个"小词"上下这样大的功夫,只是为了更好地传递原作的意象。

译者也像美国意象派诗人翻译汉语古诗时那样,尽可能挖掘原诗词中单字包含的意象,译者如果仅翻译原作字词的含义,不考虑象形字偏旁带有的暗示和联想意义,这些意象就在译文中失落了,而诗人选用这些字词时并非没有考虑到象形字具有的意象暗示和联想。如《蝶恋花·答李淑一》中的"杨柳轻飏直上重霄九"一句中的动词意象"轻飏"的"飏"字如果仅译为soar或fly up,带"风"字旁的"飏"字所带的"风"的意象就消失了,按照《说文解字》,"飏,风所飞扬也"。林同端在译文中充分再现了"风"的意象,将"杨柳轻飏"译为Light as yongliu in the wind they soar, in the wind(在风中)传递的就是"风"的意象。在同一首诗中,"吴刚捧出桂花酒"句里,"捧"字带"扌"旁,意为"两手托着"。"捧出桂花酒"不但隐含了"手"

的意象,而且隐含了"酒壶"、"酒杯"或其他酒器的意象。"官译本"将"捧出"译为 serves,聂华苓译本译为 brought out,都忽略了"捧"字和语境隐含的意象。林同端的译文意象更丰富,"In outreached hands he bears / A cup of lwei blossom brew",回译为"他伸开双手,捧出一杯桂花酒",汉语隐含的意象都一一呈现出来了。再如《西江月·井冈山》中"我自岿然不动"里的"岿然"的"岿"带"山"字头,译者也把"山"的意象通过 rock 一词传递出来了,整句译为"Unmoved we stand — / A towering rock!"。再如,《为女民兵题照》首句"飒爽英姿五尺枪"中形容词意象"飒爽"包含"风"的意象,该句译为"Fresh as breeze, / They march on with five-foot rifles",用 breeze 一词传递出"风"的意象。对这些个别词语承载意象的再现,有助于一首诗词整体意象的再现,也有助于译文"传神"。

5.2.3 重视汉语虚字和英语虚词的作用

无论汉语还是英语,词语或属实词,或属虚词,抒情说理时,情理的实处自然要用实词表达,但是随那些实词同时存在需要表达的长短、急缓、轻重之声,则非靠虚词表达不可。诗词措辞简练,如果堆叠实词,读起来不但难懂,甚至不通,应该用虚词关合、呼唤,诗词中的"虚字"和"实字"同样重要。诗词中传递意象的词语多半是实词,而虚词起到一种不可忽略的使诗的实词灵活起来取得生命的作用。

虚词的优势在毛泽东诗词中得到充分发挥,对于建构毛泽东诗词的崇高美起到不可或缺的作用。例如:

惜秦皇汉武,

略输文采;

唐宗宋祖,

稍逊风骚。

一代天骄,

成吉思汗,

只识弯弓射大雕。

俱往矣,

数风流人物,

还看今朝。(《沁园春·雪》)

诗人运用了一连串的虚词"略""稍""只""俱""还",精当有力。在"输""逊""识"三个动词前加上极有分寸的"略"、"稍"和"只"三个虚词,既指出词中历史人物的卓著武力,又指出了他们文治之不足。诗人用一个"俱"字,"犹如铁帚横扫,将历史人物扫归了原位"。虚词"还","猛一折转与飞扬,有如飓风激浪,把无产阶级英雄人物推上了崭新的现代历史舞台"。"一个'俱'字,结束了千年的历史,一个'还'字,翻开了历史的新篇。"(李子健,2003:211)汉语诗词中的虚词,译者不得忽视。林同端认识到了毛泽东诗词中虚词的作用,在英语语言许可的范围内,尽量传递了原文虚词的意义。上引例子的林译本英文为:

But ah, the Chin Emperor—the Han Monarch—

No Grand Sires of the Tangs and Sings,

Scarcely adept in poetry;

And Genghis Khan,

Proudest at one time as Heaven's son,

 Knew only bending the bow at the big eagle.

 All are past and gone.

For manhood florid and full,

Look—the galaxy today! (Lin, 1980：41)

  英语作为重形合的语言，虚词的作用更是不可小觑。一句毛泽东诗词也许不含有虚词，但如果在英语译文中用上虚词，则效果大不同。林同端认识到汉语古诗词措辞由于一再提炼，散文中常用到的情态动词、感叹词这类虚词在汉语古诗词中被"提炼"掉了，因此，在译文中经常把这些词补上，并用得恰到好处，把原作的某些微妙之处表达出来。如《清平乐·六盘山》中"不到长城非好汉，屈指行程二万。"就译为：

We shall the Great Wall reach,

Or not true soldiers be! (Lin, 1980：39)

同一首词中的"今日长缨在手，何时缚住苍龙？"译为：

The Long Cord in our hands at last—

When shall be the day

That we bind the Green Dragon fast? (Lin, 1980：39)

  译文中虚词 shall 的运用，更凸显了红军长征途中的豪迈情感，和革命力量一定能打倒国民党反动统治的远大预见和坚强自信。林同端在英译中恰当增添感叹词的情形就更多了。如"问苍茫大地，谁主沉浮？"的英译为：

Ah, boundless space,

Great earth in twilight's gray,

Who, I ask, is the lord of destinies? (Lin, 1980：7)

译文中增加了原文字面所无的虚词 ah。"这边风景独好"的英译文中也增加了虚词 ah：

Ah, the unique view

This side of the trail! (Lin, 1980：28)

"惊回首，离天三尺三。"的译文中加入了另一个虚词：

I turn my head — lo!

The sky's but three foot three away! (Lin, 1980：32)

再如，"须晴日，看红装素裹，分外妖娆。"的英译：

It takes but a fair morn

To touch this pure white with a blush of rose—

O, enchantment past pare! (Lin, 1980：41)

5.2.4 不坚持拘谨地押韵，自然的押韵也不刻意避免

毛泽东的诗歌创作大部分属于词，标准的汉语词具备三个特征：①全篇固定的字数；②长短句和；③律化的平仄。（王力，1979：509）汉语古诗词的节奏主要靠平仄形成，音韵主要靠押韵；英语诗歌的韵律最主要是节奏，而英语诗歌的节奏则多靠轻重音有规律的出现来形成。汉语诗词节奏和韵律在英语翻译中的处理，翻译者们已有各种尝试，有成功，亦有失败。毛泽东诗词的大多数译本采用了自由

第五章　香港地区回归祖国前对毛泽东诗词的译介

诗体，国内采用格律诗体来翻译的也有多次尝试，如许渊冲（1978）、吴翔林（1978）、赵甄陶（1992）、黄龙（1993），甚至有封面直接标注"韵译"的译本（辜正坤，1993）。这些译本试图再现原作的韵律美，或者使译作具有"音美"的特征。用格律体翻译格律体的不足之处，译者早已认识到，那就是很可能造成"因韵害义"。林同端认为，汉诗英译"如果坚持拘谨地押韵，既是违反潮流，也往往会吃力不讨好"，因为英文音韵总数远比汉字音韵总数多，在英语中押韵比汉语难。但是，"如遇到协韵很自然就拿到手时，也无须勉强去避免"（林同端，1980）。林同端对待以格律体译格律体的这种辩证态度，比将以格律译格律的策略一以贯之的做法更可取，避免了因韵害义。林译本不遵循一以贯之的格律体翻译策略，42首诗词中，整首诗词的翻译有严格韵式的仅两首，一是《十六字令三首》（Lin，1980：32）完全遵照原文的韵脚和形式，另一首是《减字木兰花·广昌路上》（同上：19），原文两片，每片4行，译文4节，每节3行，每节韵式皆为ABA。但总体上，林译文朗朗上口，节奏感强。译本不但重视轻、重音造成的以行为单位的行内节奏，而且重视跨行（Enjambment）间的一种较大节奏波浪，也就是行与行之间气的起伏（rhythm waves or natural breath）。例如《清平乐·会昌》的英译：

Near-dawn in the east.

Do not say it's too early

That we take the road.

We've trod every hill beautiful

And are young still.

Ah, the unique view

This side of the trail!

And those towering peaks

Beyond the Kuichang walls.

How they rush in a tumble

Straight for the Eastern Sea!

But look, — our men point south —

There looms Kwangtung,

The more a mass of lush, lusty green! (Lin, 1980: 28)

无论是行内节奏,还是跨行间的节奏,都处理得很好。原作两片共 8 行,译文两节共 14 行。译者把原作的一个意群英译为一个诗行,如"踏遍青山人未老"一句包含两个意群"踏遍青山"和"人未老",对应英译文的两行:

We've trod every hill beautiful

And are young still.

译文诗行简短,节奏明快,有助于抒写红军战士转战东西的旺盛精神、永不衰竭的革命情绪,以及高昂奋发的战斗意志。

林同端认为,在汉语诗词英译时,"在节奏方面务须有个等价处理的作法"。所谓"等价处理",就是指英语平均每两个音节相当于汉语的一个汉字音,五言诗尚可以一行对一行地来译,而七言诗就往往需要一行变两行来译,这样译文朗读起来的气多少与原文的气是一样长的。(林同端,1980)林译本仅极少数诗词译文行数和原文一致,绝大多数译文行数比原文多出少则一两行,多则一倍多。这样灵活处

第五章　香港地区回归祖国前对毛泽东诗词的译介

理的主要原因，就是译文节奏和原文"等价"。如《七律·长征》的翻译：

To men of the Red Army

Long marches are no daunts.

Tame are mountains and rivers

For all their parading thousands.

The sprawling Rocky Five

Seem but wavelets

That dance and frisk;

The massive sweeps of Wumeng

Skip lightly by —

Rolls of clay beads.

Now the Golden Sand

Laps the cloud-topped cliffs

With its warm wash;

Now the iron chains

Steal over the Grand Ferry

In an icy gleam.

Loveliest of all

Is the Minshan snow,

Glowing a thousand li across

- 133 -

As our three forces march smiling through.　(Lin, 1980：34)

汉语原文共 8 行，译文增加了 12 行，共 20 行，分成 4 节。原文每行 7 字，7 个音节，译文第一节每行音节 7 个左右，第二三四节每行音节 5 个左右，最后两行较长，超过 8 个音节。译文节奏感强，译文的节奏也符合作品的主题，表现了红军"不怕远征难"，面对"万水千山"的乐观精神。

译者"不拘谨地押韵"，但在忠实原作思想主题的前提下，也尽可能使译文"音美"。《清平乐·蒋桂战争》遵守"清平乐"词牌固定的格律，前片四仄韵（即前片四行都在仄声字"变""战""怨""现"上押韵），后片三平韵（即后片四行中有三行在平声字"江""杭""忙"上押韵），上下两片换韵。译者没有拘谨地去"再现"原作的格律，采用了近似的押韵，如：

The broils of warlords again!
 Sorrows rain thick upon men…
Bits of the Gold Vase are back in our hands,
 On with the redistributions of land!　(Lin, 1980：14)

《六盘山》和《蒋桂战争》采用同样的格律，译者翻译时也没有拘谨地去押韵，译文韵式不统一，第一节的韵式为 ABCBDED，第二节韵式为 FGHGIKI，但选用了谐元韵（Assonance）的词，且谐同一元韵的几个词分布在几个诗行中。请看译文：

The sky vaults high;
Clouds are light.
Wild geese flying south
 Pass out of sight.

We've scored a march of twenty thousand li.

We shall the Great Wall reach,

Or no true soldiers be !

On top of Mount Liupan,

In the west wind's lap,

Red flags now freely

Flutter and flap.

The Long Cord in our hands at last —

When shall be the day

That we bind the Green Dragon fast? (Lin, 1980: 39)

第一节前四行中 sky, high, light, flying, sight 都谐双元音 [aI]，给人一种舒缓、视野开阔的感觉。第二节中 lap, flag, flap, hand, last, fast 这些词汇包含的元音相同，都是 [æ] 音①，"Red flags now freely / Flutter and flap" 两行中的 flags, freely, flutter, flap 押头韵，元韵 [æ] 和头韵 [f] 使人联想到站在高山之巅，呼呼的风声和随风翻卷的猎猎红旗，从中也能看出，译者追求诗词译文音韵之美的用心。

5.2.5 灵活处理专有名词

汉语古诗词中的人名、地名等专有名词，可分为两大类，单纯的

---

① fast, last 按照美式读音读 [fæst], [lest], 按英式读音读 [faːst], [laːst]。

专有名词和复杂的专有名词。前者仅表示某人、某地等而无其他含义；后者不单纯表示某人某地，有其他含义，这类专有名词本身是一典故或运用了比喻、借代等修辞手段。无论哪一类专有名词，都构成汉诗英译时的另一个特殊困难，因为音译这些专有名词，"无论这些拼音法的科学准确性为何，它们都是难以入耳的。事实上英文里大部分单音节的字，都给人一种粗鄙或轻率的含义"（唐安石，1986：154）。在处理这些专有名词时，方法有四种，一是省略；二是音译；三是意译；四是泛化。简单省略不译的方法，主要用于对全诗的意义作用不大或非必要，而音译又拗口不顺的专有名词。著有中英对照《英译中诗金库》（A Golden Treasury of Chinese Poetry）一书的英国神父唐安石（Rev. John Turner, S. J.）在翻译李白《送孟浩然之广陵》时，将诗中的专有名词"扬州""长江"略而不译。相对而言，这种处理方法用得较少。古诗词中不少专有名词表示的人物或地点就是诗词描述的对象，或者包含了历史典故、比喻借代，或者能唤起读者感情上的联想，这些专有名词不宜简单省略，在翻译成英语时采用后面的三种方法。如果音译或意译包含了历史典故或比喻借代的专有名词，有必要加上注释，以帮助读者，尤其是异域文化读者的理解。但音译出现在诗词英译文中，一个明显的缺点是读音拗口缺乏"音美"。因此，为避免读音拗口，译者还会选择"泛化"的方法，用一个尽可能精简得体的转折说法。如杜甫诗《望岳》头两句"岱宗夫如何？齐鲁青未了"，其中，泰山别名"岱宗"，古国名"齐"和"鲁"都没有直接音译，而是巧妙地处理为 the Sacred Mount（圣山）和 two lands（两个国家）：

    To what shall I compare

The Sacred Mount that stands,

A balk of green that hath no end,

 Betwixt two lands. (唐安石，1986：155)

再如孟郊诗《古别离》：

欲去牵郎衣，

郎今到何处？

不恨归来迟，

莫向临邛去！

"临邛"即今四川省邛崃市，汉代司马相如在客游中在该地与卓文君相识、相恋、成亲。诗中"临邛"代指男人觅得新欢之处。地名"临邛"知名度不是很高，简单音译不妥。诗中女主人公的语气曲折含蓄，如直接将"临邛"译作"男人觅新欢之地"似乎又太直露。不妨将"莫向临邛去"转折地译为"我担心的是别的女人迷住你，夺走我对你的爱"。

全诗译文如下：

You wish to go and yet your robe I hold

Where are you going -tell me, dear，-today？

Your later returning does not anger me,

But that another steal your heart away. (文殊，1989：134)

在林同端的毛泽东诗词译本中，所有专有名词都得到保留，但保留的方式不一。与毛泽东亲历的革命战争相关的人一律音译，地名绝大多数用音译，因为这些专有名词实有所指，都和特定的历史有关。例如，地名"黄洋界""汀江""龙岩""上杭""宁化""清流""归化""吉安""湘和鄂""龙岗""粤海""渝州""乌蒙""岷山""昆明池""富春江"分别英译为 Huangyangkai, the Ting River, Lungyen, Shanghang, Ninghua, Chingliu, Kweihua, Chi-an, Hunan and Hupei, Lungkang, Canton, Chungking, Wumeng, Minshan,(Lake)Kunming, Fuchun(River)。人名如"黄公略""张辉瓒"分别音译为 Huang Kung-lueh, Chang Hui-tsan。意译若能简洁,也不放弃意译。例如《七律·长征》中的三个地理名词"五岭""金沙""大渡"就分别音译为 Rocky Five, the Golden Sand 和 the Grand Ferry。与革命史实无关的地名的翻译更加灵活,如"九嶷山"就翻译为 the Nine Mounts(九座山),"秦皇岛"翻译为 Emperor's Isle(皇帝之岛)。就语言本身而言,意译的地名比音译地名更富有诗意。

毛泽东诗词直接提及的人物,有的是现实中和毛泽东同时代的人物,有的是有史可据的历史人物,有的是传说中的历史人物。"吴刚""嫦娥""牛郎""帝子"是神话故事中的人物;"舜尧""五帝三皇"是历史传说里的君王;"霸王""秦皇汉武""唐宗宋祖""成吉思汗""魏武""华佗""陶令""飞将军""盗跖""庄屩""陈王"皆历史人物。神话故事中的人物根据具体情况或音译或意译,"吴刚""嫦娥""牛郎""帝子"分别译为 Wu Kang, Chang-O, Star Cowherd, the Princesses。本段列举的历史人物,简单音译的仅"成吉思汗"(Genghis Khan)和"华佗"(Hua To)。其他历史人物的翻译,译者根据上下文灵活处理,如"霸王"译为 Old Conqueror,"秦皇汉武"(the Chin Emperor–the Han Monarch)、"唐宗宋祖"(the Grand Sires of the Tangs and Sungs)、"魏武"(Martial Tsao Tsao)、"陶令"(Magistrate Tao)、"飞将军"(Winged hosts)、"盗跖"（Chih the Outlaw）、"庄"（Chuang the Free-booter）、"陈王"（King Chen）。历史传说中的"武帝三皇"意译为 the Five Emperors and Three Sovereigns，而"六亿神州尽舜尧"中"舜尧"虽然是历史传说中的明主圣君，但在诗中"舜尧"非实指而是用作比喻，指中国六亿人民个个英明能干，译文中被泛化成"a sage, a titan"（圣人，巨子）。

"中国"的诗意另称"神州"，按字面英译为 Land of Celestials（神仙之国），中国的另一古称"赤县"意译为 the Crimson Land；东晋诗人陶渊明在《桃花源记》中描绘的理想和谐社会"桃花源"译为 the Retreat of Peach Blossoms（桃花幽居地）；"幽燕"古称今河北北部及辽宁一带，因上述地区唐代以前属幽州、战国时期属燕国，译文被泛化为 the Old North（古代北方）；"东临碣石"是魏武帝曹操《观沧海》一诗的首句，毛泽东在《北戴河》词中引用了这一句，"碣石"被译成"Monument Rock"（纪念碑石）。

总的说来，林同端在专有名词能意译且译文表达语言简练时，就意译，意译有三种情形。第一是直接按字面翻译，如"大渡"译为 Grand Ferry，"神州"译为 Land of Celestials，"陶令"译为 Magistrate Tao；第二种是泛化处理，如"尧舜"译为"a sage, a titan"，"霸王"译为 Old Conqueror，"幽燕"译为"the Old North"；第三种是音译加意译，这里的意译指增加表明该专有名词特征的文字，如"庄"译为 Chuang the Free-booter，"桃花源"译为 the Retreat of Peach Blossoms。这样的意译比简单的音译更能为外国读者所接受，使诗能朗朗上口，效果更好。

整体而言，林译本是成功的，但美中亦有不足。例如，"钟山风雨起苍黄"句译为：

A storm over Mount Chungshan

Spouts vapors of yellow and blue

（钟山上的暴风雨喷撒出黄色和蓝色的水汽）。"苍黄"一词出自《墨子·所染篇》："墨子见染丝者而叹曰：染于苍则苍，染于黄则黄，所入者变，其色亦变。"后比喻反复无常，变化不定，引申为"巨变"。诗中"苍黄"意思是突发的巨变。林同端这样翻译也许是为了诗歌意象的考虑，"喷撒黄色和蓝色的水汽"的形象性比"发生巨变"强得多，但这一翻译不但没达原文的意，而且译文本身也费解。这样的不足往往出现在过分"挖掘"汉语古诗词意象的译文之中。《游泳》中"子在川上曰：逝者如斯夫"，"逝者"一般理解为"时光""世事"，其他译本把"逝者"翻译为 things, all passing things 或 all things。林同端将这两句译为：

So said the Master by the river,

'How it flows ever on!'

译文中"逝者"指"河水"了，让读者费解，明显不妥。当然，这些不妥之处，在整个译本中只是白璧微瑕。

— 140 —

5.3 小结

香港的语言环境特殊，不但拥有较多的毛泽东诗词原文读者，也拥有较多的诗词英译文读者，使得毛泽东诗词的翻译不但活跃，而且译本的质量较高。英文译本在当时以英语为官方语言的香港出版，也有利于毛泽东诗词的对外传播。

第六章

1960—1970年代国外对毛泽东诗词的译介

二十世纪五十年代毛泽东诗词首次结集公开出版以及第一个英文单行本的发行,极大地扩大了毛泽东诗词创作的影响,也正式树立了毛泽东作为诗人的地位。其后,国内出现了多种毛泽东诗词的版本,以及数量相当可观的毛泽东诗词赏析文章。随着中国及其领袖毛泽东在国际上影响的扩大和地位的提高,国外对毛泽东诗词的译介也逐渐增多,主要通过学术刊物、译文单行本、收入诗歌选集及毛泽东传记等形式出现。

早在1959年初,远在中美洲的古巴就译介了5首毛泽东的诗词,包括《长征》和《雪》,发表在古巴革命委员会机关刊物《战斗》(Cobate)上。译文后附注释,高度评价诗人毛泽东:"作为诗人和社会活动家,毛泽东向世界展示了自己罕有的才干(rare geniuses)。他学问渊博,不但是一位卓越的人民领袖还是杰出的诗人。"(新华通讯社1959年5月7日发自古巴首都哈瓦那的报道,转引自:Yong-Sang Ng, 1963)。国外对毛泽东诗词的译介主要集中在20世纪的六七十年代,即毛泽东诗词结集公开出版后的"毛泽东时代"。海外对毛泽东文学作品的研究有几种出发点。一是作为纯文学作品研

— 143 —

究；二是透过作品来研究产生作品的社会；三是透过作品研究作者的思想、人格等。本章主要从学术期刊、被收入诗歌选集、非文学性研究著作、国外主要译本等几个方面研究二十世纪六七十年代国外对毛泽东诗词的译介。

6.1《中国季刊》等英文刊物对毛泽东诗词的评介

《中国季刊》（The China Quarterly）创刊于1960年，由英国伦敦大学东方与非洲研究院主办，剑桥大学出版社出版发行。该杂志的研究主题是当代中国，是当代中国研究领域最具权威的杂志之一。英美国家对毛泽东诗词较系统的介绍始自《中国季刊》，其他刊物也刊载过一些译介毛泽东诗词的文章。

1963年初，哥伦比亚大学恩用相（Yong-Sang Ng, 1963）在该刊发表文章《毛泽东的诗词》，从毛泽东诗词的国内外传播、国外对毛泽东诗词的评价、诗词理解和翻译的难点、《沁园春·雪》和苏东坡《念奴娇·赤壁怀古》的异同、毛泽东发表自己诗词作品的目的等几个方面进行了分析。文章开篇写到，"1957年初，从中国报道了一件文学界也许是空前的（unparalleled）大事"。"空前的大事"指在当年一月出版的《诗刊》创刊号上结集发表的毛泽东18首诗词。接着，作者介绍了毛泽东作品在海内外的广泛传播。"虽然毛泽东的诗词作品的出版并不是不同寻常的，但作品传播之广是近来历史上无双的（without parallel in recent history）"，因为诗词刚一发表，全国各级报刊，从《人民日报》到各边远地区的地方日报、各类文学、政治、经济、科技期刊纷纷转载，次年即出版了英译《毛泽东诗词19首》单行本，为了帮助英语读者理解，书后附有《诗刊》主编臧克家的注释。毛泽东的诗词以各种形式在海外广泛传播，"不仅在共产主义阵营（Communist bloc）而且在遥远的古巴和拉美"。作者认为，毛泽东诗词结集的正式出版给予了毛泽东"诗人"这样一个新的身份,在此之前,毛泽东被认为是"具有诗才的革命领袖"(a revolutionary leader with a flair for poetry),但现在被称为"人民共和国官方的艺术之神"(the official Muse of the Arts in the People's Republic)。海外对毛泽东诗词的接受也并非一致的,因为"文学的考虑和政治的考虑难免纠缠在一起"。作者接着介绍了"词"这种创作形式以及毛泽东本人对古诗词创作的态度。由于"词"对形式尤其是平仄韵律的严格要求,毛泽东诗词"精美的形式(formal excellence)"只有通过汉语原作去领略,把原作的韵律等格式准确译入西方语言是不可能的。作者认为,毛泽东诗词中的典故、意象和比喻就更难捉摸(more elusive),给毛泽东诗词的翻译和理解造成更大困难,他引用"公认的诗人(a recognized poet)"郭沫若对《娄山关》的赏析来说明全面理解毛泽东诗词的不易。作者接着细读了"也许是最为西方所知晓的作品"《沁园春·雪》,首先介绍了创作背景,分析了作品的创作特点,然后把这首词与苏轼的《念奴娇·赤壁怀古》进行比较,分析也基本准确。但是对"数风流人物,还看今朝"一句的理解有误,他认为"风流人物"指毛泽东、蒋介石,而从原文语境看,似不应将其理解为具体的个人。不过,这种分析基本上是从学术角度出发的,属于"见仁见智"的不同解释。1962年5月,毛泽东的另一组诗词在中国作协主办的《人民文学》上发表,紧接着《人民日报》和其他主要报纸转载。恩用相对这次发表的6首诗词的主题进行了分析,认为这次毛泽东诗词的结集出版是纪念《毛泽东延安文艺座谈会上讲话》发表20周年的活动之一;这次诗歌的发表和1957年一样,旨在"激发对诗歌的更大

第六章 1960—1970年代国外对毛泽东诗词的译介

兴趣"。在本文最后，他认为毛泽东诗词的两次发表有以下几个"实际的目的"。一是展示国家主席的才智；二是激发对于作为创造性地表达思想渠道的诗歌的兴趣；三是鼓舞毛泽东追随者的士气和革命精神，继续战斗，克服目前的困难。

  毛泽东作为诗人的身份特殊，他是一国领袖，在文学创作实践中有自己的文学理念，但同时为了国家的发展，要为新中国的文艺事业发展制定文艺政策。包华德（Howard L. Boorman）的《毛泽东的文学世界》（1963）一文对毛泽东的文艺思想进行了全面分析。包华德首先对毛泽东的政治才能和文学修养高度评价，认为"只有在北京，我们才能看到一位兼具卓越政治才能和文学天赋的世界领袖。其实，在丘吉尔以后的世界上，军事和艺术直觉集于毛泽东一身是非常罕见的，这不能简单一笔带过"（Boorman：1963）。1949年以后，中国政府强调要创造"真正基于国情的'人民文学'"，在为人民创作的时候要遵循"文学的群众路线"（mass line in literature）。包华德认为，中华人民共和国所有的专业作家在为人民创作时都遵守了"文学的群众路线"的要求，但毛泽东这位"突出的"业余文学工作者，当代最畅销、作品被翻译最多的作者，"我行我素"（nonconformist）、"游离北京的原则要求"（stands aloof from Peking's doctrinal demands）（Boorman：1963）。他引用《沁园春·雪》（Boorman，1963：37）以示说明：

Snow Scene (1945)

The grandeur that is the northern country—

an expanse of the good earth ice-bound,

snow-covered for thousands of miles around.
Surveying the Great Wall, to its north and south,
nothing but whiteness meets the eye.
The torrents of the mighty Huang Ho
into insignificance pale.
Silver snakes dance stop the mountains,
waxen elephants roam the plains,
as if to wrest heaven's domain.
Let us wait for the sky to clear
when, clothed in radiant colours,
the land becomes more magnificently dear.
For such an enchanting empire, little wonder
countless heroes matched wits with one another.
Alas! The ambitious emperors of Ch'in and Han
could scarcely boast of literary lore.
E'en the founders of the great houses T'ang and Sung
became nought before the sages of yore.
As to the redoubtable Genghis Khan,
 pampered child of fortune he was,
excelled only on the field of battle.
Gone are they all.
For leaders truly worthy of homage,
must yet be sought among men of our own age.   (Tr. Yong-sang Ng)

第六章　1960—1970年代国外对毛泽东诗词的译介

认为毛泽东用词的形式创作，无论理念（conception）还是风格（style）都完全回到了过去。开篇直述自然的美，然后转入政治主题，这种表达方式遵循"中国正统的政治家学者传统（in the orthodox Chinese statesman-scholar tradition）"（Boorman，1963）。鲜明的意象和生动的比喻相结合，表现了诗人强烈的历史和变革意识，该作品是一个非常有效地将"传统主义、精美的形式和浪漫英雄主义"相结合的典范。包华德最后的结论是，毛泽东给他的国家和人民制定了无产阶级文学及实用主义文学的标准，但他本人是这些标准"显著的例外"（the outstanding exception）（Boorman，1963：38）。

上文谈及的恩用相对毛泽东诗词的研究和译介主要是出于文学欣赏和评论，包华德通过毛泽东诗词作品研究毛泽东个人的文学思想，施拉姆（Stuart R. Schram）却通过毛泽东的诗词研究毛泽东的人格。施拉姆在《毛泽东人格中的中国成分和列宁成份》（Schram，1963）一文中引用毛泽东的诗词来分析毛泽东和正统（Orthodox Tradition）之间的关系。毛泽东多次提到古代统治者，最有趣的要算在诗词作品中。施拉姆引用了两首诗词：《沁园春·雪》和《浪淘沙·北戴河》。在《沁园春·雪》中，"毛泽东似乎认为，除了中华的美景永恒常在，过去的一切都成为往事，大部分和眼前无关了"（Schram，1963）：

…Ch'in Shih Huang and Han Wu Ti

Were rather lacking in culture…

To find men truly great and noble-hearted

We must look here in the present.

……秦皇汉武，略输文采……

数风流人物还看今朝。

文中"风流人物"（great men/man）的所指历来富有争议。中国官方翻译认为，"风流人物"笼统地指当代人，毛泽东的批评者认为指代的是毛泽东本人（当然，考虑到创作时的背景，这样的解释是讲不通的），恩用相（1963）则认为指的是毛泽东和蒋介石这两位当代的伟人。不管怎样理解"风流人物"的所指，"毛泽东明确表示更看重当前"（Schram, 1963）。而《浪淘沙·北戴河》的语气则极不相同：

More than a thousand years in the past

The Emperor Wu of Wei brandished his whip;

"Eastward to Chiehshih," his poem, remains.

"The autumn wind is sighing" still today—

The world of men has changed!

往事越千年，

魏武挥鞭，

东临碣石有遗篇。

萧瑟秋风今又是，

换了人间。

有人把毛泽东引用曹操《观沧海》一诗中的两行作为证据，证明毛泽东自比为曹操，甚至自比为《三国演义》中广为人知的曹操形象。施拉姆认为，这样的理解明显是主观的臆断，"但我们从这首诗能看出，毛泽东和一千多年前目睹这一景色的人有同感，这人和毛泽东自己一样深知权威征服一切"（Schram, 1963）。上引两诗并不矛盾，只是反映了毛泽东对待自己国家过去的态度的不同侧面。《沁园春·雪》表明了革命者对过去辉煌历史的批判态度；《浪淘沙·北戴河》写于

第六章　1960—1970年代国外对毛泽东诗词的译介

诗人担任国家领导人以后，更强调过去历史的延续性（the continuity with the past）。如果不考虑到这两种倾向，就不能正确理解毛泽东和中国共产主义（Schram，1963）。

　　学术期刊对毛泽东诗词的译介更多的是单篇的翻译赏析。美国乔治敦大学讲师 C.N. Tay 在《亚洲研究学报》（The Journal of Asian Studies）（Feb. 1966）发表"从《雪》到《咏梅》——评毛泽东几首诗词"一文，首先较详细地介绍了"词""词牌"以及韵律格式等，然后赏析了《沁园春·雪》《七律·冬云》和《卜算子·咏梅》三首词。Tay 引用了 1958 年北京外文出版社《毛泽东诗词 19 首》中的波义德译文，译文每行后用阿拉伯数字标注行数，便于赏析参照，在押韵行后加注 [Rhyme]，以示原文本行押韵。如：

This is the scene in that northern land;　　　　　1
A hundred leagues are sealed with ice,　　　　　2
A thousand leagues of whirling snow. [Rhyme]　　3
On either side of the Great Wall　　　　　　　　4
One vastness is all you see.　　　　　　　　　　5

Tay 首先比较详细地分析了作品的韵律。"《沁园春·雪》开头就是一连串的'爆破'辅音，像一连串炸响的爆竹——'北国风光'，声调的排列为入入平平，像鼓声砰砰咚咚——像从少女的摇摆到康茄舞的扭动或击鼓传花。第二行'千里冰封'（平上平平），重复了第一行使人兴奋的节奏。第三行'万里雪飘'（去-上-入-平：tom-drone-thud-dong）用了一连串起伏的声调，结尾是作品的第一个平声的押韵字（the first rhyme-word in p'ing）。"韵律的分布对于传统的格律诗而言固然很重要，但对于不懂中文只读到英译文的西方读者来说，这样的格律分析可能对作品的理解没有多大帮助，虽然这样的讲解让西方读者知道原作是有严格的韵律格式，并非像译文那样是"自由诗"。Tay 接着分析了作品里的历史典故、对偶格（即第 2 行和 3 行相对，4-5 行与 6-7 行相对，8 行和 9 行相对，16-17 与 18-19 行相对）、重复（即第 5 行的"莽莽"和第 7 行的"滔滔"）。分析对偶格和重复格，我们认为也对不懂汉语的英文读者没有什么帮助，尤其是这里的行数并非译文标注的行数而是汉语原文的行数，"莽莽""滔滔"标注为 mangmang、taotao，译文里并没出现这样的单词，就更让英文读者困惑了。这样的译介，不妨原文和译文并排列出，便于读者对照。Tay 最后对比了《沁园春·雪》和苏东坡的《念奴娇·赤壁怀古》，认为苏东坡的《赤壁怀古》胜过毛泽东的《沁园春·雪》，并非如臧克家所言"这首词，论气魄的雄伟，情调的豪迈，恐怕是前无古人。就拿苏东坡那首以雄壮见称的《念奴娇》和它比，就未免逊色"。①接下来译介的是《七律·冬云》，Tay 的译文如下：

Winter Clouds

— a seven-syllable lü-shih

December 26, 1962

Winter clouds are snow-laden, white fluffs drift; [Rhyme]	1
Blossoms are withered, momentarily scarce. [Rhyme]	2
Blasts of cold wind sweep the heavens,	3

---

① 臧克家的评语见臧克家讲解、周振甫注释《毛泽东诗词讲解》一书中《雪天读毛泽东的咏雪词》一文。

A breath of warmth hugs the earth. [Rhyme]	4
It behooves only heroes to chase tigers and leopards,	5
And ne'er the noble-hearted fear wild bears. [Rhyme]	6
A sky of snow is the plum blossom's delight,	7
It's nothing strange, if flies freeze to death. [Rhyme]	8

这首诗最早发表在人民文学出版社1963年12月版的《毛泽东诗词》上，早在1964年5月，英文版《中国文学》杂志预告将在下一期刊登包括本诗在内的新发表的10首毛泽东诗词的英译文，但到当年底仍未刊出，上引译文是公开发表的本诗的第一篇译文。译者首先简介了律诗的特点，然后简要概括了首联、颔联、颈联和尾联的意思。Tay引经据典地分析了结尾一句"冻死苍蝇未足奇"中的"苍蝇"的所指，他认为毛泽东1963年1月9日创作的《满江红》开头几句已清楚表明了：

In our small world,
A handful of flies bump against the wall;
B-u-z-z-i-n-g—sometimes whining,
Sometimes whimpering…

（小小寰球，有几个苍蝇碰壁。嗡嗡叫，几声凄厉，几声抽泣……）他同时引用了《诗经》中的《青蝇》和《巷伯》来说明毛泽东诗词中"苍蝇""虎豹"这类比喻汉语中古已有之：

The green flies go buzzing about,
They settle on the jujube tree;
The slanderous men (have no limit:) are reckless,

They bring into disorder the states of the four quarters.

（《青蝇》：营营青蝇，止于棘，谗人罔极，交乱四国。）

Those slanderers!

Who devised their schemes for them?

I would take those slanderers,

And throw them to wolves and tigers.

If these refused to devour them,

I would cast them into the north.

If the north refused to receive them,

I would throw them into the hands of great Heaven.

（《巷伯》：取彼谮人，投畀豺虎。豺虎不食、投畀有北。有北不受、投畀有昊。）

Tay 赏析的第三首毛泽东诗词是《卜算子·咏梅》，他的译文如下：

Ode to the Plum Blossom

— to the tune Pu-suan-tzu

December, 1962

By reversing Lu Yu's views in Plum Blossoms

Wind and rain send spring away,	1
Drifting snow brings spring back. [Rhyme]	2
The cliff is hanging with thousand-foot ice,	3

第六章　1960—1970年代国外对毛泽东诗词的译介

A blossom blooms elegant. [Rhyme]	4
Elegant but not vying for spring,	5
She only ushers spring in. [Rhyme]	6
And when the whole mountainside is in bloom,	7
She [the plum fruit] smiles in the grove [in retirement]. [Rhyme]	8

Tay对比了这首诗和陆游《咏梅》的主题，并分析了毛泽东这首诗的创作技巧，指出在仅有8行44个字的作品中就在4行中用了"春"字，"春"字出现四次，但读者并不感觉重复、不自然，这是诗人诗艺高超的体现。

三年后，C. N. Tay在《亚洲研究学报》（May，1970）上发文，从中国文学传统视角赏析毛泽东的《沁园春·长沙》和《水调歌头·游泳》（Two Poems of Mao Tse-tung in the Light of Chinese Literary Tradition）。两首诗的译文皆引自北京外文出版社出版的《毛泽东诗词十九首》。

毛泽东的作品一般是国内正式发表后才对外译介，但《水调歌头·重上井冈山》国外的译介早于国内正式发表近十年。陈志让（Jerome Ch'en）1968年通过《中国季刊》首次将这首当时国人仍不知道的诗歌译介到西方。据陈志让的注释，这首诗是日本代表团访问井冈山茨坪毛泽东旧居时抄下的，后来交给东京市立大学竹内实（Takeuchi Minoru）教授，他是毛泽东诗词的主要日语翻译者和1965年东京出版《毛泽东：诗与人生》一书的作者。这首诗竹内实刊登在1967年1月19日的《早日新闻》（Asahi Shimbun）上，这是这首诗第一次公开发表，比国内1976年1月在《诗刊》正式发表早整整九年。

— 155 —

经竹内实指引,陈志让找到了发在《早日新闻》的这首诗,译成英语,汉语原诗和英语译文同时在1968年《中国季刊》总第34期刊出。

原诗如下:
水调歌头
一九六五年访井冈山作

毛泽东
久蓄凌云志
重上井冈山
千里来寻故地
旧貌换新颜
到处莺歌燕舞
更有流水潺潺
高树入云端
过了黄洋界
险处不倾看

风雷动
旌旗奋
定坐寰
三十六年过去
弹指一瞬间
可上九天揽月

第六章 1960—1970年代国外对毛泽东诗词的译介

可下五洋捉鳖
谈笑凯歌还
世上无难事
只有肯登攀

译文如下：

CHINGANGSHAN REVISITED, 1965
— TO THE MELODY OF SHUI TIAO KO T'OU

A long cherished wish to approach the clouds

Once more, by climbing the Chingkang Mountains.

After a journey of a thousand leagues

The old view seen in a new visage.

Everywhere oriels sing, swallows dart,

Brooks murmur,

And tall trees touch clouds.

Once past Huangyangchieh

Do not look down the precipices.

Wind and thunder rumbled;

Banners unfurled;

The realm was made stable.

Thirty-eight years have elapsed

Like a snap of the fingers.

— 157 —

Reach the ninth heaven high to embrace the moon

Or the five oceans deep to capture a turtle: either is possible.

Return to merriment and triumphant songs.

Under this heaven nothing is difficult,

If only there is the will to ascend.

很明显，原诗未经毛泽东本人修改审定，和毛泽东亲自审定于1976年1月在《诗刊》上发表的版本有多处不同，正式发表版本如下。

水调歌头·重上井冈山

一九六五年五月

久有凌云志，

重上井冈山。

千里来寻故地，

旧貌变新颜。

到处莺歌燕舞，

更有潺潺流水，

高路入云端。

过了黄洋界，

险处不须看。

风雷动，

旌旗奋，

是人寰。

三十八年过去，

第六章　1960—1970年代国外对毛泽东诗词的译介

弹指一挥间。
可上九天揽月，
可下五洋捉鳖，
谈笑凯歌还。
世上无难事，
只要肯登攀。

审定版本和手抄版本有以下几处不同：
①题目。手抄版题目为《水调歌头》，加有副标题"一九六五年访井冈山作"，而审定版题目是《水调歌头·重上井冈山》。
②手抄版第1句"久蓄凌云志"，审定版为"久有凌云志"。
③手抄版第4句"旧貌换新颜"，审定版为"旧貌变新颜"。
④手抄版第6句"更有流水潺潺"，审定版为"更有潺潺流水"。
⑤手抄版第7句"高树入云端"，审定版为"高路入云端"。
⑥手抄版第9句"险处不倾看"，审定版为"险处不须看"。
⑦手抄版第12句"定坐寰"，审定版为"是人寰"。
⑧手抄版第14句"弹指一瞬间"，审定版为"弹指一挥间"。
⑨手抄版第19句"只有肯登攀"，审定版为"只要肯登攀"。
⑩手抄版无标点，审定版有标点。

　　审定版有多处改动，手抄版只能说是"草稿"。大多数改动是为了表达更形象或音韵更和谐，但基本意思不变，对译文影响不大。第12句的改动较大，基本意思也变了。陈志让翻译介绍的出发点不是为了文学欣赏，倒更是为了从毛泽东的近作分析研究毛泽东的思想动态，这从译文后附注释可以看出。陈志让认为，毛泽东看到自己38

— 159 —

年前创建的最早的苏维埃呈现出新气象,对此感到自豪和兴奋,这首诗虽然充满了自豪和兴奋的情绪,可诗歌"不是特别出色"(not particularly distinguished)。但这首诗表明毛泽东满怀希望,"只要革命者不畏惧艰险,他们就可以上达月球而不是下沉海底仅仅满足于做一只海鳖"。毛泽东在1963年1月的《满江红》中写到:"一万年太久,只争朝夕",希望国家建设尽快取得胜利。"只争朝夕"的精神和把"三十八年"看作"弹指一瞬间"的态度截然相反。这些变化"也许是由于1963年到1965年间发起的几场改革和运动的失败,以及早日解决和苏联有关原则政策争论的希望的破灭"。毛泽东创作这首诗歌时,人民解放军在林彪领导下成功发起了学习毛泽东著作的运动,农村社会主义教育运动也根据"二十三条"的精神进行了调整。中国革命处于十字路口,可能"看险处"然后知难而退,也可能"上九天"然后"谈笑凯歌还。"诗人认为,道路的选择完全取决于人们是否"肯登攀"。

《中国季刊》和《亚洲研究学报》对毛泽东诗词的译介较多,因为毛泽东作为新中国的政治领袖,他的诗词创作很自然是这两份期刊要重点关注的。此外,其他一些期刊也对毛泽东诗词有所译介,例如何炳棣和Birney各自英译《沁园春·长沙》和《沁园春·雪》,同时刊登在加拿大皇后大学知名的《皇后大学季刊》(Queen's Quarterly)1958年夏季号上。《美国诗歌评论》(American Poetry Review)1974年第3期发表了王慧明(Wang Hui-ming)英译的毛泽东诗词《长沙》《六盘山》和《为李进同志题所摄庐山仙人洞照》。

6.2 毛泽东诗词被收入诗歌选集

"文选"（Anthology）是指编选者为了特定目的，按照一定标准，在一定范围内选择的文学作品合集。编辑文学选集有两个目的：一是保存文学作品，二是选择文学作品。正如《四库全书总目》卷一百八十六"总集类"小序指出的那样，"'一则网罗放佚，使零章残什，并有所归；一则删汰繁芜，使莠稗咸除，菁华毕出。'是固文章之衡鉴，著作之渊薮矣"（转引自李玉平，2010）。第一个目的或功能在我国古代文学的发展历程中十分明显，如《诗经》《全唐诗》《全宋词》等。史密斯（E. H. Smith）1793年选编的第一部美国诗歌选集《美国诗歌：选集与起源》（American Poems, Selected and Original）也主要发挥了保存美国早期诗歌的功能。中外历史上的文学选集，即便是主要发挥保存文学作品功能的选集，也经过了一定程度的选择。文学选本，无论是我国古代的《诗经》《唐诗三百首》《昭明文选》、1956年臧克家选编的《中国新诗选》（1919—1949）、1957年中国作家协会选编的《诗选》，还是英语国家著名的《诺顿英国文选》和《诺顿美国文选》各个版本，都是选编者在所处环境的主流意识形态和文学理念的支配下做出的选择。

文学选集保存一些文学作品，同时剔除另一些文学作品，为了编辑文学选集而做出选择其实就是文学经典的遴选，文学选集不知不觉中参与了文学经典的选择乃至构建。文学作品被收入文学选集，是作品"经典化"（Canonization）的一个步骤。

经典化"指文学作品经读者的反复阅读，批评家和专家学者的长期研究，最终被接受并确认为具有天才性和独创性的经典作品这一过程和方式"，其标志就是这些作品进入权威性文学作品选集和工具书，进入大学课堂，成为经常被引用的经典篇章等。（朱徽，2007）文学作品要在特定文化环境中获得经典文学的地位，必须顺应该文化环境中的主流意识形态、权力关系，乃至种族文化。毛泽东的诗词作品相当一部分在国内已经"经典化"，取得了经典文学作品的地位。

要成功输出中国文学，要在异域文化中树立中国文学的形象，并继而使输出的文学成为世界文学的经典，不得不依靠文学选集。收入文学作品选集是文学作品经典化和广泛传播的一个重要途径，收入诗歌选集是肯定毛泽东诗词文学价值和扩大传播范围的重要途径之一。收录毛泽东诗词且有重要影响的英文诗歌选集主要有罗伯特·白英（Robert Payne）的《白驹集》（The White Pony: An Anthology of Chinese Poetry from the Earliest Times to the Present Day, Newly Translated），许芥昱编译《二十世纪中国诗选》（Twentieth Century Chinese Poetry: Anthology）及柳无忌和罗郁正选编的《葵晔集》（Sunflower Splendor — Three Thousand Years of Chinese Poetry）。

6.2.1 白英编《白驹集》

罗伯特·白英（1911—1983），英国诗人、战地记者和报告文学作家，1943—1946年在昆明西南联大教诗歌和造船学，1946年在延安采访了毛泽东。在西南联大期间，编选了中国古今诗歌选集《白驹集》，1947年出版。诗集收录的古今主要诗人经和同在西南联大任教

第六章　1960—1970年代国外对毛泽东诗词的译介

的朋友浦江清博士、闻一多博士和沈有鼎博士一起商讨确定。(Payne, 1947：23) 白英邀请中国一流学者参与诗歌的选定和翻译, 诗集中大多数作品由西南联大师生翻译, 其余由白英自译。译本出版后受到高度称赞, 认为白英"有良好的语言感觉"(Purcell, 1949：35)。诗集的"中华民国(1911—　)"部分, 共收录6位诗人的作品: 八指头陀、闻一多、冯至、艾青、田间和毛泽东。毛泽东的诗词收录了1首, 即《雪》, 该诗由白英本人翻译。编选该诗集时, 毛泽东诗词公开发表的极少, 除了通过《红星照耀中国》为世人知晓的《长征》, 就只有《雪》了。自从这首词在《大公报》发表,"成百上千的中国人, 尤其是大学里的中国人, 逐渐开始真正对诗人毛泽东表示敬意"(Payne, 1961：235)。白英对这首诗高度称赞, 认为是"一惊人的成就"(同上：237), 被收录也很自然了。白英的译文如下:

The Snow

All the scenery of the North,
Is enclosed in a thousand li of ice
And ten thousand li of whirling snow.
Behold both sides of the Great Wall!
There is only a vast confusion left.
On the upper and lower reaches of the Yellow River
You can no longer see the flowing water.
The mountains are dancing silver serpents,
The hills on the plains are shining elephants.
I desire to compare my height with the skies.

In clear weather

The earth is so charming,

Like a red-faced girl clothed in white.

Such is the charm of these mountains and rivers,

Calling innumerable heroes to vie with each other in pursuing her.

The emperors Shih Huang and Wu Ti were barely cultured,

The emperors Tai Tsung and Tai Tsu were lacking in feeling,

Ghenghiz Khan knew only how to bend his bow at the eagles.

These all belong to the past— only today are there men of feeling.

(Payne，1947：346)

　　白英的翻译严格遵照自己提出的汉诗英译原则，"直译（literal translation）不意译（paraphrases），不试图再现原作的语音，也不紧跟原作每行的音节安排"。白英的翻译语言简单，尽量直译，一行英文对应一行中文，译文不押韵，"因为如果译文押韵，势必拉长诗行，或诗歌变形，面目全非。"也不像有些译者那样试图挖掘汉字的原意，并将其引入译文。（Payne，1947：22）白英在该诗选"引言"最后部分"翻译方法"的结尾说，"但愿终结使译文押韵的各种努力，但愿汉诗英译总是尽可能少增加原文所无的词语"（Payne，1947：23）。这表明了白英重直译的翻译观。

　　如果说毛泽东诗词第一次重要的对外译介是 1937 年斯诺在报告文学《红星照耀中国》中介绍《长征》，那么白英《白驹集》中收录《雪》应算是第二次重要的对外译介。这是毛泽东诗词第一次被收入外文译本的中国诗歌选集，对毛泽东诗歌在海外传播，对在海外确立毛泽东作为诗人的地位起到了一定作用。

6.2.2 许芥昱编译《二十世纪中国诗选》

许芥昱（Kai-yu Hsu，1922—1982），生于四川成都，1944年西南联大毕业，美国俄勒冈大学新闻学硕士，斯坦福大学中国现代文学博士，著名美籍华裔学者、翻译家，在美国多所大学任中国文学教授、系部主任。虽然他"学养深厚，并不缺少研究、介绍古老汉学的能力"（许光瓒、郑继宗，1996：775），却终生致力于研究、向西方介绍中国近现代文学。他在中国文学研究与翻译方面著述颇丰，治学严谨，为美国学界所称道。他编译的《二十世纪中国诗选》1963年首次由纽约双日公司（Doubleday & Company）出版，全书434页。学界对该书评价甚高，"选纳了从早期到四十年代后期所有的重要诗人，至今仍是（新诗）的最佳英文读本"，译文"译笔如此流畅，读他的译作往往比读中文原诗更有味道"（夏志清，1987）。

在该诗选简短的《序言》中，编译者说"本卷收录诗人的选择取决于篇幅、个人喜欢和提供一个这段时期诗作横截面的努力"。诗选开头是长达36页的《导言》，然后将收录的诗歌作品归入四类：开拓者（The Pioneers）、新月派（The Crescent School）、玄学诗派（Metaphysical Poets）、象征诗派（The Symbolists）、独立诗派（不属于任何流派的诗人）及其他（Independents and Others）。毛泽东被归入最后一类，共收录毛泽东诗词7首，它们是：《娄山关》《十六字令三首》中的前两首、《雪》《黄鹤楼》《北戴河》《游泳》。

译者"尽力使译文尽可能贴近汉语原文，但常常为了用清晰的英语传达一行诗或一个诗节的意义而不得不偏离直译（literalness）"(Hsu,

1972: Forword)。以下是《忆秦娥·娄山关》的译文：

AT THE LOU-SHAN PASS

Sharp west wind,

In the immense sky a swan calls to the frosty morning moon.

Frosty morning moon,

The hoofs of my steed fall at random,

And the bugle sounds choked.

Say not the dangerous defile and the long trail are hard to pass.

Now we have scaled the peak,

Scaled the peak,

An ocean of blue hills

Bathed in the blood of sunset. (Hsu, 1972: 362)

不难看出，译者尽所能使译文贴近原文。"长空雁叫霜晨月"一句的译文"In the immense sky a swan calls to the frosty morning moon."几近逐字对译，但译文自然流畅，毫无生硬拗口之感，传递的意象十分鲜明。不妨和1958年北京外文出版社版的《毛泽东诗词十九首》中的译文对比："Far in the frosty air the wild geese call in the morning moonlight."（外文出版社，1958：16）外文社译文对原文的理解正确，译文的表达也无明显不妥，但许译传递的画面更有动感，尤其是"雁叫霜晨月"的处理，许译把"霜晨月"看成"雁叫"（calls to）的对象，而外文出版社译本将"霜晨月"看成"雁叫"（call in）的背景。飞鸟"雁"的英文名是wild goose（复数形式为geese），"天鹅"英文名是swan。译者用swan而不是goose对译"雁"，很可能是译者的选择而非疏忽，因为 swan 在英语文化中更常入诗，是一个更具有诗意的形象。英语习语 All your swans are geese，意为"诺言全落空，希望成泡影"，也间接说明这两种飞鸟在英语文化为背景的读者心中的印象。

译本也不是步步紧跟原文。上引作品中"雄关漫道真如铁"句，许译为 Say not the dangerous defile and the long trail are hard to pass。这里的"漫道"意为"随便说，表示雄关如铁这种说法，在无坚不摧的红军面前，变得并不可靠，只是随便说说罢了"（臧克家、周振甫，1962：22）。译者在译文中不但再现了"漫道"的诗中之意（say not），而且将"漫道"的另一种可能的解释"漫长的山道"（the long trail）加进译文，丰富了这句诗传递的意象。文中"漫道"和"雄关"并置，把"漫道"理解为"漫长的山道"就无可厚非了。

考虑到英语读者可能不了解毛泽东诗词中提及的历史人物，译者一般灵活处理，避免直接音译。《沁园春·雪》中提及五位历史人物：秦始皇、汉武帝、唐太宗、宋太祖和成吉思汗。提及这几位人物的原文是"惜秦皇汉武，略输文采；唐宗宋祖，稍逊风骚。一代天骄，成吉思汗，只识弯弓射大雕"。这三句诗被译成：

　　Pity that the first emperors of the Ch'in and Han Dynasties
　　Were lacking in literary achievement,
　　And the founding fathers of the T'ang and Sung eras
　　Fell short in artistic grace.
　　The man of an epoch, blessed by heaven,
　　Genghis Khan

Only knew how to shoot giant buzzards with arrows. (Hsu, 1972: 364)

除了在西方文化中并不陌生的成吉思汗(Genghis Khan)直接音译，其他四位历史上的中国皇帝名称都灵活处理为"秦朝汉朝的始皇帝"和"唐宋时代的创立者"。

许译文也有选词不当和疏忽大意之处。《十六字令三首》描绘的都是高耸入云的"山"，崇高雄伟的"山"，每首开头一句仅一个"山！"字，给读者"山"突兀而起的感觉，气势不凡。用"What hills！"(Hsu, 1970: 362-363)来译"山"，虽然 what 一词有助于表达"山"的气势，但用通常指"小山""丘陵"的 hill 一词而不用 mountain 来翻译雄伟高耸的"山"，选词不当。《浪淘沙·北戴河》中"往事越千年，魏武挥鞭，东临碣石有遗篇。"三句许译文为：

The past has been gone for over a thousand years,

When the Emperors Wu of the Wei Dynasty ordered his army northward

To pass by the Chieh-shih Hill, as history tells us. (Hsu, 1970: 365)

"东临碣石"翻译成了"北临碣石"（…northward/to pass by the Chieh-shih Hill），这显然是粗心造成的笔误或"眼误"。

6.2.3 柳无忌和罗郁正编《葵晔集》

1975 年，前印第安纳大学东亚语言文化系主任、旅美华人柳无忌（Liu Wuchi）和时任系主任、旅美华人罗郁正（Irving Lo Yucheng）合作选编出版大型中国诗词选集，以中、英两个版本分别在香港和

第六章　1960—1970年代国外对毛泽东诗词的译介

美国出版。英文版《葵晔集》副题为"中国诗歌三千年",收录了上起《诗经》下至当代共145位诗人近1000首诗、词、曲作品,译者多达50多位。出版后在美国出版界引起极大轰动,当年12月美国书评权威刊物《纽约时报—星期日书评》称该书是一部划时代的作品,翌年即被美国多所大专院校用作讲授中国文学的课本,迄今多次再版。

编者除了精心挑选原文,对诗词的翻译也精益求精。编者对待"译作一丝不苟",不但要求译文"有可读性",还要求"有精确性"。"翻译旨在用地道的英语来保留原作的身份(identity),包括大部分语法特征和文体(stylistic)特征(词性、词序、句长、跨行、排比的使用,有时甚至连产生听觉效果的手段)。"由于英汉语言差异,在翻译时一般"不试图去再现原诗的韵律"。为了确保翻译的质量,"选集中每首诗的译文都至少经过三人对照原文逐句审核;大多数译文都经过了更多读者的检验。"

编者认为,毛泽东作为革命家,不但是实干家也是理论家,他的文章和作品在国内外产生了极大影响。毛泽东的诗词受到追随者的称赞,并被翻译成各种外文。毛泽东的诗词受到关注,"因为诗词作者不同寻常的地位,但作品也有某些显著的特色(certain pronounced features)"。编者认为毛泽东诗词的显著特点主要有三个。第一,正如"诗言志",诗词反映了毛泽东革命生涯不同阶段作为政治领袖的理想和抱负;第二,诗词的新颖不但在于大胆地表达作者的人生观,还在于大胆的技巧创新或突破(technical innovations or violations);第三,尽管毛泽东"不是一位创作技巧炉火纯青的诗人(a poet of flawless skill)",他的诗人"天赋"(peculiar genius)使绝大多数优

秀的作品充满了想象和情感。（Liu & Lo，1975：620）

诗选收录毛泽东诗词8首：《沁园春·雪》《卜算子·咏梅》《沁园春·长沙》《采桑子·重阳》《菩萨蛮·大柏地》《忆秦娥·娄山关》和《念奴娇·昆仑》。由印第安纳大学比较文学教授欧阳祯（Eugene Eoyang）翻译，翻译整体做到了"用地道的英语来保留原作的特征，包括大部分语法特征和文体特征（词性、词序、句长、跨行、排比的使用）"。这里以《沁园春·雪》的翻译为例做简要分析。

译文如下：

Tune: "Spring in [Princess] Ch'in's Garden"
    Snow

Northern landscape,

Thousand miles around covered by ice,

Ten thousand miles under snowdrifts.

On both sides of the Great Wall,

I see vast wastes;

Up and down the Great River

Suddenly the torrents are still;

Mountains wind around like silver serpents,

High headlands ramble about like waxen elephants,

On the verge of challenging heaven.

A sunny day is best

For watching the red against the white:

Extraordinary enchantment.

The rivers and mountains have this special charm

That inspires countless heroes to great deeds.

Pity the First Sovereign and the Martial Emperor

Had small talent for literature,

And the founding fathers of T'ang and Sung

Lacked both grace and charm.

In his own generation—favored by heaven—

　Genghis Khan

Knew only how to bend the bow, bring down the great vulture.

All these are gone now,

　To single out the men of high character,

　We must look to now, the present.

把译文和原文对比，不难发现大部分译文的语法特征和文体特征与原文高度一致，译文最大限度地保留了原作的 identity。原文（词牌名和题目除外）114 字，上片 13 句，下片 12 句。上片对应的译文 13 句，下片对应的译文 12 句。词牌"沁园春"取名于东汉沁水公主之园苑，因汉明帝对沁水公主的宠爱，沁园成为有史以来中国第一个皇家园林。词牌名"沁园春"意译为"Tune: Spring in [Princess] Ch'in's Garden"，较完整地传达出了该词牌名的来历。虽然词牌名和作品内容无直接联系，收入了中国诗词选集，在译文中保留原作品的所有"部件"是必要的，至少让外国读者多少能了解一些"词"这种体裁的特征。

译文的词序尽可能贴近原文，如开头三行：

原文：北国 风光，
　　　　 1   2

译文：Northern   landscape,
　　　　　1   2

原文：千里 冰封，
　　　　1   2

译文：Thousand miles around   covered by ice,
　　　　　　　1   2

原文：万里 雪飘，
　　　　1   2

译文：Ten thousand miles   under snowdrifts.
　　　　　　1   2

句法也在相当程度上和原文保持一致。例如，译文"The rivers and mountains have this special charm / That inspires countless heroes to great deeds."几乎完整复制了"江山如此多娇，引无数英雄竞折腰"两句的词序和句式。再比较下面的4行原文和译文：

原文如下：

惜秦皇汉武，

略输文采；

唐宗宋祖，

稍逊风骚。

译文如下：

Pity the First Sovereign and the Martial Emperor

Has small talent for literature,

第六章　1960—1970年代国外对毛泽东诗词的译介

And the founding fathers of T'ang and Sung

Lacked both grace and charm.

4 行译文构成 1 个祈使句，译文和原文几乎词性一一对应，句式完全一致。尽管句式和原文一致，用祈使句式（动词 Pity + 宾语从句）来翻译似乎不妥，诗人很显然不是带着祈使的语气，译文和原文的语气有较大出入。

充分考虑到国外读者可能对中国历史人物不了解，也许为了避免拗口的人名音译，或为了使上下文的衔接更自然流畅，译者"化解"了人名，"将典故的含义融入本文"（翁显良，1983：10），灵活处理人名。"秦皇"没直接音译为 Qin Shihuang，而是意译为 the First Sovereign（第一位君主），"汉武"不是音译为 Han Wudi，而是意译成富有联想意义的 the Martial Emperor（尚武的皇帝，好战的皇帝）。形容词 martial 来自名词 Mars，Mars 系罗马神话中的战神，是宙斯与赫拉的儿子，形象英俊，司职战争，勇猛好战。译者没把"唐宗宋祖"简单音译成 Tang Taizong and Song Taizu，而是灵活地转换成 the founding fathers of T'ang and Sung（唐宋创立者）。从音律而言，灵活的意译要比直接的音译（尤其是比汉语拼音）诵读起来更顺畅、更悦耳，具有更多的"音美"。曾征服大半个欧亚大陆的"成吉思汗"对外国读者并不陌生，译者直接用 Genghis Khan 翻译。其他 7 首诗词的翻译风格和《沁园春·雪》基本一致：译文用地道的英语，尽可能让词序、句式、分行等紧贴原文，灵活处理专有名词，意译词牌名。

上述三部诗选，都是有代表性的中国诗歌选集。毛泽东诗词被收入诗歌选集，且是有广泛影响的诗歌选集，无疑极其有助于毛泽东诗词的海外传播。

6.3 非文学性研究对毛泽东诗词的译介

6.3.1 弗里曼特选编《毛泽东文选》

《毛泽东文选》由安·弗里曼特选编，初版于1962年，收录了毛泽东文章14篇，部分是文章的节选，分两部分编排：政治军事著作和哲学著作。文章选自五卷本英文版《毛泽东选集》（Selected Works of Mao Tse-tung）。1971、1972年出版增补版，增选《人的正确思想是从哪里来的》一文，和毛泽东诗词16首：《沁园春·长沙》《菩萨蛮·黄鹤楼》《西江月·井冈山》《如梦令·元旦》《菩萨蛮·大柏地》《清平乐·会昌》《忆秦娥·娄山关》《十六字令三首》《七律·长征》《念奴娇·昆仑》《七律·和柳亚子先生》《浣溪沙·和柳亚子先生》《浪淘沙·北戴河》《水调歌头·游泳》《蝶恋花·答李淑一》和《满江红·和郭沫若同志》。弗里曼特系美国文艺评论家、作家和编辑，曾任包括《纽约时报》在内的多家报刊和出版物的书评人。他对诗人毛泽东评价甚高，套用英国浪漫主义大诗人雪莱的比喻，即诗人乃"无冕的世界立法者"（the uncrowned legislators of the world），称赞毛泽东是"在世的最伟大诗人之一，同时也是最伟大的世界立法者之一"（Fremantle，1971：303）。16首诗词的英译文转译自南京大学何如教授的法语译本，转译是在当时在联合国工作的张国和（Chang Kuoho）协助下完成的。转译是毛泽东诗词对外传播的重要途径之一。究其原因主要有二，一是被转译的译本比其他译本对原作的理解更准确，更有权威

第六章 1960—1970年代国外对毛泽东诗词的译介

性,如外文出版社1976年《毛泽东诗词》英译本是其他语种外语版本的蓝本;二是译者不懂原作的语言,要通过自己熟悉语言的版本转译。弗里曼特书中并未说转译自何如的"法语"译本,只是说"本选集中的毛泽东诗词源于南京大学何如教授的翻译;为了把这些诗词翻译成英语,张国和先生给予了极大的帮助,特此致谢"(Fremantle, 1971:303)。我们知道,外文出版社1960年4月出版了南京大学何如教授的《毛泽东诗词》法文单行本,收录毛泽东诗词19首,1961年5月出版增订本,增加了《七律二首·送瘟神》。我们感到好奇的是,在1971年,虽然所谓的《毛泽东诗词》"官译本"还未出版,但早在1958年就有毛泽东诗词的英译文,弗里曼特为何不直接收录现成的英译文,而要从法译文转译呢?北京出版的英文刊物《中国文学》在1958年第3期就发表的毛泽东诗词18首,是由著名翻译家叶君健和外文出版社英文组负责人于宝渠和英文专家波义德共同翻译的。其后,《中国文学》陆续发表了毛泽东十几首诗词的译文,至1966年,毛泽东已发表的37首诗词已全部译成英文。外文出版社于1958年9月出版了英文版《毛泽东诗词十九首》,1959年3月,外文出版社出版了新版英文《毛泽东诗词》,同样收入毛泽东诗词19首。编选者不可能没接触到毛泽东诗词的英译本,原因也许是编选者认为何如的法语翻译胜过当时的英文译本,于是自己动手从法语转译成英语,也有可能编选者想"一试身手",尝试一下翻译毛泽东的诗词。何如教授的中外文学修养、文字驾驭的能力和中法翻译实践足以保证生产出上乘的毛泽东诗词法译本。何如早在1935年还在法国攻读大学时,就以中国题材《贵妇怨》创作了一首法语长诗,轰动法国诗坛,受到一向对他人评价很吝啬的伟大诗人保尔·瓦雷里的高度赞扬。新中国成立不久,何如教授就开始翻译《木兰辞》《十五贯》《文心雕龙》《杜甫诗选》《屈原赋诗》等古典诗词作品,他的翻译不仅忠实于作者的原意,而且遵循法语古诗的各种韵律规则。除了翻译古典作品,还翻译了当代诗歌《阿诗玛》《王贵与李香香》《红旗歌谣》等。在中国古典诗词法语翻译方面,何如已登上了译界的高峰,毛泽东诗词的出版又把他推向一个翻译新境界。法国国民议会国防委员会副主席让-玛丽·戴莱1979年给何如来信,称赞何如的毛泽东诗词翻译,"因为您那完美的写作手法、完美的韵律,使您翻译的诗篇清纯、含蓄,犹如用拉辛、维克多·雨果、兰博、瓦列里、阿拉贡、科克托的语言直接写成的。同样也多亏您,我才更好地理解了作为革命家和政治家的毛泽东"(张怀亮,1989)。但何如优美的法语翻译,不能保证从该法语译本转译的英语译本成为上乘的译作。从收入该文选的译文看,编选者转译的真正目的应该是"一试身手",尝试把中国的诗词翻译成英语。和毛泽东诗词原作对比,总体而言,弗里曼特的转译基本传达了原作的思想内容,下引《沁园春·长沙》的转译文为例:

Changsha

(Spring in the Garden)

Lonely, I stand upright in the autumn cold,

The Hsiang River flowing north,

While on Orange Island cape

I see upon thousands of vermillion mountains

Layer upon layer of woods dyed crimson and scarlet.

On the green transparence of vast waters

A hundred competing boats ply.

Eagles' wings beat the frosty air,

Fishes swim in the shallow waters below.

Ten thousand varieties struggle and strive.

Struck by this immensity

I ask the huge earth spread out before me,

What master directs great nature's destiny?

I have taken with me a hundred companions pleasuring here

And I recall the years and months gone by!

We were all students, in our young heyday,

In full flowering of body and mind.

We were brimming over with high schoolboy spirits,

Exquisitely exalted.

We would point out our fields, our river banks;

Our cries and our bravos burst into print.

We thought of masters as shit and dust.

Do you recall

How in mid-current we fought the waves

Turning the waters' flow against the moving craft?

(Fremantle, 1971: 304)

转译对作品的广泛传播功不可没，但不谙原文对转译者的局限也不容忽视，我们以转移对词牌名的处理为例做简要分析。历史上，词人按调填词，"曲调最初也是有特定的题材作为依据的，但后来不论任何题材，都可以用这个曲调"（程毅中，2013：143），当按调填词的人越来越多，都用某一个曲调名作为词题，就称之为词牌。词牌规定了这首词的句式、字数、平仄和四声等。由于中外语言的差异，至少毛泽东诗词的字数、平仄、四声是无法在译文里得到再现的，翻译时省略词牌名对原作的内容、意境乃至语言的表达力毫无损伤。就翻译而言，似乎词牌名在译文中是否保留并不重要。（李崇月，2008b）何如的1978年版毛泽东诗词法译本音译了所有词牌名，对词牌名的处理体例一致。如，《如梦令·元旦》JOUR DE L'AN—Sur l'air de Ru meng ling,《清平乐·会昌》HUI CHANG—Sur l'air de Qing ping yue,《忆秦娥·娄山关》Le DEFILE DE LOUSHAN—Sur l'air de Yi qin'e,《十六字令·三首》TROIS PETITS POEMES—Sur l'air de Shi liu zi ling。弗里曼特在转译时，为什么有的词牌名保留，有的则省略，保留的也是意译而不是法译本的音译？弗里曼特收录的16首作品中15首词的词牌名，仅7首的词牌名在转译中得到保留，把词牌名放入标题后的括号中，它们是Changsha (Spring in the Garden), Chinkang Mountain (Moon over the West River), New Year's Day (Dreams Come True to Order), Huichang (Simple Joy), Swimming (The Water Song), The Immortals (Butterflies Courting the Flowers)。转译者没交代自己处理词牌名的原则，只是在诗词前附了简短的注释："根据中国诗歌传统形式，毛泽东的创作常按照早期诗词大家作品

第六章　1960—1970年代国外对毛泽东诗词的译介

的模式。因为汉语的习惯是要用传统标题（traditional title）来识别新的作品，我们更熟悉的现代标题后面括号内的标题就是原来的格式"（Fremantle，1971：303）。但无论保留还是省略，在同一译本中体例应保持一致，且应对词牌名的作用做适当的介绍。上引弗里曼特对词牌名即他所说的"传统标题"的简要注释，言简但意不赅，对外国读者理解附在括号里的"传统标题"的作用几乎无帮助。词牌名在何如的法译本里全音译，在弗里曼特的译本中变成了意译，意译应该是转译者在张国和帮助下完成的。比较而言，词牌名意译更富有诗意，如 Spring in the Garden，Moon over the West River，Butterflies Courting the Flowers，但译者应在正确理解词牌名的基础上意译。转译本仅保留了15个词牌名中的7个，其中至少两个的翻译值得商榷。"如梦令"（Dreams Come True to Order）中"令"是词调、曲调名，和《调笑令》《十六字令》《采莲令》等中的"令"字一样表示词调，理解为"命令（order）"，显然错误。"清平乐"（Simple Joy）原为唐教坊曲名，取用汉乐府"清乐"、"平乐"这两种乐调命名，"清平"的意思不同于词组"清平生活（simple life）中的"清平"，多音字"乐"在这里读 yuè 而不读 lè，显系翻译者对该词牌名的无知。

　　转译是世界各国翻译史上自古以来就有的现象，有其利，即在不能直接从文本创作语言翻译的情况下，转译是有效的交流途径；转译亦有其弊，即转译过程中产生所谓"二度变形"，翻译误谬难以避免。弗里曼特的转译，从翻译艺术角度而言或许无太多可圈可点之处，但对毛泽东诗词通过文选途径传播，起到一定的作用。

- 179 -

6.3.2 施拉姆选编《毛泽东政治思想》

施拉姆 1963 年出版的《毛泽东政治思想》(The Political Thought of Mao Tse-tung) 选编了毛泽东的著作,除节选了五卷本《毛泽东选集》中的一些文章、小册子和书籍以外,还收录了一些早被人们遗忘的毛泽东在湖南革命时期发表的报刊文章,它们从各个方面反映了毛泽东的政治思想,也包括军事思想。施拉姆用了 80 多页近四分之一的篇幅分析毛泽东的政治思想,然后按主题将毛泽东著作的节选编入10章,并给每个节选加了小标题。其中3章选录了毛泽东诗词,共7首。

该书第一章"汉人的光荣",旨在表明"毛泽东对祖国和人民,尤其是对占中国人口压倒性多数的汉人的崇敬"(Schram, 1963: 103)。施拉姆认为,虽然毛泽东思想的其他方面逐渐产生急剧变化,但第一章围绕的主题反映出毛泽东思想"惊人的连续性"(Schram, 1963: 103)。第一章由4部分组成:A. 走向新的黄金时代;B. 中国人民;C. 旧中国,新中国;D. 中国人民站起来了。A 部分是 1919 年《〈湘江评论〉创刊宣言》节选;B 部分是 1939 年《中国革命和中国共产党》节选;C 部分包括两首诗词《雪》和《北戴河》(Schram, 1963: 107); D 部分是 1949 年 12 月《在中国人民政治协商会议第一次全体会议上的讲话》节选。两首诗词的译文均选自 1958 年外文出版社《毛泽东诗词十九首》,仅做了3处小的改动。《雪》中"红装素裹,分外妖娆"两行的原译文为" As if see a red gown thrown over the white, / Enchantingly lovely!",施拉姆将 gown 一词改为 dress;"江山如此多娇"的原译文为" Such great beauty as this in all our landscape ",

第六章　1960—1970年代国外对毛泽东诗词的译介

施拉姆将 as 换为 like。《北戴河》最后一句"换了人间"的原译文为"The world of men has changed！"，施拉姆省略了 of men 两词。施拉姆认为，这两首诗"反映了毛泽东对祖国过去的复杂态度"，《雪》（1936）反映出一位革命者对祖国辉煌过去的批判态度，而《北戴河》（1954）更加强调对过去历史的延续。（Schram，1963：104）

在第五章《毛泽东的军事原则》中，施拉姆通过诗词作品《井冈山》（Schram，1963：198）、《长征》、《娄山关》、《六盘山》（Schram，1963：206）来间接反映毛泽东的军事思想和"毛泽东对尚武精神、勇气和暴力（the martial spirit, courage, and violence）的崇拜"（Schram，1963：193）。《井冈山》无改动，《长征》中"五岭逶迤腾细浪，乌蒙磅礴走泥丸。"的原译文为：

Before their eyes the Five Ridges ripple like little waves,

And the mountain peaks of Wumeng are like mud balls beneath their feet.

施拉姆做了一些改动：

The Five Ridges ripple like little waves,

And the mountain peaks of Wumeng roll like mud balls.

"三军过后尽开颜"的"三军"原译文为 the three Armies，施拉姆改为 the Army。施拉姆对《娄山关》的译文改动较大。《诗词十九首》中的译文是：

Cold in the west wind;

Far in the frosty air the wild geese call in the morning moonlight.

In the morning moonlight

The clatter of horses' hooves rings sharp,

And the bugle's note is muted.

Do not say that the strong pass is guarded with iron.

This very day in one step we shall pass its summit,

We shall pass its summit

There the hills are blue like the sea,

And the dying sun like blood.

施拉姆改动后的译文：

Keen in the west wind;

In the endless void the wild geese cry at the frosty morning moon.

The frosty morning moon.

The clatter of horses' hoofs rings sharp,

And the bugle's note is muted.

They say that the strong pass is iron hard

And yet this very day with a mighty step we shall cross its summit,

We shall cross its summit!

The hills are blue like the sea,

And the dying sun like blood.

《六盘山》中"不到长城非好汉，屈指行程二万"两行《毛泽东诗词十九首》的译文是：

We count the myriad leagues we have come already;

If we reach not the Great Wall, we are no true men!

施拉姆改为：

If we reach not the Great Wall, we are no true men !

Already we have come ten thousand leagues.

"苍龙"中的颜色词"苍"，《毛泽东诗词十九首》用的是 grey，而施拉姆用的是 gray。

在第六章《革命、专政与自由》中的著作节选都针对"个体人格（individual personality）的自由表现"（Schram，1963：212），男女关系（relations between the sexes）是个体人格表现的重要方面。本章选收了写于 1957 年怀念 1930 年被国民党杀害的第一任妻子杨开慧的诗词《答李淑一》（Schram，1963：229），这首诗表明"虽然毛泽东已失去青春活力，但仍情深意浓（deep sentiment）"（Schram，1963：213）。施拉姆对《毛泽东诗词十九首》的译文作了一些改动。副标题为《答李淑一》的《毛泽东诗词十九首》译文是 written for Li Shu-yi，施拉姆的译文是 Dedicated to Li Shu-yi；"杨柳轻飏直上重霄九"中"轻飏"一词在《毛泽东诗词十九首》中译为 soar，施拉姆则在 soar 后加上 lightly（轻）一词修饰。"问讯吴刚何所有，吴刚捧出桂花酒。"两句《毛泽东诗词十九首》的译文为：

Wu Kang, asked what he has to offer,
Presents them with cassis wine.

施拉姆改动后的译文：

Wu Kang asked what he has to offer,

Presents them respectfully with cassis wine.

施拉姆的译文在"吴刚"后少一逗号，另加 respectfully 一词修饰动词 present。下阕的"忠魂"一词在《毛泽东诗词十九首》中的译文是 these good souls，施拉姆的译文是 these faithful souls。

施拉姆对《毛泽东诗词十九首》译文的改动一般较小，总体而言改动使译文更贴近原作，如将 And the mountain peaks of Wumeng are like mud balls 中的 are 改为 roll，在动词 soar 后加上副词 lightly，用副词 respectfully 修饰 present，用 faithful 替换 good 等，小小的改动给译文增色不少。施拉姆对译文的改动是严谨的、适当的，有利于毛泽东诗词的对外传播。但修改、收录毛泽东诗词作品不是为了文学欣赏，而是通过诗词作品反映毛泽东的政治思想。

6.4 国外主要英译本研究

国外期刊、诗选、毛泽东文选和毛泽东思想研究著作对毛泽东诗词的译介是零星的，国外读者难观其全貌。随着毛泽东诗词的不断公开发表和在国内的广泛传播，国外也相继出版了多种英语译本。英译单行本作为毛泽东诗词对外译介的主要途径，收录了当时公开发表的所有毛泽东诗词，反映了诗人毛泽东的全貌，为英语读者欣赏毛泽东诗词本身或通过毛泽东诗词从事相关研究提供了方便。

第六章　1960—1970年代国外对毛泽东诗词的译介

6.4.1　布洛克和陈志让译本：当时国内外收录诗词最全的英译本

6.4.1.1　译者介绍

1965年，牛津大学出版社出版了厚达400多页的中国当代史研究著作。该书主标题为《毛泽东与中国革命》（Mao and the Chinese Revolution），由两部分构成，第一部分是由时任英国利兹大学亚洲史讲师的陈志让（Jerome Ch'en）撰写的《毛泽东与中国革命》，篇幅占该书的四分之三。第二部分即该书封面副标题所示内容，副标题为"附毛泽东诗词37首，由迈克尔·布洛克（Michel Bullock）和陈志让译自汉语"。

第一部分《毛泽东与中国革命》，陈志让希望"不是一部'政治'书籍，虽然研究的是政治和军事"，"旨在冷静分析毛泽东的一生和毛泽东的时代"，"不是单纯的传记，因为将毛泽东和复杂的中国政治、战争分开是不可能的"，"不是为了歌颂毛泽东的功绩，也不是为了贬低毛泽东的成就"（Ch'en，1965：15）。陈志让一人撰写的《毛泽东与中国革命》部分，已成为研究毛泽东和中国现代史极具参考价值的资料，是国外中国研究(China Studies)领域"历史判断型(Explanation)"研究中的"上乘之作"（萧延中，2003）。

陈志让(1919—)，四川成都人，1943年毕业于西南联大经济系，1947年考取中英庚款赴英深造，1956年在伦敦大学历史系获博士学位。1963—1971年在英国利兹大学执教，先后担任讲师、高级研究员，1971年加入加拿大约克大学，直到退休。1980年当选加拿大皇家学会会员。研究主要兴趣是中国近现代史，对袁世凯、孙中山、毛泽东等政治人物的研究成就突出。

该书的第二部分《毛泽东诗词37首》，由布洛克和陈志让合作翻译。布洛克1916年在伦敦出生，自由作家、诗人、翻译家，出版50多部诗集、小说和戏剧等，创办英国诗歌杂志《表现》（Expression），任《棱镜国际》（Prism International）主编。1963年当选为英国翻译工作者协会主席，1969年到加拿大英属哥伦比亚大学创作系任教，1983年从该大学以荣誉教授身份退休。

陈志让和布洛克这次合作翻译之前，至少有一次合作，他俩自意大利语转译王维《辋川集》诗四十首，以Poems of Solitude为名结集成书，1960年伦敦埃博拉德-舒曼出版社（Abelard-Schuman）出版。《毛泽东诗词37首》收录诗词是：《长沙》《黄鹤楼》《井冈山》《元旦》《会唱》《蒋桂战争》《重阳》《广昌路上》《从汀州向长沙》《反第一次大围剿》《反第二次大围剿》《大柏地》《娄山关》《十六字令三首》《长征》《六盘山》《昆仑》《雪》《人民解放军占领南京》《和柳亚子先生》（1949）、《和柳亚子先生》（1950）、《北戴河》《游泳》《答李淑一》《送瘟神》（2首）、《到韶山》《登庐山》《为女民兵题照》《答友人》《为李进同志题所摄庐山仙人洞照》《和郭沫若同志》（1961）、《咏梅》《冬云》和《和郭沫若同志》（1963）。这些诗词的翻译，不是其他语言版本的转译，而是直接译自汉语。这个英译本，是当时收录毛泽东诗词最多的译本。①

---

① 毛泽东的诗词一公开发表，《中国文学》杂志会尽快发表英译文，但截至1965年底，《中国文学》共发表毛泽东诗词英译27首，1958—1959年北京

6.4.1.2 译者对毛泽东诗词的评价

译者对毛泽东诗词高度评价,认为毛泽东"作为艺术家和实干家(man of action),取得了双重成就,西方少有堪比的。毫无疑问,毛泽东作为诗人的地位,因其作为政治人物的杰出成就而得到提高;但是毛泽东的诗才,尽管参差不齐,亦非等闲之流(of no mean order),撇开他在政治领域的崇高地位,也足以使他在中国当代文学中挣得一席地位"(Ch'en,1965:315)。译者认为,毛泽东诗词采用旧诗词体裁(classical in construction),作品的主题却几乎全部来自诗人的亲身经历和作为激进共产主义者的愿望,这似乎"很奇怪",但只要我们了解毛泽东的生平和背景,也就不会觉得奇怪了。毛泽东采用旧体诗词格式,和他继承的中国"诗歌遗产"(the poetic legacy)有关。(同上:315)译者把毛泽东和历史上取得"类似双重成就"的诗人相比,如毛泽东引用了其诗句的魏武帝,大诗人、大政治家苏东坡,与毛泽东"更加类似"的著名诗人、爱国将领辛弃疾。这些诗人的作品"表达了无拘无束的感受(a feeling of unrestraint)",但这种无拘无束"更多在思想而不是在形式",毛泽东的诗词作品也一样。(同上:315)魏武帝、苏东坡、辛弃疾、

外文出版社出版英译文单行本收录诗词仅19首。布洛克&陈志让译本收录的诗词,有10首是当时国内没有公开发表英译文的,因此,布&陈译本应是当时国内外收录毛泽东诗词最多的译本。

毛泽东这些实干家和中国别的诗人一样，"热爱江山但也要征服江山"；他们和中国别的诗人的不同之处在于，"回避过于微妙或过于脆弱的情感"，所以毛泽东劝告诗友柳亚子"牢骚太盛防肠断"（同上：317）。"女人和爱情在毛泽东诗词中是没有分量的，除了《答李淑一》"①，因为自青年时代，毛泽东一直感兴趣的是"人性、人类社会、中国、世界和宇宙"（同上：318）。

诗歌创作和论说文写作比较而言，毛泽东"似乎对自己的论说文更感到自豪"。毛泽东诗歌创作选择"旧体"，是由于早期所受的古诗文训练，"对现代诗歌缺乏了解"。毛泽东在写论说文时，成了"一个完全不同的人——头脑冷静、逻辑清晰，几乎缺乏深情"。但毛泽东的诗和文有一共同点，即具有"一种崎岖的美（a rugged beauty），土气，有话直说（rustic directness），可惜的是，这些特征在极其文雅的《毛泽东选集》译文中消失殆尽"（同上：318）。

6.4.1.3 译者遵循的翻译原则

布洛克和陈志让译本面世前，国内已有27首毛泽东诗词的英译文先后在英文刊物《中国文学》公开发表，1958—1959年北京外文

---

① 该译本收录的37首诗词都经毛泽东本人审定过，也是当时公开发表的所有毛泽东诗词，"女人和爱情"在其中"有分量"的作品的确只有《答李淑一》一首。但在毛泽东去世后，经中共中央或有关部门审定公开发表的毛泽东诗词中，以"女人和爱情"为主题还有《贺新郎·别友》和《虞美人·枕上》。

第六章　1960—1970年代国外对毛泽东诗词的译介

出版社出版的《毛泽东诗词十九首》英译单行本，收录的也是已经在《中国文学》上发表的译文。布洛克和陈志让在翻译其中的大部分诗词时，参考了已有的译文。在翻译已有译文的诗词时，他们的"翻译不提供全新的、不同的阐释"（同上：318-319），但是他们的翻译"的确在一个相当重要的方面与前有的翻译不同"。节奏可以说是诗歌的灵魂，节奏的改变无异于把一首诗变成了另一首诗。布洛克和陈志让认为，他们的翻译与此前翻译的不同就在于对原作节奏的处理。此前的翻译，"在节奏方面，使这些诗词显得流畅，几乎是温文尔雅，而原作则是强壮有力，甚至是狂暴，明显具有断奏的特点（distinctly staccato quality）。原作这一特点，正是译者"在语言差异许可的范围内""竭力要在翻译中保留的"。保留这一特点的手段，就是"使用简短、有穿透力的（stabbing）的诗行，尽可能少用多音节词汇"。这一总的原则并非用于毛泽东所有诗词，"少数例外包括第一首《和柳亚子先生》，这首词的情绪伤感，节奏太缓慢，有气无力。还包括《长征》，在我们看来，这首词毫无诗味（rather prosaic）"（同上：319）。用典是汉语古诗词的一个常见现象，毛泽东诗词也不例外。为了帮助英文读者理解，译者紧随译文增加注释。

　　布洛克、陈志让给读者提供英译文为了双重目的，一是出于毛泽东诗词"作为文学作品固有的兴趣"，二是这些诗词"有助于了解毛泽东的思想"（同上：319）。

— 189 —

6.4.1.4 和国内已有译文的关系

译本重点参考了1958年北京外文出版社出版,由周振甫注释、臧克家讲解的《毛泽东诗词十九首》英译本,译者自己也在《毛泽东诗词介绍》中说,他们在翻译已有译文的诗词时,"不提供全新的、不同的阐释"(同上:318-319)。在《毛泽东诗词十九首》出版后,布洛克和陈志让译本1965年出版前,《中国文学》还发表过毛泽东8首诗词的译文。这个译本"借鉴"了多少次前的译文呢?经仔细对比,布洛克和陈志让在翻译收录进《毛泽东诗词十九首》英译单行本中的诗词时,基本上是对单行本中每篇译文的"加工",大部分译文做小的语言改动,明显的改动是句长变短,句行增多,个别题目采用新的翻译。例如,《清平乐·会昌》的布洛克和陈志让的译文与《毛泽东诗词十九首》译文高度一致。

《毛泽东诗词十九首》译文:

HUICHANG

— to the melody Ching Ping Lo

Soon the dawn will break in the east,

But do not say we are marching early;

Though we've travelled all over these green hills we are not old yet,

And the landscape here is beyond compare.

Straight from the walls of Huichang lofty peaks,

Range after range extend to the eastern ocean.

Our soldiers, pointing, gaze south towards Kwangtung,

第六章　1960—1970年代国外对毛泽东诗词的译介

So green, so luxuriant in the distance. （Mao, 1958: 14）

下面是布洛克&陈志让译文：

Huich'ang

to the melody of Ch'ing P'ing Lo

In the east

the dawn will soon be breaking,

But do not say

we are marching early.

Though we have travelled

all over these green hills

we are not yet old

And on this side

the landscape is strangely charming.

Straight from the walls of Huich'ang

lofty peaks

Extend range upon range

to the eastern ocean.

Our soldiers point and gaze

south towards Kwangtung,

So green and luxuriant

in the distance. (Ch'en, 1965: 325)

— 191 —

布洛克和陈志让的译文仅把《毛泽东诗词十九首》译文的每一行拆分成两行乃至三行，汉语原文共8行，《毛泽东诗词十九首》译文也8行，布洛克和陈志让的"译文"共17行，另有三个地方词序作了小的变动。他们"翻译"《如梦令·元旦》、《菩萨蛮·黄鹤楼》和"翻译"《清平乐·会昌》的手法一样。在"翻译"《毛泽东诗词十九首》中的其他诗词时，大都是把《毛泽东诗词十九首》英译进行"改装"，调整词序或增删字词，不过调整和修改的幅度更大一些。如《清平乐·六盘山》的"改装"，《毛泽东诗词十九首》中译文如下，

MOUNT LIUPAN

— to the melody of Ching Ping Lo

The sky is high, the clouds are pale,

We watch the wild geese flying south till they vanish;

We count the myriad leagues we have come already;

If we reach not the Great Wall, we are no true men !

High on the crest of Liupan Mountain

Our banners idly wave in the west wind.

Today we hold the long cord in our hands;

When shall we bind fast the Grey Dragon?   (Mao, 1958:19)

布洛克 & 陈志让的对该译文进项"改装"和个别字词的替换：

Mount Liup'an

to the melody of Ch'ing P'ing Lo

Lofty the sky

and pale the clouds—

We watch the wild geese

fly south till they vanish.

We count the thousand

leagues already travelled.

If we do not reach

the Great Wall we are not true men.

High on the crest

of Liu'pan Mountain

Our banners billow

in the west wind.

Today we hold

the long rope in our hands.

When shall we put bonds

upon the grey dragon? (Ch'en, 1965: 337)

虽然《毛泽东诗词十九首》中收录了《沁园春·雪》，布和陈的译文很可能不是对已有译文的"改装"，而是自己直接从汉语翻译过来，比较这首词上阕的译文，即可看出两者的显著不同。《毛泽东诗词十九首》中的译文：

This is the scene in that northern land;

A hundred leagues are sealed with ice,

A thousand leagues of whirling snow.

On either side of the Great Wall

One vastness is all you see.

From end to end of the great river

The rushing torrent is frozen and lost.

The mountains dance like silver snakes,

The highlands roll like waxen elephants,

As if they sought to vie with heaven in their height;

And on a sunny day

You will see a red dress thrown over the white,

Enchantingly lovely! (Mao, 1958: 22)

布和陈的译文如下:

The northern scene:

A thousand leagues locked in ice,

A myriad leagues of fluttering snow.

On either side of the Great Wall

Only one vastness to be seen.

Up and down this broad river

Torrents flatten and stiffen.

The mountains are dancing silver serpents

And hills, like waxen elephants, plod on the plain,

Challenging heaven with their heights.

A sunny day is needed

For seeing them, with added elegance,

In red and white. (Ch'en, 1965: 340)

《沁园春·雪》的译文不是"改装",而是"原装"。布和陈在翻译毛泽东37首诗词时,除"重点参考"了《毛泽东诗词十九首》中的18首,其他19首译文完全为自己翻译。

6.4.1.5 译本评析

布洛克和陈志让在翻译毛泽东诗词时,并未将上述自己的翻译原则贯彻始终。分析他俩合作翻译的《毛泽东诗词三十七首》,很容易看出两种不同的翻译风格。第一种风格,基本符合译者自己规定的翻译原则,即在译文中"使用简短、有穿透力的诗行,尽可能少用多音节词汇"来再现原诗词在节奏上具有的"断奏特点"。为了呈现出"断奏"或者说突兀尖锐的特点,译者将原诗词一行拆解成两行甚至三行,使译文朗诵起来感觉更铿锵有力,更突兀尖锐。结果使得译文的行数比原文增加少则一行(如《清平乐·蒋桂战争》),多则超过百分之百(如《菩萨蛮·黄鹤楼》《清平乐·会昌》)。至于"尽量少用多音节单词"的原则,在译文中体现不明显,因为他们在很大程度上是基于"已有翻译"的风格提出这一条翻译原则的,但他们的译文和"已有翻译"比较,单音节词汇没明显增多。在所有37首诗词译文中,译者通过拆分句子呈现"断奏"特点的有24首,占总数的65%,其中大部分是此前已有译文的诗词,即收录进外文出版社《毛泽东诗词十九首》中的诗词[①],而其余诗词的翻译是另一种风格。另一种风格的译文则几乎完全没遵循保留"断奏特点"的原则,译文的行数和原文基本一致[②]。作为当时收录毛泽东诗词最多的译本,收录作品总数远超过北京外文出版社的单行本《毛泽东诗词十九首》,其中10首国内还没公开发表的英译文,并且该译本由著名的牛津大学出版社出版,在毛泽东诗词对外译介方面功不可没,但译本也存在不少值得商榷的地方。

一是原诗词标题的翻译。译文标题和原作标题不对应不一定错误,如把题目《到韶山》翻译为《回韶山》(Return to Shaoshan),把《七律·和郭沫若同志》翻译成《看戏剧〈孙悟空三打白骨精〉——和郭沫若》(Watching the Opera "The Monkey King Thrice Fights the Skeleton Spirit", a reply to Kuo Mo-jo)就很好,但标题译文如果歪曲原意,甚至违背原作的主题,就明显不妥了。《蒋桂战争》上半阕从反面写军阀混战,下半阕从正面写红军的胜利,军阀的混战也为革命的胜利

[①] 布和陈对《毛泽东诗词十九首》中译文的"改装",也许不算严格意义上的翻译,但我们姑且把他们的"改装"看作"原装",进行翻译风格的分析。

[②] 译文的行数和原文一致的诗词是《沁园春·雪》、《浣溪沙·和柳亚子先生》、《水调歌头·游泳》、《七律二首·送瘟神》、《七律·登庐山》、《七绝·为女民兵题照》、《七律·答友人》、《七绝·为李进同志题所摄庐山仙人洞照》、《七律·和郭沫若同志》、《卜算子·咏梅》、《七律·冬云》和《满江红·和郭沫若同志》。

第六章 1960—1970 年代国外对毛泽东诗词的译介

创造了条件，上下阕意义紧密相连，相互映衬。将标题《蒋桂战争》改成《向福建进军》（Advance to Fukien），有违原作主题。《广昌路上》被改成了《下吉安》（March on Chian），忽略了原作传递的一个重要历史事实，即毛泽东率军从江西广昌向江西吉安进发。把标题《从汀州向长沙》改为《进攻南昌》（Attack on Nanch'ang），把《反第一次大"围剿"》和《反第二次大"围剿"》改成《第一次围剿》（The First Encirclement）和《第二次围剿》（The Second Encirclement），就完全混淆敌我关系，违背原作主题了！将《登庐山》缩减成《庐山》（Lushan）不妥，将《咏梅》翻译成 Plum Tree（梅花树？还是李子树？），歌咏的对象从"花"变成"树"，就更不妥了。

二是对诗句的误解。例如《渔家傲·反第二次大"围剿"》中"为营步步嗟何及"句被译为 "Belatedly regretting the strategy of slow advance"（实行缓慢前进的战略，悔之晚矣）（同上：332），对原文理解有误。《七律·人民解放军占领南京》中的"人间正道是沧桑"句的译文是 People are beginning to talk of a sea turning into mulberry fields（同上：342)，回译成汉语意为"人们开始谈论大海正在变成桑田"，把"正道"理解为"正在谈论"明显错误。《七律·冬云》中"独有英雄驱虎豹"句中"独有"是副词，意为"只有"（only），译者错误地理解为 "孤单的"（alone），形容"英雄"，这句错误地译成了"Alone, a hero drives away tigers and leopards."（英雄单独一人，驱除虎豹）。（同上：358）再如，《满江红·和郭沫若同志》中"只争朝夕"一句，错误地理解为"咱们为朝夕争论吧"（Let us dispute about mornings and evenings）。（同上：360)

三是随意处理承载有历史文化内涵的专有名词。先看历史人物名的处理。《沁园春·雪》中四句"惜秦皇汉武，略输文采；唐宗宋祖，稍逊风骚。"的译文如下：

The great emperors of Ch'in and Han,

Lacking literary brilliance,

Those of T'ang and Sung

Having but few romantic inclinations.（同上：340）

其中四位具体的历史风云人物秦始皇（秦皇）、汉武帝（汉武）、唐太宗（唐宗）和宋太祖（宋祖），被笼统模糊地处理成"秦汉的伟大皇帝"（the great emperors of Ch'in and Han）和"唐宋那些伟大皇帝"（those of T'ang and Sung），且 Ch'in and Han 和 T'ang and Sung 后加 Dynasties（朝代）一词，外国读者不但不知道诗人心目中的"伟大皇帝"是谁，连 Ch'in，Han，T'ang，Sung 是朝代名还是国家名都弄不清楚了。在《七律二首·送瘟神》中，"华佗无奈小虫何"句中的"华佗"本是一个人名，译者把它译为 the ablest physicians（最能干的医生们）；"六亿神州尽舜尧"句暗用了孟子"人皆可以为尧舜"的典故，"舜尧"是中国古代传说中的"圣王"，译者把"尽舜尧"译为 all saintly（皆圣明）（同上：349）。郭沫若赠毛泽东的词《满江红》中"桀犬吠尧堪笑止"一句，被翻译为 It is absurd that a rogue's dogs should bark at a saint（一个流氓的狗对一位圣人吠叫，真荒唐），历史上著名暴君"桀"和历史传说中的圣君"尧"分别被转换为"流氓"（a rogue）和"圣人"（a saint）（同上：359）。译者的理解不错，但运用比喻是诗歌创作必不可少的手段，把原作中形象比喻的喻体"浅化"为本体，不但有损原作的意象，也不利于中国历史文化的对外传播，是翻译的败笔。

再看一些地理名词的翻译。《水调歌头·游泳》开头两句"才饮长沙水，又食武昌鱼"中的两个地名"长沙""武昌"在作品中有特殊的意义，除了这里用了与该地有关的典故，还因为长沙是毛泽东青年时代接受教育和投身革命的地方，武昌是这首词描述的"万里长江横渡"的具体地点。译本不恰当地省略这两个地名，将这两句译为"Just then a drink of water in the south, /Now a taste of fish in the north"（才在南方饮过水，又在北方品尝鱼）。"极目楚天舒"的译文是 A glance gauges the sky's width，译文没保留"楚"这一地域名词，"楚天"指武昌一带的天空，武昌在春秋战国时属于楚国。这首词中的其他几个地理专有名词龟山、蛇山（"龟蛇静"）、巫山（"截断巫山云雨"）都如实保留在了译文中："Tortoise and Snake Hills, Mount Wu"（同上：346）。《浣溪沙·和柳亚子先生》中"长夜难明赤县天"一句，用"赤县"代指中国，战国时称中国为赤县神州。译者将"赤县天"化为"赤色的黎明"（是有意为之的"创造性叛逆"还是对原意的"误解"？）"赤县"这一专有名词被消解了。这句被译成了"The night was long and the crimson dawn cracked slowly（夜长长，赤色黎明慢慢来临）"。（同上：344）《蝶恋花·从汀州向长沙》中"席卷江西直捣湘和鄂"，译者为了简化和"尽可能少用多音节词汇"，把"湘和鄂"译成为 Liang Hu（同上：329），即历史上的"两湖"的译音，为了翻译风格的考虑，这样处理不算错，但在译文后的注释里没加以说明，这就反而给外国读者增添阅读障碍了。

四是注释存在的问题。该译本几乎每首诗词译文后都附有或长或短的注释,或者简介创作背景,或者注解历史典故,或者阐释作品的主题。这无疑有助于英文读者对诗词的理解,但有些注释,尤其是对作品表现的诗人情感的分析,似乎背离原作。例如在《沁园春·长沙》一词的注解中,译者认为"这首词所表现的忧郁(melancholy),在毛泽东诗词中是独特的(unique)。第一阕描绘的风景和第二阕中抒写的珍藏记忆(treasured memories)是优美生动的,通篇着上了悲伤的色彩(a tinge of sorrow)"(同上:321)。在《蝶恋花·答李淑一》一词的注释中,译者说"这首词,以及《长沙》和《和柳亚子先生》贯穿着一根忧郁的线(a thread of melancholy),都是优美的诗篇"(同上:348)。对于诗人在《卜算子·咏梅》一词中表达的情感,译者认为"这首词流露出一种孤独和寂寞之感(a feeling of isolation and loneliness)"(同上:357)。这些评论似乎有悖毛泽东诗词总体上具有的豪迈和乐观风格。以《沁园春·长沙》为例,谈谈我们的看法。《长沙》上阕主要写秋景,可毫无过去旧诗词中常有的肃杀、感伤的"悲秋"情调,诗人毛泽东把秋天写得爽朗、活泼,呈现在读者面前的是一幅勃勃生机的秋的生命图画。作品表现了诗人宽广的胸怀和乐观的精神。面对眼前充满生机勃勃的自然景物,谁能不感受到宇宙的寥廓?因此发问:谁主宰这苍茫大地呢?诗人心中的回答是,人民主宰苍茫大地,人民是世界和国家的主人!诗人对革命事业充满信心,对人民的光明未来充满了乐观主义精神。词的下阕追忆往事,在读者眼前生动描绘出,在那黑暗的反动社会,一群向往革命的青年人的伟大抱负和慷慨激昂的气势。从这首词我们能感受到一种革命的乐观主义情绪,该词的主调是革命的乐观主义情绪和豪迈的气势,而不是所谓的"忧郁"。

第六章　1960—1970年代国外对毛泽东诗词的译介

毛泽东的部分诗词在毛泽东亲自审定公开发表后，又亲自做过校订。1963年12月，人民文学出版社出版了收录毛泽东37首诗词的《毛泽东诗词》，与此同时，文物出版社以集宋版书字体出版了《毛泽东诗词三十七首》。"六三年版本"是毛泽东亲自编订的一个带总结性的诗词集，也是毛泽东生前出版的最重要的诗词集。这个版本采纳了一些中央负责同志、文艺方面的领导人、著名诗人的修订意见。（陈安吉，2003b：14）"六三年版本"主要作了以下校订，一是为每首诗词署明了写作日期。二是补上了一些词的题目，改动了原有的题目。如《蝶恋花·答李淑一》在《诗刊》发表时的题目是《游仙（赠李淑一）》，"六三年版本"改为《答李淑一》，并删掉"游仙"二字。三是对部分诗词的正文和附注作了文字的订正。如《念奴娇·昆仑》原发表稿中"一截留中国"改为"一截还东国"，《清平乐·六盘山》原发表稿子中"旄头漫卷西风"校订为"红旗漫卷西风"。四是为和作附上原作。五是订正诗词的标点符号（同上：127-132）。如《减字木兰花·广昌路上》头两句，目前版本为"满天皆白，雪里行军情更迫"，布和陈的译文是：

　　Seeing under the sky only white,
　　　no green of cypress,
　　The troops march in the snow.（Ch'en，1965：328）

似乎"满天皆白"后凭想象增添了"无柏树的葱绿"（no green of cypress），"雪里行军情更迫"缩减为"雪里行军"（The troops march in the snow），把表达当时形势紧迫的三个重要的字"情更迫"给省略了。其实，译者并没有随意增删，他们根据的是"六三年版本"以前的版本，以前版本的头两句就是"满天皆白，雪里行军无翠柏"。不少文学作品，

- 201 -

尤其是古代的作品，不止一种版本，我们在评价译文时，一定要注意译者是根据哪个原语版本翻译的，翻译毛泽东诗词也不例外。

6.4.2 聂华苓和安格尔译本：译者被台湾方面骂"不忠不孝"

聂华苓（Hua-ling Nieh Engle），著名美籍华人作家，1925年出生在中国，1949年避走台湾，曾任《自由中国》半月刊编辑，台湾大学、东海大学副教授，1964年辗转到美国。聂华苓创作了长篇小说《失去的金铃子》《桑青与桃红》《千山外，水长流》，中篇小说《葛藤》，短篇小说集《翡翠猫》《一朵小白花》《聂华苓短篇小说集》《王大年的几件喜事》《台湾轶事》及散文评论集《梦谷集》《黑色，黑色，最美丽的颜色》《三十年后——归人札记》《沈从文评传》及回忆录《三生三世》等，代表作《桑青与桃红》被列入亚洲小说一百强。聂华苓丈夫保罗·安格尔1908年出生于美国艾奥瓦州一农民家庭，小时卖过报，半工半读进了当地的中学和大学，以后又到英国牛津大学读书三年，返美后在艾奥瓦大学和聂华苓一起教创作。安格尔高中开始写诗，出版诗集十部，《纽约时报》图书评论曾认为他是美国诗坛的新的声音。1967年，安格尔和聂华苓在艾奥瓦大学创办世界文艺史上的首个"国际写作中心"，每年从世界各国邀请一些作家到该中心参观访问、交流创作经验和讨论文学问题。

1972年，聂华苓和安格尔合译的《毛泽东诗词》（Poems of Mao Tse-tung）在美国出版，次年该书以 Poetry of Mao Tse-tung 为书名在英国出版。聂华苓和安格尔合译英译本（下简称"聂译本"）的出版，轰动了西方文化界，尤其是美国汉学界，台湾报刊责骂聂华苓"不忠不孝"，而海峡另一端的中国大陆"则抱以惊喜和期待"（笑蜀，2007），翻译毛泽东诗词被台湾当局看成"亲匪"之举，译者被纳入国民党当局的"黑名单"，整整 20 年不能踏足台湾。（黄万华，2014）

聂译本收录了当时所有已公开发表的毛泽东诗词，共 37 首。译诗前有"诗词介绍""翻译说明"和"注释说明"，诗词后收录郭沫若 1962 年 5 月 12 日同时发表在《人民日报》和《人民文学》上的毛泽东诗词赏析《喜读毛主席词六首》，另有一篇文章介绍毛泽东和郭沫若之间有关《孙悟空三打白骨精》一剧的唱和诗的经过，该文根据郭沫若 1964 年 5 月 21 日发表在《光明日报》上的文章《"玉宇澄清万里埃"——读毛主席有关〈孙悟空三打白骨精〉的一首七律》。

6.4.2.1 译者对毛泽东诗词的评介

一般而言，文学作品的销量和该作品的艺术性成正比关系。在《诗词介绍》一开头，译者对毛泽东的诗词间接地给予了高度评价："拥有世界上最多人口的国家的领袖的诗集销量比历史上任何一位诗人的诗集销量大，这是应该的。据说毛泽东诗集已售出五千七百万册，总数相当于从古到今所有用英语创作的诗人的诗集销量总和，这种说法也许是正确的。"（Engle & Engle, 1973: 9）译本出版之时正值"文革"中期，毛泽东诗集在当时的普及很大程度上和当时的政治环境有关，而译者对毛泽东诗集传播的评价着眼于诗词本身的文学艺术性。

译介者认为，毛泽东诗词是"一部感情强烈的政治军事自传"，每一首诗词都和毛泽东亲身经历的中国历史上的真实事件有"直接的或间接的（immediate or distant）联系"，无一首作品是"有关自己私生活的""纯'私人'的诗词（'private' poems）。即便少有地在作品中提及自己第一任夫人的名字，也没用"普通的情感性语言"，而是称她为"骄杨"（tough willow）。《蝶恋花·答李淑一》"没一字是有关个人的或温柔的，一切都歌颂革命事业。杨开慧被怀念，不是作为女人和妻子，而是作为战士"（同上：9）。

译者认为，毛泽东的所有诗词作品，无论什么主题，无论什么题目，无论描绘了多少乡间景色，唯一关注的总是"共产主义事业"。诗人通过复杂的传统诗词形式，表达了他的革命思想，但毫无"绝大多数激进诗歌（radical verse）的单调乏味"。许多思想激烈、感情深沉的"抗议诗"（poetry of revolt）难免成了"打油诗"（doggerel），但汉语传统诗词格式的严格要求，使毛泽东的诗词不至成为"打油诗"。在毛泽东的诗词中，"政治和诗词就像相互缠绕在一起的一块块肌肉，当一块收缩，另一块会跟着移动"（同上：9）。

对毛泽东诗词创作的评介不得不涉及毛泽东的文艺理论。聂华苓夫妇认为，毛泽东对诗歌的态度"不易界定"（no easy definition），因为毛泽东的文艺理论"似乎常和自己的文艺实践相矛盾"。根据毛泽东在延安文艺座谈会上讲话，艺术必须为革命服务，必须吸引大众，但"毛泽东自己诗词中的词汇或者诗词采用的形式是否完全为大众所理解，就值得怀疑了"。译者还评价了毛泽东的其他几个文艺观点。

- 204 -

第六章　1960—1970年代国外对毛泽东诗词的译介

毛泽东认为，"资产阶级对于无产阶级的文学艺术作品，不管其艺术成就怎样高，总是排斥的"。在聂华苓夫妇看来，毛泽东这个观点"当然被否定"，因为"美国各类少数民族和穷苦人民的作品在各色人等中都流行"。毛泽东后来坚持认为，"缺乏艺术性的艺术品，无论政治上多么的进步，也是没有力量的。因此，我们既要反对政治观点错误的产品，也反对只有正确的政治观点而没有艺术力量的'标语口号'式的倾向"。毛泽东还批评了"隐晦曲折，使人民大众不易看懂"的表达法。这对作家夫妇认为，按照西方的文艺标准，毛泽东诗词中有"许多隐晦曲折的表达"，其中一些还"非常有效果"（同上：12）。

译者对毛泽东诗词的思想性和艺术性高度评价。他们认为，毛泽东所说的"革命政治内容和尽可能完美的艺术形式的统一"最能说明毛泽东自己的作品。"每首诗的传统形式完美，每首诗都是一个革命主张"。"把丰富的诗歌想象力和坚定的讲求实际的（和军事的）思想相结合"（同上：12），毛泽东是在把"革命的、浪漫的和现实主义的酒倒进古典形式这只漂亮的瓶子里"（同上：13）。

毛泽东对自己诗词作品的态度是"谦逊的"（同上：13），"并不看好自己的诗词创作和使用旧诗词形式"。毛泽东的诗词没有一首是"西方意义上的'个人的（personal）'作品"，因为在西方，"个人的"作品指"个人（individual）把生活中感情强烈的片刻用动情的语言表达出来"的作品。诗人"毛泽东这个人出现在诗词中，但仅仅作为使在为了控制中国而进行的斗争中的各类事件和掌握政权后采取的各类行动发生质的改变的因素（the transmuter）"。毛泽东的每一首诗词都有"自己在共产主义运动中最终的动机和主题",诗人"把个人的感受注入公众历史之中",从一种意义上讲,"党就是他的生命"(同上:14)。

聂华苓夫妇还总结了毛泽东诗词中反复出现的主题:"意志"(will)、"共产党和毛泽东是中国历史的顶峰(the culmination of the Chinese history)"、"对中国山河的强烈感受"、"需要变革"(同上:16-17)。

总之,毛泽东的每一首诗词作品都是"一扇了解毛泽东性格的窗口","也许再也没有另一位革命领袖、大国领袖,能将对自己国事的最强烈的感受汇聚在精心创作的诗词中"(同上:18)。

6.4.2.2 翻译的原则

汉语是聂华苓的母语,英语是安格尔的母语,夫妇俩都有丰富的文学创作经历,都具备娴熟驾驭语言的能力,两人合作英译毛泽东诗词是理想的组合。丰富的创作经验使他们对英汉语言的异同感受特别灵敏,对汉英语言间转换的困难,尤其是汉语诗词英译的困难,有深刻的了解。《翻译说明》反映了译者的翻译观和翻译毛泽东诗词遵循的原则。

知其不可为而为之。他们认为,"所有翻译都是不可能的,但所有可能的翻译必须要做"(All translation is impossible, and all possible translation must be done.)。诗歌难翻译,是从事翻译实践者的共识。如何才能"拥有"一首别人创作的诗词呢?要通过"模仿"。"字面的、

第六章　1960—1970年代国外对毛泽东诗词的译介

逐字的翻译连原作的影子都算不上，'模仿'是一种拥有不是自己想象力所创造的诗歌的方法。通过'模仿'，诗人把来自另一种语言（这种语言他可能并不懂）的文本转换成一幅有他自己风格的镜像。"汉语译成英语遇到的问题，要比把西方语言翻译成英语遇到的问题难解决得多，汉语的整个"视觉效果"（visual effect）不同，所有的"听觉效果"（auditory effect）根本无法再现，因为每个汉字的声调极其有助于汉语诗歌的"音乐性"，英语没有对应的四声。汉语产生的语义模糊性（ambiguity）远大于英语，"汉语不用动词的时态（过去时、现在时、将来时相同，暗示了一种生活在永恒中的意义）、格或语气"。汉语的这一特性是汉语的一个优势，"允许汉语诗歌表达的情感是非个人（impersonal）的、普遍的（universal）和永恒的（timeless）"。（同上：19）汉、英语言极大的差异给汉译英造成极大的困难，只有诗人方能胜任汉诗英译。他们引用白英的话来表明自己的观点，"汉诗的外译满是错误。即便是阿瑟·韦利这样的大汉学家的翻译，也有错误"。不少西方译者英译汉诗犯了错误，因为"西方的头脑不可能认识到汉语中隐含的联想意义"，尽管这些译者做了最大努力，但"他们往往不是诗人，不具备起码的对诗歌的感觉……"他们对"美国大诗人"庞德的英译汉诗大加赞赏，虽然庞德"根本不懂汉语"。认为庞德是"所有汉诗译者中最优秀的"，他的翻译虽然有错，"但至少传达出了原作的意义和烈火般的精神（the fiery spirit）。他文笔干净，和中国人的文笔一样……我敢保证，庞德翻译的汉诗给我的快乐（和更多的烦恼）比所有其他人的翻译加在一起给我的快乐还要多"（同上：20）。

聂华苓夫妇通过参加自己主办的"国际创作项目"来接触各种政治、社会和历史背景,用不同语言创作的作家,已习惯于"从我们非常陌生的文本中去寻找共同的人性和共同的想象",发现"想象力丰富的人能用最少的语言交流",把一种语言翻译成英语,"娴熟运用英语和对源语的了解一样重要"(同上:20-21)。

译者要让译文有生命。"所有译文都是原诗的活体(the live body)投下的影子。译者的工作就是给影子注入血液,译者从来就没能使影子复活,但能使它呼吸。"译文具体的措辞,可以无休止地争论。聂华苓夫妇常为此争论,他们的折中办法就是"译文不但尽可能顺畅,还要尽可能贴近汉语意思"(同上:21)。

作为译者,聂华苓夫妇"对一国领袖写的那种诗歌感到好奇";作为作家,聂华苓夫妇"想知道毛泽东的诗词在英语中是否有意义,有吸引力"。他俩也清楚地知道,"把别人的作品转换成另一种语言,常常比自己创作还要困难"(同上:21)。

总体而言,该译本遵循的操作原则是"译文不但尽可能顺畅(readable),还要尽可能贴近汉语意思",即译者常说的翻译"信"和"达"标准。

6.4.2.3 译本简评

聂华苓夫妇深知汉语旧体诗词翻译的难点,认为译者要让译文有生命,译文不但要"达"("尽可能顺畅"),而且要"信"("尽可能贴近汉语意思")。他们的译文也的确符合他们提出的翻译原则。

第六章　1960—1970年代国外对毛泽东诗词的译介

首先，译文尽可能贴近汉语。《人民日报》1980年4月29日第八版刊载了荒芜的文章《保罗·安格尔和他的诗》，文内提到："杨振宁博士不久前在英国盛赞他们夫妇（按：指保罗·安格尔和聂华苓）两人合译的毛主席诗词。杨说，用中文写诗极好，因为诗不需要精确，太精确的诗不是好诗。旧体诗极少用介词。译文中加了介词便要改变原诗意境。安格尔夫妇意识到这一点，所以他们的译诗保持了中国味道，极为成功。"（荒芜，1980）杨振宁评价"译诗保持了中国味道"是中肯的。我们以《娄山关》的翻译为例。原作呈现了多少带一点凄清的"壮"的气氛。上阕的五句布好一团浓重的空气，猛烈的西风在吹，霜晨凛冽，万里长空中的过雁在鸣叫，战马在行进，喇叭在呜呜咽咽作响。诗人眼里看到的、耳里听到的是一片战争的情调。上阕中的每一个形象，即"西风""大雁""空""霜晨""月""马蹄声""喇叭"，每一个形容词，即"烈""长""碎""咽"都围绕一个主题，好似戏剧里一员大将出场之前大敲一阵激动人心的响鼓密锣。下阕开头两句"雄关漫道真如铁，而今迈步从头越"是这首词的主调，表现了人民军队的雄伟气魄和力量。最后三句"从头越，苍山如海，残阳如血"再回到眼前的景色，但这里描写的又不是纯粹的景色，因为"残阳如血"一句在这里具有象征意味和双关意义。这首词隐含的凄清的意味，我们不难从"雁叫霜晨月"、"声咽"、"残阳如血"等字眼体会出来。

聂华苓夫妇的《忆秦娥·娄山关》英译文如下：

West wind fierce,

immense sky, wild geese honking,

frosty morning moon.

Frosty morning moon.

Horse hooves clanging,

bugles sobbing.

Tough pass,

long trail, like iron.

Yet with strong steps

we climbed that peak.

Climbed that peak:

green mountains like oceans,

setting sun like blood.　(Engle & Engle, 1973：47)

译文做到了贴近原文，尽可能地和原作词性一一对应，句法一致，再现了原作中的意象和氛围，最大限度地保留了原诗的味道。

其次，表达简练、灵活。汉语诗歌，尤其是古体诗词，表达极其简练，辞简而意丰，和现代汉语表达相比，"意合"的特性更显著。译入语英语是重"形合"的语言，遣词造句法和汉语有必然的不同。聂华苓、恩格尔为了译文"贴近汉语"，译文的表达总体上简练且灵活。《采桑子·重阳》中的"战地黄花分外香"一句，该译本的译文为："Battlefields fragrant with yellow flowers."（同上：32）而外文出版社"官译本"的译文是"The yellow blooms on the battlefield smell sweeter"（《毛泽东诗词》翻译组，2004：13）。两相比较，聂译极其简练，仅用了五个单词，和原文一样没有动词，而且"分外"

二字也没有直接译出来，这是译者翻译灵活的体现，虽然没有说黄花香，但说了"战场香"（battlefields fragrant），整个战场飘满黄花香，黄花自然"分外香"了。聂译本表达灵活、语言简练，除了跟译者的译文尽力贴近汉语原文的努力有关，也和译者的创作风格有关。恩格尔作为诗人，"他的语言精练，富有活力和感情，富有鲜明形象和乡土色彩。他决不为了文雅高深而牺牲他的通俗易懂与平易近人，因此他的诗为美国广大读者所喜闻乐见"（荒芜，1980）。诗人恩格尔用英语创作的语言风格也在毛泽东诗词的英译中体现出来了。

聂译本也有一些不如人意之处。如上引《忆秦娥·娄山关》中"雄关漫道真如铁"句，聂译本把"漫道"理解为"漫长的山道"（long trail）不妥。"雄关漫道真如铁"句的本来词序应为"漫道雄关真如铁"，词序的颠倒是为了音韵的需要。"漫道"意为"随便说"，即雄关如铁这些说法只是随便说说罢了，在红军面前没有如铁的雄关。"官译本"将该句译为"Idle boast the strong pass is a wall of iron"，理解正确。聂译本刚好把这一句的意思理解反了，但这相反的意思放在这首词中似乎也不显得不协调。

每首诗词后附文一篇，不妨称为"助读文章"，介绍创作背景、历史典故等，短则半页，长则达 6 页，极有助于毛泽东诗词的理解。译者在文中很少分析诗词作品的语言特色、艺术风格，若在译文后附上一篇分析作品创作背景、历史典故、语言特色、艺术风格等方面的赏析文章，就是锦上添花了。少数"助读文章"，算得上作品赏析。《沁园春·雪》译文后的"助读文章"言简意赅，不妨全文照录如下。

这也许是毛泽东最有名的诗词。1945 年，国民党和共产党在重庆进行毫无结果的和谈时，毛泽东和朋友柳亚子会面。这首词似乎是送给柳亚子的，发表在《大公报》上。在这首词里，毛泽东不但再次表达了对中国山河风光的热爱，而且表达了他的观念，即虽然中国历史上的一些领袖很伟大，但他们缺乏最终赢得胜利的品质，也没能使中国人民生活富裕。雪改变了山河风光，共产主义道路将使山河变红。

"山"指中国西北晋陕高原的山脉。"秦皇"是秦朝（246B.C.—210）第一位皇帝，他修建了万里长城。"汉武"（140B.C.—87），东汉皇帝，曾抗击北方匈奴的入侵。"唐宗"（627A.D.—649）在以诗歌而闻名的唐朝的初期，政治军事力量强大。"宋祖"（960—976）宋朝第一位皇帝。"成吉思汗"（1206—1227）是一位蒙古皇帝。这五位皇帝代表了旧中国的各个方面。似乎毛泽东有意或无意地把自己和这些皇帝对比，尽管他拒斥他们，感觉胜过他们。（Engle & Engle, 1973: 56—57）

6.4.3 巴恩斯通和郭清波译本：重意象的翻译

6.4.3.1 译本简介

威利斯·巴恩斯通（Willis Barnstone）和郭清波（Ko Ching-po）合作完成的《毛泽东诗词》（The Poems of Mao Tse-tung），1972年由美国哈珀与罗出版公司（Harper & Row）出版。该书由三部分组成：第一部分是"前言"，包括"毛的一生与中国革命""毛泽东诗词简介""引言注释";第二部分是"毛泽东诗词",收录诗词35首,都是毛泽东生前亲自审定过的,诗词以英汉对照形式排版,左边一页汉语右边一页英语,汉语采用竖排,诗词注释汇集在译文后面;第三部分是"附录",包括"翻译说明","中国诗词格律"和"毛泽东手迹"(《六盘山》片段)。第二部分由巴恩斯通和郭清波合作完成。全书共149页。

6.4.3.2 译者简介

巴恩斯通1927年在美国出生,是诗人,翻译家,传记作家,文学批评家,比较文学教授。1984—1985年在北京外国语大学任富布莱特美国文学教授。1972年前出版诗集5部、翻译诗歌9部,主要是古希腊诗人的作品;编辑出版诗集4部,荣获文学奖4项,诗集《来自这座白色的岛屿》(From This White Island)1960年获普利策奖提名,《中国诗歌》(China Poems)1971年获"突破图书"(Breakthrough Book)奖。巴恩斯通把该译本献给1946年到延安采访过毛泽东、出版多本有关毛泽东专著的英国诗人、小说家、历史学家、传记作家罗伯特·白英,因为是他第一次让巴恩斯通知道了毛泽东,"多年前,我在巴黎求学时,他激情飞扬地谈论中国诗人毛泽东,这时似乎没人知道也没人关心毛泽东是谁"(见该译本扉页)。巴恩斯通1948—1949年在巴黎大学(Sorbonne)求学,受到白英的影响较大。郭清波在中国大陆出生,毕业于威廉姆斯学院(Williams College)和卫斯理大学(Wesleyan University),和巴恩斯通合作时任美国印第安纳大学比较文学教授。

6.4.3.3 译者对毛泽东诗词艺术的评价

在该译本"前言"中,巴恩斯通从几个方面简要分析了毛泽东诗词的创作及其艺术性。他认为,和西方相比,赋诗也许在东方是一个更自然、更常见的行为。日本的天皇会作诗是人们意料之中的事,中国古代的大多数皇帝也都能赋诗作文。在清朝被推翻以前的数百年间,所有的文官都必须通过考试展示他们赋诗的能力。在某种程度上说,诗人一直在"填"词,以此证明自己有学识。人类四分之一人口的领袖,也是人类历史上统治人口最多的领袖,他会赋诗不应让我们感到惊讶。出乎我们意料的是,毛泽东"是一个大诗人(a major poet),一位创新的大师(an original master)"(Barnstone,1972:17)。

尽管毛泽东一生都在写诗,却很少拿去公开发表。毛泽东65岁才第一次出版诗集,巴恩斯通认为,是因为"他知道有比诗词重要得多的事情要做,这种态度使他的诗词具有无穷的力量和真诚(the relentless power and authenticity of the poems)"(同上:17)。

译者认为,毛泽东虽然被认为是传统诗人,写的是"旧体"诗,但毛泽东的自谦(self-disparagement)不应使我们无视毛泽东诗词清新的意象。毛泽东按照汉语诗词格律的规则,运用了25种古典诗词形式创作。他大量借用了唐宋诗人的诗句,用各式各样的词牌、韵式和句长去描绘大自然。

毛泽东早期的诗词联在一起就"像一长篇史诗中的抒情短篇(like lyrical fragments of a larger epic)"(同上:19)。他的描写战争的诗词中毫无悲惨的成分，却有的是激情（哪怕是苦难中的激情）和获胜的喜悦（获胜的可以是翻越一座大山、送走了瘟神，走完了长征）大自然是美丽的，也是严酷的，但其严酷并非坏事，因为这考验了诗人和他的同志们。

毛泽东的许多诗词反映了历史事件或政治事件。"政治和文学的关系类似宗教与文学，宗教信仰或政治信仰都能激发诗人的诗情，使诗歌创作反映出真情实感。"（同上：20）我们可以接受或完全拒绝产生诗歌的历史或玄学，但如果诗词作品很成功，是臻于完美的艺术家的作品，我们会不由自主地产生诗人的感受，会暂时感觉到我们自己就是毛泽东思想的信仰者（Maoists）、天主教徒等。毛泽东的创作绝不沦为政治宣传，他只用具体的诗歌意象向我们描绘当代中国的历史。（同上：20-21）

新中国成立后，毛泽东的诗词更倾向于"沉思"。在长征途中创作的《念奴娇·昆仑》中，毛泽东渴望欧洲、美洲和中国都和平，1949年后中国和平了，毛泽东想到了自己的童年，想到了逝去的朋友，他祝贺自己身边所见到的，这些祝贺还是通过大自然和神话。（同上：21）

巴恩斯通认为，在北京和其他地方发表的赏析毛泽东诗词的主要文章除了有关典故的注解有用外，对评价和理解毛泽东诗词帮助不大。对毛泽东诗词的研究往往是"唱赞歌的多，持批评意见的寡"。（同上：23）毛泽东本人就文艺发表了不少的观点，他对文学的看法已经影响了中国的文学创作，但"他自己很少或者根本就没遵循自己宣扬的理论"。中国在未来会记住这位汉族领袖，我们不能仅看到毛泽东在历

史上的丰功伟绩，而无视毛泽东诗词的创新和优美。（同上：24-25）

6.4.3.4 译文特征分析

在该译本附录里，译者对毛泽东诗词翻译策略做了简要说明。"因为汉语诗歌极其依赖意象，意象的翻译更容易，意象在翻译时失去的东西要比其他诗歌手段翻译时失去的东西少。我们已经有优秀的中国诗歌英译的传统，从阿瑟·韦利的翻译、艾兹拉·庞德的《华夏集》、肯尼斯·雷克思罗斯（Kenneth Rexroth）、罗伯特·白英到卡罗琳·吉沙德（Carolyn Kizerd）等的翻译，都是韵味十足的英语诗歌。这些译文读起来很有诗味。"（同上：141）译者采用了"紧扣原文的翻译法"（a close translation），先研究原作的每一个汉字，然后寻求英语对等词，"原意在译文中得到完全保留（Nothing has been omitted）"。"有几个这样的情形，原文隐含了中国人能领会而西方人不能领会的意思时，我认为有必要（在译文中）增加一个词。"（同上：141）凡是原作里一词多义的情况，译者都在诗后注释中予以说明。

1. 重意象的翻译
（1）西方意象派对中国古诗的英译

到二十世纪初，英美的传统诗歌尤其是浪漫主义和维多利亚诗风演变成了无病呻吟、多愁善感和枯燥乏味的伦理说教。庞德及其意象派提出"反常规""革新"地进行诗歌创作的主张。意象派诗特别强调意象和直觉的功能，同时，象征主义诗歌流派为意象派开创了新诗创作的新路,尤其是诗的通感、色彩及音乐性,给意象派极大的启发。在意象派眼里,中国古诗是组合的图画,完全浸润在意象之中,是纯粹的意象组合。庞德从汉语文学的描写性特征中,看到了一种语言与意象的魔力,从而产生对汉诗和汉字的魔力崇拜,主张寻找出汉语中的意象,提出英语诗创作也应该力图将全诗浸润在意象之中(丛滋杭,2007:188-189)。

对汉译诗歌和汉字的魔力崇拜,诱使庞德及其后来者用有别于以学术研究为目的而进行翻译的方法去翻译汉语古诗,这类翻译旨在表达美感经验,将自己对中国诗的主观感受以优美的英文呈现出来。

早在1950年,美国著名意象派诗人雷克思罗斯提出观点,认为出自庞德、韦理、宾纳(Witter Bynner)、雷克思罗斯等译者的中国诗歌译文,"大都是他们一生的杰作",他们的译作比自己的诗歌创作更好,还认为他们翻译的很多中国诗歌已成为英文中的文学经典。(钟玲,2003:33)1977年美国诗人学会在纽约开会时,与会的美国诗人,尤其是雷克思罗斯、莫文(W. S. Merwin)和史奈德(Gary Snyder)发言认为,韦理及美国意象派诗人的中国古典诗歌英译对美国诗人的创作已产生巨大影响,而且"这些译文本身已成为美国诗歌传统不可或缺的一部分"(同上:33)。由此可见,意象派诗歌在当时的影响甚大。巴恩斯通译本出版于1972年,译者采用紧扣原文的重意象翻译策略是受当时国内主流诗学的影响。

(2)意象派翻译汉语古诗的特点

意象派诗人英译汉语古诗主要有以下三个特点。

①追求意象。意象派诗人在英译汉诗时,大力发掘和突出中国古

诗词中优美精炼的意象，有时甚至不惜以偏离乃至违背英语规范为代价。译者关注的主要是原作的意象，而不是原作的格律和意境。美国诗人艾梅·洛威尔（Amy Lowell）将唐杨玉环作《赠张云容舞》："罗袖动香香不已，红蕖袅袅秋烟里。轻云岭上乍摇风，嫩柳池边初拂水。"

译文如下：

Dancing

Wide sleeves sway,

Scents,

Sweet scents

Incessant coming.

It is red lilies,

Lotus lilies,

Floating up,

And up,

Out of autumn mist.

Thin clouds,

Puffed,

Fluttered,

Blown on a rippling wind

Through a mountain pass.

Young willow shoots

Touching

第六章 1960—1970 年代国外对毛泽东诗词的译介

Brushing

The water

Of the garden pool.

诗人用词语来形容舞态，译者关注到每个汉字的意思和原作的意象，基本抛开原作的格律和意境，遵循原诗表层意蕴，辅之以联想意蕴。"诗行的排列酷似舞步的疾徐，-s 音和 -f 音的连续运用又大大增强了舞诗予人的听觉效果……译诗虽长，但并不拖沓，在改创原诗声律的同时，颇具诗的建筑美。"（许渊冲，2006）译者对意象的关注，加上灵活的翻译技巧，使得"这首诗译得很好，竟不妨说比原诗还好"（吕叔湘，1980）。

②拆字。注重汉字偏旁部首可能包含的意义，分析特定汉字的组成部分所包含的描述性隐喻，因为诗歌中汉字隐含的意义使得诗歌作品的意义更加充实。庞德在英译《诗经》时，尽其所能运用拆字术（Split-up）。《诗经·小雅》"渐渐之石"的开首二行为"渐渐之石，维其高矣"。庞德从"渐渐"的繁体"漸漸"二字挖掘出如下意象：

Where the torrent bed break our wagon shells, up, up the road…

（在山洪的底石撞碎我们车轮的地方，往上，那往上的路上……）

虽然"渐渐"通"巉巉"，指山石高峻的样子，庞德从"漸"字里读出了一个水，一个车，一个斤。在古代，"斤"乃砍伐工具，与斧相似，比斧小而刃横，一般用以砍木，庞德于是想到山间急流河床上的岩石足以颠碎木轮。再如，《诗经·大雅》"崧高"篇开头两行"崧高维岳，骏极于天"。庞德从上"山"下"松"的"崧"字，挖掘出了"盖满松树的山"这一意象；从上"岳"字的繁体"嶽"中找出了

被围的"言",即回声;从"极"字的繁体"極"中找出了撑住天的木。"崧高维岳,骏极于天"也就翻译成了:

High, pine-covered peak full of echoes

Proud ridge-pole of heaven, roof-tree

(高高的,松树盖满的山峰,充满回声并骄傲的天之屋背脊,树是屋顶)(赵毅衡,2003:284-285)

虽然"拆字翻译法"在意象派英译汉诗中较常见,但"这是由于对中国语言文字不了解而造成的严重误解",这样翻译不可避免会谬误层出。(朱徽,2009:68)

③采用汉语句法逻辑。中国古诗中,不少句子采用意象并置(Juxtaposition 或 Parataxis),"意象词或词组之间的句法关系不点名,无法添加代词、介词等以串接成完整句式"(赵毅衡,2003:224)。如元代马致远的小令《秋思》中的句子:"枯藤老树昏鸦,小桥流水人家,古道西风瘦马。"唐代温庭筠《商山早行》中的句子"鸡声茅店月,人迹板桥霜。"其中表意象的词或词组之间的句法关系不明确,它无法添加别的词来连接成为一个完整句式。英语是重形合(Hypotaxis)的语言,表意象的几个名词或名词词组不借助代词、介词、连词等形合手段,一般是不能组成一个符合语法规则的句子的。二十世纪美国最重要诗人、二十世纪对中国诗最热情的美国现代诗人、意象派代表人物庞德大胆将汉语这一句法逻辑移植到英语,在他翻译的《神州集》(Cathy)中就出现了"Surprised desert turmoil sea sun."和"Desolate castle, the sky, the wide desert."这类句子。前句对应的汉语原文是李白《代马不思越》中的"惊沙乱海日",后句对应的原

文是李白《胡观饶风沙》中的"荒城空大漠"。

2. 译例分析

总体而言，巴恩斯通和郭清波译本受意象派诗学影响明显。为了挖掘汉语原诗中的各类意象，译者采用了多种翻译技巧。传统上，地名和山名的翻译一般采取音译或意译，诗词作品里为了表达的简练，选用音译或意译一种译文即可。但巴恩斯通和郭清波为了使汉语隐含的意象在译文中更突出，地名和山名的翻译往往是音译兼意译。地名"吉安"译为音译加意译的 Chian, city of luck（吉安——吉祥安康之城），地名"大柏地"仅意译为 region of the great pines（生长大柏树的地区），山名"六盘山"译为音译加意译的 Liupan the mountain of six circles（六盘山——盘旋六道而上的山），"钟山"译为音译加意译的 Chung the bell mountain（钟山——钟形的山）。

不少国外的译者在英译汉语古诗时，想在汉字构成上做文章，通过拆字来突出汉字体现的意象，但成功的不多，他们"往往都走上同一条路：以拆字始，以拆句终"（赵毅衡，2003：223）。巴恩斯通和郭清波译本中也有拆字的译例。《浣溪沙·和柳亚子先生》中"长夜难明赤县天"一句，被处理成 Night is long. And slowly comes the crimson sun-moon dawn.（黑夜长长。赤色明亮的黎明慢慢来临。）我们撇开译文意思和原文的极大差距不谈。译者先将一句拆为两句，译文呈现的意象比原句更丰富、生动和具体。"明"字拆分为"日""月"，译为 sun-moon，译文意象更鲜明。

为了挖掘汉语字词可能表达的意象，译者采用了字对字的翻译，译者将这种翻译称为"紧贴字面的翻译"。例如诗句"无限风光在险峰"中的"风光"其他译本一般译为 beauty，而巴恩斯通和郭清波译本在 beauty 前加上了逐字翻译的 wind-ray，这句的译文成了 a vast wind-ray beauty on the dangerous peak。wind-ray beauty 呈现意象具体，而 beauty 呈现的意象模糊朦胧。再如《渔家傲·反第一次"大围剿"》中"烽烟滚滚来天半"一句的译文为 wind and smoke whirl and whirl through half the world，也是"紧贴原文"的。"滚滚"这类重叠词组在汉语中常见，whirl and whirl 这类重叠表达式在英语中少见，但这样的翻译呈现出更鲜明的意象。为了挖掘汉语原文"可能"传递的意象，译者采用紧贴字面翻译的策略，这样的策略易造成对原意的曲解。除了上引"长夜难明赤县天"的翻译，诗句"天生一个仙人洞"译为 The cave of the gods was born in heaven（仙人洞诞生在天堂），对原意的曲解也一目了然！

译者还将原作中模糊而朦胧的表达具体化，增添了作品中的意象。先对比《沁园春·长沙》中的几句原文和译文。

原文如下：

恰同学少年，

风华正茂；

书生意气，

挥斥方遒。

指点江山，

激扬文字，

粪土当年万户侯。

第六章 1960—1970年代国外对毛泽东诗词的译介

译文如下:

We were young,

sharp as flower wind, ripe,

candid with a scholar's bright blade and unafraid.

We pointed our finger at China

and praised or damned through the papers we wrote.

The warlords of the past were cowdung.

在古代,"花"用"华"字指代,在先秦两汉古籍中,所用都是"华"字,如《诗经》中诗句"桃之夭夭,灼灼其华""苕之华,其叶青青"中的"华"字都是作"花"解的。许多成语还保留了"华"字,不用"花"字,如"华而不实""春华秋实"等。译者把"华"字解为"花",把"风华"字解"风花",翻译为 flower wind(花风),"风华正茂"句译为" sharp as flower wind, ripe "(如花风般凌厉、成熟)。"风华正茂"中的"风华"喻义"风采、才华",如果翻译为"风采才华",译文无意象可言。"花风"意象新颖独特,给译文读者留下较大想象空间。"书生意气,挥斥方遒。"两句译为 candid with a scholar's bright blade and unafraid 。"书生亮剑"(a scholar's bright blade)这一意象为原文所无,乃译者从"挥斥"一词想象衍生出来的。"书生意气,挥斥方遒。"被创译为"携带一柄书生亮剑,坦诚无畏。""花风"和"书生亮剑"这类从原文某个字词挖掘而出的意象,生动新颖,是对原作意象的进一步丰富。再如《沁园春·雪》中"江山如此多娇,引无数英雄竞折腰"两句被译为:

Rivers and mountains are beautiful

and made heroes bow and compete to catch the girl — lovely earth.

译文显化了"英雄竞折腰"的企图——争夺美丽江山"这位姑娘"。"姑娘"这一意象为译者所加，这样处理使译文的意象更丰富且突出，但有违诗歌语言表达应含蓄精炼的原则。再如《卜算子·咏梅》中"俏也不争春，只把春来报"两句的翻译。译者从一个"俏"字演绎出"一位可爱的姑娘"（a delicious girl），把含蓄的意象显化了。两句的英文为：

The plum is not a delicious girl showing off

yet she heralds spring.

这类意象的挖掘和上述通过拆字挖掘意象一样，往往使译文背离作品原意，是以失信于原作为代价的。

最后，汉英对照抄录一首完整诗词如下，以窥全貌。

表1 汉英对照《渔家傲·反第二次大围剿》

《渔家傲·反第二次大围剿》	Second Siege
白云山头云欲立， 白云山下呼声急。 枯木朽株齐努力。 枪林逼， 将军自重霄入。 飞七百里驱十五日， 赣水苍茫闽山碧。 横扫千军如卷席。 有人泣， 为营步步嗟何及！	Clouds pause over the Mountain of White Clouds, yet below the Mountain of White Clouds is mad shouting, and even hollow trees and dry branches conspire. Our forest of rifles darts ahead like the ancient Flying General who flew out of heaven to chase Turki tribesmen out of Mongolia. In fifteen days a forced march of two hundred miles through gray Kan waters and Min mountains of jade. We sweep away their troops easily, like rolling up a mat. Someone is crying, sorry he moved his bastions slowly.

在结束本小节前，有必要提及另一个有一定特色的译本。1976年

第六章　1960—1970年代国外对毛泽东诗词的译介

伦敦 Jonathan Cape 出版社出版了王慧明的译本《毛泽东诗词手稿十首：翻译及木刻》（Ten Poems and Lyrics by Mao Tse-tung: Translation and woodcuts by Wang Hui-ming），全书 71 页，译本根据 1969 年上海东方红书画社出版的《毛泽东诗词手稿十首》。汉语版本收录诗词十首：《长沙》、《黄鹤楼》、《蒋桂战争》、《重阳》、《会昌》、《娄山关》、《长征》、《六盘山》、《游泳》和《为李进所摄庐山仙人洞照》，每首诗词后附毛泽东的这首诗词书法手迹。王慧明自称是一位"热爱诗歌的画家、书法家"，认为汉字至今仍有一部分是象形字；他赞成中国的诗词传统，即"诗中有画，画中有诗"，诗境应直观地呈现出来（a graphic presentation of a poetic situation）。（Wang, 1976: Introduction）译本中每首诗词的译介由四部分组成：（1）逐行逐字标注；（2）整首诗词译文；（3）注释；（4）毛泽东的诗词书法手迹。逐行逐字标注，指先对一行诗的每个字注音，然后标注每个汉字的字面意思（如果人名地名直接音译），最后将这行诗词直译为英语。如"独立寒秋"一句的标注如下：

Tu　li　han　ch'iu
独　立　寒　秋

Alone/stand/cold/autumn

Stand alone in autumn cold　（Wang, 1976: 9）

如果固定词组不便逐字标注字面意思，将整个词组的意思作为一个整体标注，这类固定词组中字的读音用连字号连接。如：

Wen　　Ts'ang-man　　ta　　ti
问　　　苍茫　　　大　　地

Ask/vast, awesome/big/earth
Ask the awesome great earth

题目的标注也如此。另外，书中插入两幅译者的木刻画：《年轻诗人毛主席》和《大渡河上的泸定桥》。这种译介方式有助于英语读者领会汉语诗词的语言特点，书法手迹和木刻画有助于激发译文读者的兴趣。

6.5 译介高潮之后的毛泽东诗词英译单行本

西方毛泽东诗词译介的"高潮"出现在"毛泽东时代"，尤其是"文化大革命"的高潮时期。随着毛泽东时代的结束，国外通过单行本译介毛泽东诗词的热情似乎有所减退，译介毛泽东诗词的媒介不再主要靠诗词英译单行本，转而依靠其他的途径，例如毛泽东传记。国外译介毛泽东诗词"全集"的热情虽然有所"减退"，但绝未"消失"。我们从马文绮（Ma Wen-yee）女士1986年的译本即可感受到国外对毛泽东诗词全集译介的热情。

马文绮，1939年生于香港，在广州、南京和香港度过儿童时代，1957年到美国留学，后来在美国大学任教，香港三联书店1980

第六章 1960—1970 年代国外对毛泽东诗词的译介

年出版由她译注的中英对照版《廖仲恺何香凝诗选》（Soaring, poems of Liao Chung-k'ai and Ho Hsiang-ning）。1986 年，美国加州圣芭芭拉出版社出版她的毛泽东诗词全集英译本，书名《雪映长城：毛泽东诗词全集新译评注》（Snow Glistens on the Great Wall：A New translation of the Complete Collection of Mao Tse-Tung's Poetry with Notes & Historical Commentary）。该书收录毛泽东诗词 47 首，其中新中国成立前作品 24 首，新中国成立后作品 23 首。每首诗词译文后附有较详细的创作历史背景介绍和诗词中专有名词或典故注释。译者认为，该译本是当时"收录毛泽东诗词最全面、最新的译本"，其中的"8 首诗词此前从未收入其他诗集"。她认为这从未收入诗集的 8 首诗词是：《给彭德怀同志》《别友》《吊罗荣桓同志》《读史》《赠尼克松迷诗》（An Enigma for Nixon），《世界情景》（The World Scene），《怀念》（In Memoriam I, II）[①]。前 4 首她在 1980 年外文出版社出版的《毛泽东诗词四十三首印谱》中"找到"，该书由篆刻家周哲文的毛泽东诗词篆刻作品印谱汇集而成；后面 4 首她从香港和台湾 1975 年和 1976 年的期刊文章中"发现"。（Ma, 1986：Preface）其实，前面的 4 首作品并非"此前从未收入其他诗集"，许

---

① 《赠尼克松迷诗》《世界情景》和《怀念》三首作品题目从英文回译。赠尼克松的几句话，出自尼克松 1972 年访华时毛泽东为尼克松写的一个深奥难懂的条幅，条幅上并没有标题，这几句话国内有关书籍中标题一般是《四言诗·赠尼克松总统》。后两首作品，我们迄今未见到汉语原文。

渊冲的 1978 年译本就已收录《别友》、《吊罗荣桓同志》和《读史》，1980 年出版的赵甄陶译本和黄龙译本也收录了《别友》和《吊罗荣桓同志》，1981 年香港商务印书馆出版的许渊冲英汉对照《动地诗——中国现代革命家诗词选》收录了《给彭德怀同志》。可能因为当时中外资讯的交流没有目前发达，译者身在国外，未能跟踪国内毛泽东诗词研究和对外译介的最新进展。马译本书后的"精选参考书目"列出了外文出版社 1958 年出版的英译《毛泽东诗词十九首》，但没列出 1976 年出版的收录诗词 39 首的英译《毛泽东诗词》，如果这个译本真没有参考，是一个不应有的疏忽。其他 4 首"诗词"，我们未见被收入任何毛泽东诗集或英译本。我们仅见江苏省毛泽东诗词研究会会长季世昌编著《毛泽东诗词鉴赏大全》将《赠尼克松迷诗》收入该书"毛泽东诗词"部分的"附录二"，题名"四言诗•赠尼克松总统"，全文三行：

老头坐凳

嫦娥奔月

走马观花

季世昌认为，"此篇为毛泽东赠尼克松的三句话尚不属诗词"（季世昌，2004：682）。英译题名"The World Scene （1975）"这首作品由译者译自香港出版的一份杂志，她说，"根据汉语资料，毛泽东 1975 年初写的这首诗，就在这年四月越南战争结束前夕"（Ma，1986：165）。从译文无法得知原作的面貌，是否是毛泽东的诗词，更无从考证。英文题名"In Memoriam（1976）"的两首诗词，"最初见于 1976 年广东的大字报，说是毛泽东的作品。虽然它们的真实

第六章　1960—1970年代国外对毛泽东诗词的译介

性有待证实,但在人们中间广泛流传,反映了人们对毛泽东和周恩来之间关系的看法"(Ma, 1986: 169)。把这种连自己都认为真伪待定的"诗词"作为毛泽东的作品译介,明显不妥。马文绮为了让译本收录诗词作品最全,他把自己所见在刊物上公开发表"说是"毛泽东创作的"诗词"一概录入,并不能代表当时毛泽东诗词研究的最新进展。她认为,"诗词和相关评论结合,以便毛泽东的全部诗词能在一个适当的历史框架内阅读",采用这种译介模式,"该译本是第一个"。之所以采用这样的形式,因为"译者希望西方读者不但可以从文学的角度欣赏诗词,还可以从历史角度来欣赏"(Ma, 1986: 11)。其实,这也与事实不符。撇开仅收录了19首作品的1958年外文出版社的英译本不说,1972年在美国出版、收录37首诗词的聂华苓和恩格尔译本,也采用了"诗词和相关评论结合"的译介模式。

该译本的翻译风格是"自由的翻译"(free translation),而不是已有的大多数译本所采用的"紧跟原文的翻译"(close translation)。有时会在译文中"增加一行或一个'组成结构'(compositional structure),使意思更清晰,诗行更流畅。有时颠倒诗行的顺序,把连续几行中的意象'堆在一起',以获得某种节奏或韵律结构和某种音调的音乐性"。译者认为,译文中的这些增益不是随意的,"只有诗词的氛围和语境许可"才在译文中添加原文字面所无的内容。(Ma, 1986: 11)

作为诗词的译本,译文中的增益似乎过于"自由",简练含蓄的汉语诗词变成了啰唆明晰的英语散文。如《减字木兰花·广昌路上》原文下阕文字简短,仅4行:

此行何处去？
赣江风雪迷漫处。
命令昨颁，
十万工农下吉安。

译文被扩充为如下 8 行：
If one should ask,
"Where are you heading, comrade?"
I would reply,
"Orders came yesterday
Bidding one hundred thousand workers and peasants to march on Chi-an.
So I earnest pace we move on
To the wind-whipped region of Kan River
Where the sun is blurred and snowdrifts abound." (Ma，1986：43)

原文的意思在译文中"明晰"了，但原作的语言风格荡然无存。这样的增益不是个别现象，在该译本很普遍。

就诗词翻译而言，该译本不是成功的译本，但该译本在"毛泽东时代"结束十年后在英语国家出版，对毛泽东诗词在英语世界的传播发挥的作用不可否认。

6.6 小结

　　国外译介主要集中在二十世纪的六七十年代，即毛泽东诗词结集公开发表出版后的"毛泽东时代"，这个阶段中国及其领袖毛泽东在国际上的影响不断扩大，地位不断提高。译介途径主要有学术刊物、收入诗歌选集或毛泽东文选、诗词单行本、毛泽东研究著作等。毛泽东身份的多样性决定了毛泽东诗词对外译介途径的多样性。毛泽东是诗人、革命家、政治家、军事家、外交家，也是书法家。除书法思想之外，他的诗词作品也在一定程度上反映了他的革命思想、政治思想、军事思想和外交思想。通过毛泽东诗集单行本、作品收入中国诗歌选集等凸显的是革命家（或者政治家、军事家、外交家）的诗人身份；通过诗词作品收入毛泽东文选、毛泽东传记或中国革命史研究著作，凸显的是诗人革命家（或者政治家、军事家、外交家）身份。通过译介诗词作品和书法作品，凸显书法家诗人的身份，如"热爱汉语诗词的画家和书法家"王慧明于1976年在英国出版的《毛主席诗词手稿十首：翻译和木刻》。国外毛泽东诗词译介高潮随着1976年毛泽东去世而结束，其后约十年进入毛泽东诗词译介的沉寂期，不再有英译单行本出版，国外译介毛泽东诗词"全集"的热情明显"减退"，但没有"消失"，因为十年之后的1986年，在美国有新的译本面世。

第七章
传记作家对毛泽东诗词的译介

一般认为，文学作品的对外译介是翻译家的职责，但毛泽东诗词对外译介的渠道是多种多样的，尽管这些渠道对毛泽东诗词译介的贡献有大有小。记者、专家、学者、政治家、外交家，乃至军事家也在毛泽东诗词的对外译介中留下了自己的印迹。无论是记者、专家、学者的笔下，还是在政治家、外交家、军事家的笔下，我们都能看到毛泽东诗人的形象（张一心、王福生，1993；邓力群，2004）。本章将探讨毛泽东传记作家在毛泽东诗词对外译介中的贡献。

新中国成立后，有关毛泽东思想与活动的带有学术性和传记性的外国著作，首推美国学者本杰明·史华兹（Benjamin I. Schwartz）1951年出版的《中国的共产主义和毛的崛起》（Chinese Communism and the Rise of Mao），以及英国学者斯图尔特·施拉姆（Stuart R. Schram）1966年出版的《毛泽东》（Mao Tse-tung），它们被许多西方研究毛泽东的著作列为主要参考书，书中的材料和观点常被引用，但这两部著作在毛泽东生前出版，还不算严格意义上的毛泽东一生的传记。白英1961年出版的毛泽东传记《一位革命家的画像：毛泽东》（Portrait of a revolutionary: Mao Tse-tung），也没能涵盖毛泽东一生，其影响没有史华兹和施拉姆的传记大，但传记中译介了绝大部分当时已公开发表的毛泽东诗词。涵盖毛泽东一生且具有学术价值的毛泽东传记主要有：英国学者迪克·威尔逊1979年出版的《历史巨人——毛泽东》、美国学者罗斯·特里尔（Ross Terrill）1980年出版的《毛泽东传》、英国历史学家、传记作家菲利普·肖特1999年出版的《毛泽东传》，这些传记都力求按照历史的真实来描述和评价毛泽东。本节主要研究白英、威尔逊、特里尔和肖特四位传记作家通过传记作品对毛泽东诗词的译介。

7.1 白英的译介

罗伯特·白英在 1961 年出版的毛泽东传记《一位革命家的画像：毛泽东》中收录了毛泽东诗词 19 首，算得上是当时国外英语世界最系统的译介。白英（1911—1983）在西南联大时编译了中国诗歌选集《白驹集》，曾任美国 P.E.N 翻译委员会主席，创建哥伦比亚大学翻译中心，1946 年在延安采访了毛泽东。一生出版各类书籍 110 部，最有名的是他多部受到赞誉的传记。白英 1950 年出版毛泽东传记《毛泽东：红色中国的统治者》（Mao Tse-tung: Ruler of Red China），1961 年出版修订版《一位革命家的画像：毛泽东》。修订版共 13 章，第十章专论毛泽东诗词，收录的毛泽东诗词和 1958 年北京外文出版社出版的英文版《毛泽东诗词十九首》收录的篇目一样，共 19 首。

白英之所以在传记中用专门一章论述毛泽东的诗歌创作，因为他认为"我们理解一个人最好的方式是通过他的诗歌和他对艺术的敏感：在毛泽东所有的著作中，没有什么比他的诗词和他对发展中的中国文化的态度更能揭示他的思想"（Payne，1961：230）。他认为，虽然毛泽东从青少年时代开始，在以后的革命战争中一直创作诗词，但这些诗词严格遵守古诗词的格律，"没有创新（innovations），没有实验（experiments）""他创作古诗词的头脑似乎畏避自由诗的危险诱惑"（同上）。白英认为，毛泽东对待旧体诗词的创作持两种完全不同的态度。"在公开场合，毛泽东严厉批评所有不包含社会内容、不按照现代风格创作的诗歌。私底下，他是创作旧体诗词大家，这类旧体诗词很可能还会流传下去，因为旧体诗词具有自由诗永远无法具备的特质，还因为如毛泽东的创作所证明的那样，带着现代感情创作旧体诗词是完全可能的，正如带着现代感情创作商赖体是可能的。"（同上）白英全文引用唐代唐肃宗时期著名边塞诗人岑参的代表作《白雪歌送武判官归京》和《走马川行奉送封大夫出师西征》，分析认为毛泽东的创作受到为"堕落的王朝歌功颂德"的岑参诗歌的"深刻影响"（Payne，1961：231）。岑参是中国"罕有的喜爱战争题材的诗人之一"，对"冰天雪地、浪漫景色"中"锁子甲的叮当声"了然于心。毛泽东"狂放的想象"中也不乏这样的情景，并反映在他的诗词中（同上）。毛泽东的诗词和岑参作品一样，反映了类似的"兴奋""氛围"和"必胜的信念"。（同上）

白英首先译介他在延安时就知道的《六盘山》《长征》和《雪》三首诗词，对作品的主题或作品中的一些意象做了较详细的分析。白英认为，《六盘山》中的意象"红旗"不仅指共产党的党旗（the Communist flag），诗中"故意混淆红旗和古代的红色帅旗。毛泽东喜爱这样的混淆，就像唐代的诗人有意描绘当代的边塞战争，但假装描写的是一千年前的战争"。比喻"苍龙"（the monster）"不仅指蒋介石"，也指"一切邪恶势力——日本人、国民党和罪恶的社会制度"。（Payne，1961：233）

白英分析《长征》，认为这首诗出色之处在于使用了"三军"这类短语。"三军"是周代国君拥有军队的数量，传统诗歌中用"三军"来代指一国的军队。诗的第三、四行，即"五岭逶迤腾细浪，乌蒙磅礴走泥丸"，"是传统的写法，几乎不屑一顾（contemptuously traditional）"。论及诗人在本诗中的想象，白英认为"诗人精心建立

第七章　传记作家对毛泽东诗词的译介

在陈旧资源（archaic sources）之上的想象，慢慢升腾，只是到了作品的后四行，我们才感受到了诗人的想象力"（Payne，1961：234）。他认为作品的意义在于"畅快淋漓地描绘跨越中国的整个史诗般的长征"。诗人在"谈论宏大的空间，有意利用丰富的中国传说。这些传说就像我们透过薄雾看到的在空中盘旋的巨大雕像——他的诗词似乎离我们越来越近了，因为传说离我们越来越远了——传说的过去和现在并置，产生了深度和一种永恒"（同上）。诗中用了一些数字，诗人使用数字就像"神秘主义者"使用数字一样，虽然数字不精确，但这些数字使"诗歌获得了情感的精确"。律诗的格律"是一座囚牢，但诗人需要把自己的想象关进囚牢，以防在穿越脑海的各片土地时，想象不由自主地喷涌而出，形成奇形怪状"。汉语中，"红军"这类词语的涵义是英文中"完全没有的"。（Payne，1961：234-235）

白英认为，《雪》是毛泽东"所有诗词中最有名的"一首，作品中有迹象表明它"是在（毛泽东）极其激动的心情下写成的"。自从这首词在《大公报》发表，"成百上千的中国人，尤其是大学里的中国人，逐渐开始真正对诗人毛泽东表示敬意"（同上）。白英认为，"毛泽东完全了解中国历史的分量，也知道自己在历史上的地位，试图用一首诗歌将整个中国的传奇和历史纳入片刻时间（moment of time）之中"（同上）。在白英看来，《雪》简直就是一首"写给中国山河的情诗"，诗人"对'红装素裹'（red-faced girl clothed in white）的描绘甚至暗示了性欲，因为任何描绘都是含混有歧义的，这几行描绘的诗句可以有许多种不同的翻译法"。他接着分析说，性欲的暗示从诗句"山舞银蛇"（the silver serpents dancing on the mountains）也能看出，

- 237 -

因为"很明显'蛇'在汉语里有性的暗示,虽然作品里'银蛇'很可能指从飞机上俯瞰到的山脉或缭绕的烟雾"(Payne,1961:236)。白英的解读基于对诗句错误的理解,得出"性欲"含义过于牵强。从他的译文不难看出他牵强的理解:

山舞银蛇,

原驰蜡象,

欲与天公试比高。

须晴日,

看红装素裹,

分外妖娆。

江山如此多娇,

引无数英雄竞折腰。

The silver serpents are dancing on the mountains,

The winter elephants career on the plains:

We desire to compare our height with the skies.

O wait for the pure sky!

See how charming is the earth

Like a red-faced girl clothed in white!

Such is the charm of these mountains and rivers

Calling innumerable heroes to vie with each other in pursuing her.

(Payne,1961:236)

白英认为,这首诗是"一惊人的成就",诗人用最少的字描绘出了一幅"最完整的中国风光的图画"。这是毛泽东独特的创作方法,慢慢绘出了他意欲传达的栩栩如生的画像,在诗歌的最后一行画龙点睛，这一创作法是中国诗歌中的首创（Payne, 1961：237）。

1957 年毛泽东同意《诗刊》公开发表他的 18 首诗词，一年后又发表了一首，上述三首包括在 1957 年发表的 18 首中。白英认为，大多数新发表诗词的心境都是"静静的沉思"，偶尔给人一种"向敌人挑战的意味"，如内战时期所作诗词。（Payne, 1961：238）

毛泽东在诗词作品中，娴熟驾驭精确、形象的汉语，使描绘对象的外貌形象生动地呈现在读者眼前。白英认为这些新发表的诗词最出色之处是诗词表现出的"浪漫情感"（同上）。毛泽东的诗词表现了人的品格："浪漫、豪情满怀、熟悉古代神话、快乐地迎面感受和风丽日、热爱生命"。诗人在不少诗词的结尾处"勃然大怒，爆发出憎恨之情"，诗词没表达"对普通人的情感"在诗人毛泽东眼中只有"跋涉的军队、无尽的旅途、黎明和夕阳"，"大自然的各种力量占据了前景，毛泽东不断和这些力量一比高下。"毛泽东从未写过反映人民群众的诗歌，却不断要求中国诗人写出这样的诗歌。他清楚地知道"自己的诗词违背了共产主义诗歌的准则"（Payne, 1961：246）。根据毛泽东在延安文艺座谈会上的讲话精神，根据所有文学必须为阶级斗争服务的要求，文学中就"没有歌颂个人的诗歌和小说的位置"（同上），"同样，毛泽东的浪漫主义诗词在文学中几无立锥之地"（Payne, 1961：247）。

白英的作品是国外第一部大量译介毛泽东诗词的毛泽东传记，解读了诗词作品的主要特色，结合毛泽东的文艺思想，评价了毛泽东诗词在文学中的地位。传记中收录的十九首诗词皆白英的译作，总体而言，译文紧扣原文，措辞造句等与外文出版社 1958 年英文版本有较大差别。《清平乐·六盘山》《七律·长征》和《沁园春·雪》是白英在延安时就读到的三首毛泽东诗词，也是白英最熟悉、最早翻译成英文的毛泽东诗词，最能反映白英的翻译风格，译文全文引录如下。

(1) Liupeng Mountain

The sky is high, the clouds are winnowing,

I gaze southwards at the wild geese disappearing over the horizon.

I count on my fingers, a distance of twenty thousand li.

I say we are not heroes if we do not reach the Great Wall.

Standing on the highest peak of Six Mountains,

The red flag streaming in the west wind,

Today with a long rope in my hand,

I wonder how soon before we can bind up the monster. (Payne, 1961: 233)

(2) The Long March

No one in the Red Army fears the hardships of the Long March.

We looked lightly on the thousand peaks and the ten thousand rivers.

The Five Mountains rose and fell like rippling waves,

The Wu Meng mountains were no more than small green pebbles.

Warm were the sheer precipices when Gold Sand River dashed into them,

Cold were the iron-chained bridges over the Tatu River.

Delighting in the thousand snowy folds of the Min Mountains,

The last pass vanquished, the Three Armies smiled. (Payne, 1961:

234)

(3) The Snow

In this north country in the flaming wind

A thousand acres are enclosed in ice,

And ten thousand acres in whirling snow.

Behold both sides of the Great Wall —

There is only a vast desolation left.

On the upper and lower reaches of the Yellow River

Only a great tumbling of waves.

The silver serpents are dancing on the mountains,

The winter elephants career on the plains:

We desire to compare our height with the skies.

O wait for the pure sky!

See how charming is the earth

Like a red-faced girl clothed in white!

Such is the charm of these mountains and rivers

Calling innumerable heroes to vie with each other in pursuing her.

The Emperors Shih Huang and Wu Ti were hardly lettered,

The Emperors T'ai Tsung and T'sai Tsu were barely chivalrous,

For a whole generation Genghis Khan was a favorite of Heaven,

But he knew only how to bend his bow at the eagles.

All have passed away — only today are there men of great feeling.
(Payne，1961：236)

　　白英和大多数母语为非汉语的中国古诗词的外国译者一样，由于对中国历史文化的了解和对汉语的掌握有限，难免误解误译。误解大致有以下几类情形。

　　第一，英汉句法差异引起的理解错误。汉语句法，尤其是汉语古体诗词的句法，与英语句法有显著差别，汉语重意合（paratactic），加上古体诗词用词造句的凝练，在翻译成重形合（hypotactic）英文时，要将汉语中的隐含成分（如逻辑主语）明晰化，此时容易出错。如：

携来百侣曾游。

忆往昔峥嵘岁月稠。

恰同学少年，

风华正茂；

书生意气，

挥斥方遒。

指点江山，

激扬文字，

粪土当年万户侯。（《沁园春·长沙》）

　　语言精练浓缩，意象丰富，句法逻辑含而不露。白英译文为：

I remember a hundred friends coming here
　During the crowded, eventful years:
All of them young and upright,
　Gleaming with brilliance,

True to the scholar's spirit.

 I remember how vivid they were

As they gazed upon rivers and mountains:

The Chinese earth gave strength to their words,

And they regarded as dung the ancient feudal lords. （Payne，1961：239）

译文语言表达完全符合英文的"形合"原则，句法逻辑明晰易懂，但意思与原作有明显出入。如果回译白英的译文，大致如是：

我记得百友来此

在峥嵘岁月里：

他们都年轻正直，

风华正茂，

书生意气。

我记得他们是多么的生动

当他们眼望山河：

中国的大地给予他们的文字以力量，

他们视当年万户侯如粪土。

再如，《十六字令三首》第三首全诗为：

山，

刺破青天锷未残。

天欲坠，

赖以拄其间。

描写山峰的极高极尖锐，天坠赖山去支撑（臧克家，1962：25）。白英对作品里的逻辑关系理解有误，所以有这样的译文：

Mountains!
They pierce the blue heavens, the peaks unbent.
 Should the heavens fall,
We shall build pillars for the sky.

（刺破青天"峰"未残，天欲坠，"我们用柱来撑天"！）（Payne, 1961：242）

第二，对历史典故不够清楚。"往事越千年，魏武挥鞭，东临碣石有遗篇。"中"东临碣石"是魏武帝曹操所做乐府诗《观沧海》的第一句，指曹操在建安十二年（公元207年）北伐乌桓路过碣石山。"东临碣石有遗篇"白英的译文是"Only The Tung Lin Mountain Stone remains"（"仅遗留下《东临山石》"），白英加了脚注："《东临山石》是一首纪念魏武帝（公元155-220年）的民谣"（Payne, 1961：243），犯了同样错误，表明译者对"东临碣石"的出处和意思并不完全了解。

第三，对地名等专有名词不够了解。"粤海饮茶未能忘"（《赠柳亚子先生》）中"粤海"指广州，传记译为the Kwangtung lake（广东湖）（同上）。"三十一年还旧国"（《赠柳亚子先生》）中的"旧国"意为"过去的国都"，当时北京还没有建都，所以称北京为"旧国"。传记中把"旧国"译为my home，也不妥。（同上）《浣溪沙·和柳亚子先生》第一句"长夜难明赤县天"的译文为"Long was the night, slow the coming of the red dawn"（黑夜长长，赤色黎明的来临慢慢）（同上），译者把"赤县天"理解为"赤色黎明"。《清平乐·六盘山》的标题译为 Liupeng Mountain，表明译者知道"六盘山"是一座山而不是六座山，但"六盘山上高峰"一句中的"六盘山"被译为 Six Mountains（六座山）！（Payne, 1961: 233）

第四，意象的改动。译文对原作有些意象的改动，虽然对原作有一定损害，但损害不大。如把"乌蒙磅礴走泥丸"句中"泥丸"改为 small green pebbles（"绿色小卵石"），把"何时缚住苍龙"中的"苍龙"换为 the monster。在古代，"苍龙"是一凶神恶煞的形象，"恶魔"（the monster）过于笼统，不及"苍龙"具体形象。但有些意象的替换对作品损害较大，使译文难以理解，甚至使译文背离原作主题。如"北国风光"译为 In the north country in the flaming wind，用"flaming wind"（火焰般的风）翻译"风光"；"原驰蜡象"中的"蜡象"换成"冬象"（winter elephants）；"万里长空且为忠魂舞"中的"忠魂"翻译成 happy souls。"忠魂"指为革命牺牲的杨开慧、柳直荀两烈士。"忠"字既指他们对爱情的忠贞，也指他们对革命的忠诚，"忠魂"是原作中的一重要意象，用 happy souls 翻译"忠魂"有悖原作的主题。

尽管存在上述不足，白英在该传记中对毛泽东诗词的译介是当时国外最系统的，并且译文全出自白英之手，如果将这一章抽取出来，完全可作为毛泽东诗词英译单行本。

7.2 威尔逊的译介

迪克·威尔逊 1928 年出生于英国，是新闻记者兼作家，他以汉学和中国研究闻名于世，1973 年至 1981 年在伦敦大学任研究中国问题的权威刊物《中国季刊》（Chinese Quarterly）主编，

1980年出版毛泽东传记《历史巨人——毛泽东》（The People's Emperor, Mao: a Biography of Mao Tse-tung）①。该书的结构安排以毛泽东的政治生涯为主线，兼顾毛泽东在其他领域的活动，同时穿插毛泽东个人生活。传记作者充分认识到了毛泽东作为诗人的成就，他在"作者序"中说，毛泽东"为中国创造了全新的社会、经济和政治制度。同时，留下了一批理论著作和论说文章，以及一本薄薄的优秀诗词集（a small collection of excellent poetry），这些诗词常常是在马背上哼成的，本书引用或转述（summarize）了其中很多首"（Wilson, 1980: xvii）。本书共收录毛泽东诗词38首，除青年时代写的"与天奋斗，其乐无穷"一诗和《祭母文》外，其他36首皆为毛泽东生前公开发表的作品。

威尔逊引用诗词作品的目的是为了用作品来反映毛泽东的革命斗争，某个具体的事件，或毛泽东对待某个事件的态度、心情，而不是为了文学赏析而引用，因此省略了所有词的词牌名，标题除了少数几首外，所有标题也省略了。本书引录的第一首诗是"我们所知道的青年毛泽东最早写的一首诗"：

---

① 该传记书名直译为汉语应为《人民的皇帝——毛泽东传》。1993年，中央文献出版社出版该书中文版，书名为《历史巨人毛泽东》。2011年，国际文化出版公司出版该书的新译本，书名为《毛泽东传》。两个译本都由中共中央文献研究室理论研究组《国外研究毛泽东思想资料选辑》编辑组负责翻译。

第七章　传记作家对毛泽东诗词的译介

To fight with Heaven is infinite pleasure!

To fight with earth is infinite pleasure!

To fight with men is infinite pleasure! (Wilson, 1980：54)

这首诗的原文是：

与天奋斗，其乐无穷，

与地奋斗，其乐无穷，

与人奋斗，其乐无穷！

该诗在国内出版的毛泽东诗词选或诗词集中一般不收录。

1919年10月，毛泽东的母亲去世，毛泽东写了一篇《祭母文》，这首诗在国内出版。毛泽东诗词集也一般不收录。全诗总共97句，威尔逊的传记节引了其中18句：第13到22句、27到30句、51到54句。引用的18句，都是对母亲博爱、慈祥、爱心的颂扬，在传记中英译文共10句：

My mother had many excellent virtues. The first was her universal love.

This love extended to relatives and friends, both near and far.

Her compassion and kindness moved the hearts of everyone.

Wherever her love went, it came from true sincerity.

She never lied or used deception.

In reason and judgment her mind was clear and true.

Everything she did was done with care and consideration.

When we were sick she held our hands, her heart full of sorrow;

Yet she admonished us, saying, "You should strive to be good."
(Wilson, 1980：72)

英译文引自 Li Jui (1977：320), 原文如下：

……
吾母高风, 首推博爱。
远近亲疏, 一皆覆载。
恺恻慈祥, 感动庶汇。
爱力所及, 原本真诚。
不作诳言, 不存欺心。
……
头脑精密, 劈理分情。
事无遗算, 物无遁形。
……
病时揽手, 酸心结肠。
但呼儿辈, 各务为良。
……

抽取引用原作中围绕同一主题的诗句, 组合在一起, 无疑增加了传记的可读性。

除了上述两首作品, 威尔逊传记还引用了 36 首诗词作品, 皆为毛泽东生前公开发表过的, 这些作品是：《长沙》《黄鹤楼》《井冈山》《蒋桂战争》《重阳》《元旦》《广昌路上》《从汀州向长沙》《答李淑一》《反第一次大围剿》《反第二次大围剿》《大柏地》《会昌》《十六字令》《娄山关》《昆仑》《六盘山》《长征》《雪》《人民解放军占领南京》《七律·和柳亚子先生》《浣溪沙·和柳亚子先生》

第七章　传记作家对毛泽东诗词的译介

《北戴河》《游泳》《送瘟神》《到韶山》《登庐山》《答友人》《为女民兵题照》《为李进同志题所摄庐山仙人洞照》《七律·和郭沫若同志》《咏梅》《冬云》《满江红·和郭沫若同志》《重上井冈山》《鸟儿问答》。

这 36 首诗词都是全文引用，译文出自 1976 年北京外文出版社出版的"官译本"。威尔逊在引用时，仅对"官译本"中人名、地名等专有名词的音译有所改动。"官译本"中的音译除了"吴刚"、"成吉思汗"采用了威妥玛拼音，"吴刚"译为 Wu Kang，"成吉思汗"译为 Genghis Khan，其余全采用汉语拼音，威尔逊传记全书采用了西方读者更习惯的威妥玛拼音，所以引用译文时也把汉语拼音改为威妥玛拼音。例如：

表 1　专用名词音译对照表

专有名词	《官译本》汉语拼音	《传记》威妥玛拼音
秦皇汉武	Qin Shihuang and Han Wudi	Chin Shih-huang and Han Wu-ti
黄公略	Huang Gonglue	Huang Kung-lueh
井冈山	Jinggangshan	Chingkangshan
湘和鄂	Hunan and Hubei	Hunan and Hupeh
湘江	the Xiang	the Hsiang
赣水	the Gan	the Kan
黄洋界	Huangyangjie	Huangyangchieh
龙岩	Longyan	Lungyen
归化	Guihua	Kueihua

整体而言，诗词的引用和传记的行文有机结合，一方面有助于读者对诗词的理解，另一方面有助于更好地理解毛泽东的革命斗争和政治思想。威尔逊一般对诗词的主题用一两句话做简练的概括，再把诗词引入传记的叙述中。例如，有关毛泽东在 1925—1927 年的第 6 章，

叙述了毛泽东由于积极组织农民协会，引起地主的怨恨，湖南督军赵恒惕派军队抓捕毛泽东，毛泽东逃到广州。威尔逊说，"在地主的坚持下，他最终发布了对毛的缉捕令，在10月派军队抓他，毛逃到广州。在去广州前，毛以怀旧的情绪作了一首古体诗，咏怀他所热爱的长沙城"，接着全文引用了《沁园春·长沙》。(Wilson，1980：103) 再如，传记的第11章《延安》讲述了毛泽东试图领导一次横渡黄河的远征，远征为了抗击日军，使抗日民族同盟成为现实。威尔逊说："国民党军队挫败了红军的这次东征，红军不得不退回陕西。也正是在这时，毛写下了他最著名的诗篇《沁园春·雪》，不自觉地和历史上的伟大皇帝一比高下，很明显，作品抒发了自己的雄心壮志。"（Wilson，1980：187），接着全文引用了毛泽东的这首作品。

但传记中有些地方，毛泽东诗词的引用和传记行文的衔接不自然，似乎为了引文而引文。这样引文，不但不利于外国读者对毛泽东诗词的理解和接受，也达不到通过引用诗词帮助读者理解历史背景和思想情感的目的。例如传记第6章全文引用了《菩萨蛮·黄鹤楼》。引文前一段叙述文字如下，"这碰巧是毛首次公开谴责蒋介石个人，后来他与蒋为了争夺中国的领导权斗争了14年，而毛写完这篇报告后的第一个行动是去武汉参加国民党左派的一个会议。在会上，毛为农民反对地主的剧烈行动辩护，要求实行比共产国际更激烈的土改政策。他在武汉写了一首短诗，名叫《黄鹤楼》"，接着是全诗引文，引文后未对作品主题思想做任何分析说明。（Wilson，1980：117-118）再如传记第8章连续全文引用了毛泽东的两首词，《蒋桂战争》和《重阳》。引用前一首词的一段开头是这样两句话："1929年9月，毛

第七章　传记作家对毛泽东诗词的译介

患疟疾病倒了，在福建山区的古田镇痊愈。在这里，他对蒋介石和广西军阀的争战做了评论。"接着是全文引用。从引用第一首词过渡到引用第二首，就用了一句话"他还作了一首有关当地重阳节的诗"（Wilson，1980：141）。引文后同样没对两首词的主题思想做更多说明，阅读传记时略过引文似乎并不妨碍对上下文的理解。

威尔逊的《毛泽东传记》作为全球毛泽东研究领域里最权威、最畅销的作品之一，虽然对毛泽东诗词的"翻译"未做任何有益的努力，但对诗词在英语世界的介绍传播功不可没。

7.3 特里尔的译介

罗斯·特里尔（Ross Terrill），1938年出生于澳大利亚，1962年毕业于澳大利亚墨尔本大学，获得历史政治科学一级荣誉学位，后获奖学金去哈佛大学深造，并于1970年获得政治学博士学位。已出版数十部著作，其中大部分与中国有关。1980年出版《毛泽东传》（Mao：A Biography），该书随即被翻译成德文、意大利文、保加利亚文、西班牙文、葡萄牙文和希伯来文等多种文字，产生了广泛的影响。该传记1980年、1993年、1995年分别由不同出版社出版，1999年斯坦福大学出版该传记的修订版，也是该传记的最新版本。该政治传记思想性强，文笔优美，引证的史料真实可靠，是海外"毛泽东学"的著作精品，修订版被美国的中国近现代史研究泰斗费正清评论为"一部杰出的作品……对中国最伟大革命的历程、动机和主要活动做出了卓越的叙述性的解释"（见传记封底）。

特里尔在传记中共引用毛泽东诗词作品 23 首，其中 87% 的作品经毛泽东生前亲自审定，53% 的诗词仅节引，没引用全文，原文有标题的诗词中特里尔译介了标题的诗词作品约占 50%，基本没介绍原作的词牌名或诗体（如七律、绝句），在注明了引文出处的诗词中，约 83% 的作品引自北京外文出版社出版的英文版《毛泽东诗词十九首》（1959）和《毛泽东诗词》（1976）。该传记中译介毛泽东诗词作品的具体情况统计如下：

表 2　传记中评价毛泽东诗词作品统计

序号	诗词标题	原文行数	引文行数	是否译介题目	是否译介词牌名或诗体	引文出处
1	（与天奋斗）	6	6	原作无题目	原作未标词牌名或诗体	萧三，《毛泽东同志的青少年时代和初期革命活动》
2	祭母文	97	14	否	原作未标词牌名或诗体	Li Jui, The Early Revolutionary Activities of Comrade Mao Zedong
3	贺新郎·别友	20	5	否	否	Stuart Schram, Mao's Road to Power: Revolutionary Writings 1912-1949, Volume 2
4	沁园春·长沙	25	13	是	是	"官译本"
5	菩萨蛮·黄鹤楼	8	6	否	否	"官译本"
6	渔家傲·反第二次大围剿	10	10	是	否	"官译本"
7	十六字令三首	12	8	否	否	"官译本"
8	念奴娇·昆仑	20	10	否	否	"官译本"

第七章　传记作家对毛泽东诗词的译介

(续表)

序号	诗词标题	原文行数	引文行数	是否译介题目	是否译介词牌名或诗体	引文出处
9	清平乐·六盘山	8	8	否	否	"官译本"
10	沁园春·雪	25	25	是	否	"官译本"
11	七律·人民解放军占领南京	8	8	否	否	"官译本"
12	水调歌头·游泳	19	9	否	否	"官译本"
13	蝶恋花·仙游	8	4	是	否	Mao's Nineteen Poems (1959)
14	七律二首·送瘟神	16	12	是	否	"官译本"
15	七律·到韶山	8	8	是	否	"官译本"
16	七律·登庐山	8	8	是	否	"官译本"
17	七绝·为女民兵题照	4	4	否	否	"官译本"
18	七律·答友人	8	8	是	否	"官译本"
19	卜算子·咏梅	8	8	是	否	"官译本"
20	满江红·和郭沫若同志	19	16	否	否	"官译本"
21	水调歌头·重上井冈山	19	7	是	否	"官译本"
22	念奴娇·鸟儿问答	20	9	是	否	"官译本"
23	(老叟坐凳)	3	3	原作无题目	原作未标词牌名或诗体	New York Times Book Review(6/13/1976)

(注：原诗词正文用标点符号隔开即算作一行。)

特里尔在传记中引用毛泽东的诗词作品，虽然传记中不乏对毛泽东诗才的赞美之词，但特里尔引用诗词作品的主要目的不是为了文学欣赏，而是为了通过诗句间接反映历史事件和毛泽东的思想情感。特里尔能够将学者的研究和新闻记者绚丽多彩而又优美自如的笔法很好地结合，引用的诗词和正文的叙述有机融合，和威尔逊传记中的诗词引用相比，特里尔的引用更易为外国读者理解和接受。

威尔逊引用1976年外文出版社出版《毛泽东诗词》英译,除了汉语拼音音译改为威妥玛拼音音译,无任何其他改动,且一般全文引用。而特里尔在引用毛泽东诗词英译本译文时,则较大程度地发挥了传记作家行文的"自由",认为不够理想的译句可以"润色",可以全文引用,但更多的是节引几行,甚至仅一行。传记中对引用译文改动主要有以下几种情况。

7.3.1 译文不作改动的全文引用

特里尔从"官译本"全文引用了《渔家傲·反第二次大"围剿"》《七律·人民解放军占领南京》《为女民兵题照》《卜算子·咏梅》《满江红·和郭沫若》《沁园春·雪》《七律·到韶山》的译文,未做任何改动。

7.3.2 译文部分改动的全文引用

特里尔传记里引用的毛泽东第一首诗和威尔逊在传记中引用的第一首一样,但特里尔没说引文是一首诗,而是把这首诗插入了叙述毛泽东在长沙第一师范学校坚持体格锻炼的文字中。特里尔引用毛泽东曾在日记里写下的"与天奋斗,其乐无穷!与地奋斗,其乐无穷!与人奋斗,其乐无穷!"以证明毛泽东进行体格锻炼不单为了身体健康,"更是为了在意志力同一切阻力进行的搏斗中获得乐趣"。毛泽东在湖南师范时的同学萧三的回忆录中记载了这三行诗,但回忆录的英译本仅译了开头两行,特里尔引用这两句的译文:" To struggle against

第七章　传记作家对毛泽东诗词的译介

Heaven, what infinite joy! To struggle against Earth, what infinite joy !"第三行译文（To struggle against Men, what infinite joy!）出自特里尔本人。特里尔认为，萧三回忆录译本删除了原文第三行，是因为"一些马克思主义者认为删除这一句为好"（Terrill, 1999: 58）。《七律·登庐山》全文引用了"官译本"译文，但最后两行译文和"官译本"不同。最后两行"陶令不知何处去，桃花源里可耕田"的"官译本"译文为：

Who knows whither Prefect Tao Yuanming is gone
　Now that he can till fields in the Land of Blossoms?

特里尔对译文做了改动：

Who knows where Magistrate Tao has gone?
Could he be tilling the fields in the Land of Peach Blossoms?

改动出于对"桃花源里可耕田"的不同理解。这行诗可有几种理解。①祖国已实行社会主义，成了幸福的桃花源，陶渊明可以来耕田了！②我们现在的祖国正在建设社会主义，努力实现人们梦寐以求的社会理想，陶渊明是不是还在他创造的人间乐园桃花源里耕田呢？③陶渊明早已过时了，在当时他可以到桃花源里耕田么？不可以，因为他那是空想。④陶渊明一去不复返了，在热火朝天的社会主义建设中，难道我们还能躲到陶渊明描绘的桃花源里作几千年前的躬耕式的自乐吗？（季世昌，2004: 256-257）"官译本"采纳的第一种理解，而特里尔认可的是第二种理解。此外，特里尔的改动也使译文更顺口、更"归化"。（Terril, 1999: 304）

传记全文引用了《答友人》的"官译本"译文，将最后一行"芙

— 255 —

蓉国里尽朝晖"的"官译本"译文" Of the land of hibiscus glowing in the morning sun "改为" Of the land of hibiscus upon which the morning sun also shines "（Terril, 1999: 326）。

传记全文引用了《清平乐·六盘山》，根据传记的参考文献，英译引文参考的是1976年北京外文出版社出版的"官译本"，但我们把传记引用的译文和外文出版社1958/1959译本及1976年译本对比，发现特里尔实际参考的是1958/1959年译本，并做了较小改动。（Terril, 1999: 166）以下是三种译文对比，特里尔引用译文中的画线部分有改动。

1958、1959年译本译文：

The sky is high, the clouds are pale,

We watch the wild geese flying south till they vanish;

We count the myriad leagues we have come already;

If we reach not the Great Wall, we are no true men!

High on the crest of Liupan Mountain

Our banners idly wave in the west wind.

Today we hold the long cord in our hands;

When shall we bind fast the Grey Dragon?

"官译本"译文：

The sky is high, the clouds are pale,

We watch the wild geese vanish southward.

If we fail to reach the Great Wall we are not men,

We who have already measured twenty thousand li.

High on the crest of Mount Liupan

Red banners wave freely in the west wind.

Today we hold the long cord in our hands,

When shall we bind fast the Grey Dragon?

传记中译文：

The sky is high, the clouds are pale.

We watch the wild geese flying south till they vanish;

If we reach not the Great Wall, we are no true men!

Already we have come two thousand leagues.

High on the crest of Liu Pan Mountains

Our banners idly wave in the west wind.

Today we hold the long cord in our hands;

When shall we bind fast the gray dragon?

传记中引用译文和1958、1959及1976年版本译文都大部分相同，但和1958、1959译本相同之处更多。1976年"官译本"的定稿是着重参考了1958、1959译本的，因此这两个译本形似度很高。特里尔的改动主要是三四句"屈指行程二万，不到长城非好汉"的译文，"屈指行程二万"的译文改动大，然后将两句顺序颠倒。

7.3.3 译文出自特里尔的全引

1958年夏，毛泽东从《人民日报》得知江西省一个县消灭了血吸虫病的消息，异常兴奋，写了《七律二首·送瘟神》。特里尔（Terril,

1999：294）全文引用的第一首诗的译文和此前我们所知的所有译本都不同，看不出特里尔参考了哪种译本，译文应出自特里尔本人。译文如下：

> The waters and hills displayed their green in vain,
> Even the ablest physicians were baffled by these pests.
> A thousand villages were overrun by brambles and men were feeble;
> Ghosts sang their ballads in a myriad desolate houses.
> Now, in a day, we have leaped round the earth
> And inspected a thousand Milky Ways.
> If the cowherd [a constellation of stars] asks about the God of Plague
> Tell him that with joy and sorrow he has been washed away by the tide.

特里尔妙笔生花，仅看译文无可挑剔，但对照汉语原作，不难看出译文背离原文之处。开头一句译文，回译成汉语大意为"山山水水枉自绿"，和原文"绿水青山枉自多"强调重点完全不同。原诗第二句"华佗无奈小虫何"中"华佗"，译为"回春妙手们"（the ablest physicians），原作中的一个重要文化意象在英译中失落了，不能说不是败笔。"坐地日行八万里"句译为"Now, in a day, we have leaped round the earth"，"坐地"，即坐在地球上或者说坐着不动，意在说明"日行八万里"的方式，译文省略了这一短语不妥。

7.3.4 译文不作改动的节引

这类节引共涉及 6 首，《贺新郎》节引 5 句，译文出自 Li Jui

(1977)，引文插入叙述性的文字中："毛泽东离开长沙时，给妻子写了一首诗，诗中写道：'更哪堪凄然相向，苦情重诉。眼角眉梢都似恨。'（Bitter feelings voiced once more/ Wrath looks out of your eyes and brows.）。诗最后说，'重比翼，和云翥'（Let us be once again two birds flying one by one / Soaring high as the clouds."（Terrill，1993：95）《十六字令三首》中的第二三首，译文引自"官译本"。（Terrill，1993：156-157）《念奴娇·昆仑》的下半阕，共10行，译文引自"官译本"。特里尔从毛泽东怀念前妻杨开慧的词《蝶恋花·仙游》中共节引了4行："我失骄杨君失柳，杨柳轻飏直上重霄九。""忽报人间曾伏虎，泪飞顿作倾盆雨。"这四句的英译文引自外文出版社1958年版英译《毛泽东诗词19首》。从《七律二首·送瘟神》中第二首共八句四联中的中间两联的两句："青山着意化为桥，天连五岭银锄落"，译文引自"官译本"。（Terrill，1993：294-295）《念奴娇·鸟儿问答》原词共20句，传记节引了9句，结合具体历史背景，一边节引诗句一边分析意蕴，译文引自"官译本"。（Terrill，1993：347）

7.3.5 译文部分改动的节引

特里尔在传记中引用的第二首诗是毛泽东的《祭母文》，仅节引一小部分，介绍了原诗的体裁，并评价了思想内容，"悼词以古体写成，佛家和儒家的思想各占一半"。引文如下：

The highest of my mother's virtues was her universal love.

She was kind to all human beings, whether closely or distantly related.

Her compassion and kindness moved the hearts of everyone.

The power of her love came from true sincerity.

She never lied or was deceitful.

原文如下：

吾母高风，

首推博爱。

远近亲疏，

一皆覆载。

恺恻慈祥，

感动庶汇。

爱力所及，

原本真诚。

不作诳言，

不存欺心。

特里尔在继续节引这首诗前加了一句"接着，毛泽东表达了直接的怀念：

When we were sick she held our hands, her heart full of sorrow,

And she admonished us, "You should strive to be good."

原文如下：

病时揽手，

酸心结肠。

但呼儿辈，

各务为良。（Terrill，1999：63）

威尔逊在毛泽东传记中也引用这首诗的上述十多句（Wilson，

第七章 传记作家对毛泽东诗词的译介

1980：72），威尔逊和特里尔都在传记中注明这些诗句引自 Li Jui（1977：320），但除了最后两句译文一样，前面诗句的译文差异较大。我们认为，特里尔在参考 Li Jui 译文时，仅一字不改地引用了"病时揽手，酸心结肠。但呼儿辈，各务为良。"的英译文，其他诗句的英译出自特里尔之手。一是因为威尔逊在传记中引用毛泽东诗词英译文一般不做改动，二是特里尔在引用英译文时喜欢"修饰"原译文。

特里尔在引用《沁园春·长沙》词 25 行中 13 行的"官译本"译文时，同样对译文做了"加工"。请看下列"官译本"译文和特里尔对"官译本"译文的"加工"：

表3 特里尔译文加工对照

"官译本"节引一
…those crowded months and years.
Young we were， schoolmates,
At life's full flowering;
Filled with student enthusiasm
Boldly we cast all restraints aside.
Pointing to our mountains and rivers…
特里尔的"加工"
…crowded years and months of endeavor,
Young we were， and schoolmates,
In high assurance， fearless,
Pointing the finger at all things…
"官译本"节引二
Under freezing skies a million creatures contend in freedom.
Brooding over this immensity,
I ask， on this boundless land
Who rules over man's destiny?
特里尔的"加工"
Under the unmoving sky a million creatures try out their freedom
I ponder， I ask the boundless earth,
Who rules over destiny?

(续表)

"官译本"节引三
Remember still
How, venturing midstream, we struck the waters
And waves stayed the speeding boats?
特里尔的"加工"
Do you remember
How, reaching midstream, we struck the waters,
And the waves dashed against our speeding boats?

特里尔对"官译本"译文最明显的"加工"就是压缩译文，上表中第一次接引"官译本"译文，6行被压缩为4行；第二次接引时，4行"官译本"译文被压缩为3行。压缩后的译文句长并没增加。特里尔对引用译文的压缩改动，原因之一很可能是为了诗词译文接近传记行文的风格。节引的诗句都穿插在传记的叙述中，诗体语言和散文语言风格间的衔接不可能十分自然，对诗词译文适当加工有利于行文的流畅。比较而言，特里尔加工后的译文的散文性比"官译本"译文更浓，诗词引文和传记叙述文字间的过渡也更自然。

再如，特里尔节引了《水调歌头·游泳》中的9行，插入对毛泽东武汉游泳的叙述和议论之中，同样对"官译本"译文进行了"散文化"处理，以使传记整体的行文更流畅。如果把特里尔加工后的译文分行排列，就是流畅的散文。以下是特里尔分三次节引的几行诗，不分行排列，即成为这样的句子：① Standing by a stream, the Master once said: "Life—like the waters—rushes into the past." ② A bridge will fly across and turn a barrier into a path. ③ Were the goddess still alive, she would be amazed by the changes on this earth. 但"官译本"中对应的几

第七章 传记作家对毛泽东诗词的译介

行诗的译文，不分行排列，构成的句子读起来显然没特里尔加工过的译文顺口：① It was by a stream that the Master said—"Thus do things flow away！" ② A bridge will fly to span the north and south, turning a deep chasm into a thoroughfare. ③ The mountain goddess if she is still there will marvel at a world so changed.

特里尔在节引"官译本"译文时的改动，除了行文流畅的考虑，也有出于对诗句的不同理解。《重上井冈山》全诗 19 句，传记节引了 6 句："久有凌云志，重上井冈山"；"可上九天揽月，可下五洋捉鳖"；"世上无难事，只要肯登攀"。（Terrill，1999：338-339）后面 4 句直接引用"官译本"译文。特里尔认为，这是一首"很能'言志'的词"，开头的"久有凌云志，重上井冈山"说出了毛泽东未尽的渴望。在特里尔看来，作品开头两行可说是"诗眼"了，对这两行他有自己的理解。这两行的"官译本"译文是：

I have long aspired to reach for the clouds

And I again ascend Jinggangshan.

特里尔的译文是：

A long-cherished wish to approach the clouds,

Once more, by climbing Well Mountain.

特里尔对这两行诗句的理解明显和"官译本"不同。"井冈山"的翻译不用音译，而是意译为 Well Mountain，well 一词既有"水井"的意思又有"良好、健康"的意思。

特里尔一般不在引文前用翻译的形式译介该诗词的体裁名称，但会以一种外国读者更容易理解的方式来介绍诗歌体裁名称。在引用《菩萨蛮·黄鹤楼》8 行中的后 6 行时,他说毛泽东"按古诗词的格律填了一首词,就好像要把自己重新置于中国传统的高雅文化之中,然而目光仍然不离开政治"。

特里尔全文引用毛泽东诗词的情形不多,往往节引一节、几行乃至一行诗句,将诗句自然地融入行文中。如在第 6 章《把握未来(1935—1936)》中,特里尔很自然地引用了毛泽东的诗句:"毛泽东把这样的时刻描述在他的诗词中。他觉得自己'离天三尺三';他把纷纷落下的雪花看作'飞起玉龙三百万';他把河流湍急描绘成'人或为鱼鳖';连绵起伏的山峦在他看来是'原驰蜡象'"。

特里尔在引用诗作时,不时对作品的主题及艺术手法进行分析。"他的诗句表达了大自然和历史的结合,这一点就是毛泽东最终成为革命家和亚洲首位马克思理论家的秘密。他把山地看作一系列战斗的一部分:

山,
倒海翻江卷巨澜。
奔腾急,
万马战犹酣。
山,
刺破青天锷未残。
天欲堕,
赖以拄其间。"(Terrill,1999:156-157)

"长征结束时,他甚至引出了一套山脉,作为超出中国自己的革命之上的世界和平的景象:

而今我谓昆仑:

第七章 传记作家对毛泽东诗词的译介

不要这高,
不要这多雪。
安得倚天抽宝剑,
把汝裁为三截?
一截遗欧,
一截赠美,
一截还东国。
太平世界,
环球同此凉热。"

特里尔引用的诗词,如果个别历史典故特里尔认为外国读者可能理解有困难,还要简要解释。如全文引用了《清平乐·六盘山》后,对"今日长缨在手,何时缚住苍龙?"中的"苍龙"解释说:"'苍龙'是东方七宿的名称。在毛泽东的诗句里,它指的是日本。对付日本人,的确是下一个十年的首要任务,长征是投入这场战斗的跳板。"再如,引用《七律·登庐山》最后两行"陶令不知何处去,桃花源里可耕田?"时,特里尔紧接引文写道:"陶是四世纪一名官吏,同毛泽东一样是诗人。在年老之前辞官归隐,创建了文学乌托邦'桃花源'。毛泽东或许一直在思考过去那种不复存在的简朴生活,或许在考虑退休,或辞去国家主席职务,或思考一种超越任何特定社会秩序的和谐。"(Terrill, 1993: 304-305)

在传记的《抗日(1936—1945)》一章中,特里尔引用了毛泽东首篇在重要刊物上发表的诗作《沁园春·雪》,对这首词的分析比较而言是本书中所引作品的分析中最全面的。首先分析了题目和整首词的主题:"词的题目很普通。但是,如果说这些词句是雄心勃勃的,那更多是代表了中国而不仅是代表了毛泽东本人。"引过了词的上阕,特里尔接着在引用词的下阕前先简要评析了词的下阕,"毛泽东从赞美大自然的荣耀转向赞美意志的荣耀。他提到四位受尊敬的中国皇帝(他们统治的朝代的名称构成他们自己称呼的一部分),甚至提到那位可畏的蒙古征服者"。引文后,特里尔对这首诗的评论说:"这首词饱含毛泽东对个人命运的领悟。昔日的英雄都一去不复返,在新的战场上他们不可能再成为东升的旭日。唯有毛泽东能托起管理中国多娇江山的美丽吗?然而,《雪》是一首充满民族主义情感的词。是中国的美丽激发了毛泽东产生如此强烈的信念:目前的中国比四千年历史上的任何一个时刻都辉煌。毛泽东是在团结所有的人以结成抗日统一战线时写的这首诗。他的英雄主义梦想产生在把中国本身当作最高尚事业的时刻,在中国所受到的威胁比自成吉思汗以来所受到的任何威胁都要严重的时刻。毛泽东脑海里出现的英雄并不包括列宁、乔治·华盛顿,或任何其他西方人物。这些英雄都在东方,都一去不返了。"(Terrill,1993:170-171)如果把这一节单列出来,即是一篇优秀的赏析文章。

就整本传记而言,对毛泽东诗词的译介很成功:引用诗词有助于对毛泽东思想情感的理解,历史事实的叙述有助于诗词作品的理解,且对大部分引用的诗词的主题都做了简要分析。特里尔的传记扩大了毛泽东作为诗人的影响,对毛泽东诗词的对外传播发挥了积极的作用。

7.4 肖特的译介

迄今，西方最新、最具深度的毛泽东全传是菲利普·肖特（Philip Short，1945—）在1999年出版的《毛泽东传》（Mao: A Life）。肖特，英国著名记者，曾在英国广播公司的华盛顿、莫斯科、巴黎、东京与北京记者站任海外记者达30年，二十世纪七十年代和八十年代初在北京工作。1999年，《毛泽东传》的英文版在英国和美国同时出版，后被翻译成法文、保加利亚文、捷克文、俄文、西班牙文和德文，2004年被翻译成中文。作为西方迄今出版的有关毛泽东生平最新最权威的著作，在国内外读者中产生了较大的影响。

毛泽东作为诗人，其创作成就在前述三部传记中得到了较充分的体现，白英用专章集中译介毛泽东当时公开发表的诗词19首，威尔逊在传记中引用了毛泽东诗词38首，特里尔在传记中引用了23首。和前述三位毛泽东传记作家一样，菲利普·肖特也认识到毛泽东作为诗人的成就，认为毛泽东"多姿多彩和复杂多变的个性注定了他是一个非凡的、集多种才干于一身的人：毛是一位理想家、政治家、政治与军事战略天才、哲学家和诗人"（见菲利普·肖特撰《中文版前言》）。传记中论及毛泽东对诗歌的热爱："在第一师范读书时，毛曾把《离骚》抄在笔记本上，《离骚》是屈原创作的伤感的长诗，这个公元前3世纪的不幸的政治家，中国王公大臣的十全十美的典范，中国人每年端午节纪念他。毛对诗歌的喜爱，使他在东山高级小学堂的那段青少年时期的生活格外光彩，而且这种爱好继续伴随他度过了以后所有的动乱不安的岁月，这一爱好，也成为一种崇高的副旋律，调节了战争的野蛮，并使他从革命斗争的枯燥乏味的逻辑中走出来。"（Short，1999：77）但传记中给予诗人毛泽东的篇幅就远没威尔逊和特里尔给的篇幅多，仅节引了14首。

威尔逊在传记中大量全文引用了毛泽东诗词，一般不对诗词作品的主旨做分析说明，引文和传记的行文衔接不够自然，让读者有"为引用而引用"的感觉。特里尔在传记中引用的毛泽东诗词不及威尔逊多，较少全文引用，一般是节引，但引文和正文衔接自然顺畅，对引文主旨的简要评析有助于读者对引文、历史事件或毛泽东思想态度的理解。比较而言，肖特引用的毛泽东诗词较少，引文和传记正文衔接自然顺畅。例如，1959年6月，毛泽东回到离别32年的家乡韶山，传记写到"主席深受感动，并写下一首诗，颂扬'喜看稻菽千重浪，遍地英雄下夕烟'的景象"（Short，1999：493-494）。传记仅引用了《七律·到韶山》这首词8句中的两句，很自然地嵌入叙述文字中。再如，肖特传记全文引用的诗词有三首：《蝶恋花·答李淑一》、《贺新郎·别友》及《忆秦娥·娄山关》。在引用《蝶恋花·答李淑一》全文后，肖特对创作背景、"杨""柳"这一双关及吴刚的传说做了简要分析。"对于杨开慧的回忆驱使毛泽东写下了一首十分浪漫并令人回肠荡气的优美的旧体诗，将这首《蝶恋花》词中的人物寄托为'神仙'""李淑一的丈夫柳直荀，在杨开慧被害后不久也遭到杀害。在汉语中，两位已故人物的姓氏恰好象征着'柳树'和'杨树'，毛运用了这一语言技巧，使这一象征手法和吴刚的神话传说联系在一起。吴刚是一位希腊神话中西西弗斯（Sisyphus）一类的人物，受遣去砍伐月宫中一株永远砍不倒的桂花树。"（Short，1999：473-474）

第七章　传记作家对毛泽东诗词的译介

但肖特对引文主旨的评析有时让读者难以理解。例如，1923年12月，毛泽东在长沙家里待了较长一段时间，毛泽东离开长沙后不久给杨开慧写了一首爱情词《贺新郎·别友》，肖特从这首爱情诗中看出来毛泽东和杨开慧"这次分别显然是由于一次争吵引起的"（Short, 1999：144）。肖特全文引用了这首词，但未分析如何能从这首词看出毛泽东和杨开慧的分别是由于"争吵引起的"，而不是一般传记作家或毛泽东诗词鉴赏家认为的由于"革命工作的需要"。再如传记第7章《挣脱枪林弹雨——从井冈山到江西》论及1930年6月李立三制定了一个计划，由毛泽东的军队进攻九江和南昌，接着会同各路红军共同进攻武汉，但10天后中央委员会命令毛泽东和朱德的部队向北转移，并任命毛泽东为新的红一军团政治委员，任命朱德为总司令。"毛对这个命令没有选择的余地，只有服从。毛不久后写的一首词就对全部冒险行为表现出他的矛盾心理。"接着引用了毛泽东1930年7月写的《蝶恋花·从汀州向长沙》词的下半阕"百万工农齐踊跃，席卷江西直捣湘和鄂。国际悲歌歌一曲，狂飙为我从天落。"引文后肖特写道，"似乎是在强调毛的怀疑，部队确实转移得很慢。……"（Short, 1999：250）。肖特没有进一步分析，这首词如何"对全部冒险行为表现出他的矛盾心理"。尽管"诗无达诂"，但对诗词的评析要让人信服。根据国内毛泽东诗词注家的观点，这首词写的是红军1930年六七月间进军中的豪迈心情，写出了革命力量的强大，反映了高昂的革命斗志。

传记中也有诗词错引的地方。传记认为，1915年，毛泽东极力主张他的同学去政府抗议日本的"二十一条"，"并以一首诗来表达自己的感情，这首诗是几天以后，他为一位病逝的同学写的挽诗：

胡虏多反复，千里度龙山……
生死安足论，百年会有役……
东海有岛夷，北山尽仇怨。"（Short，1999：58）

以上诗句肖特引自施拉姆《毛通向权利之路》第一卷，引文有误。实际上，引文的前两行为悼易昌陶的一副挽联，第三行出自为易昌陶写的挽诗《五古·挽易昌陶》。还有一处错引在第三章《军阀混战》中，肖特叙述道，"在他那年（1917年）所写的一首诗中，毛把自己比作'鹏'，这是传说中的一种巨鸟，他写的是'鲲鹏展翅三千里'，如传说中它从南海飞来"（Short，1999：72）。这句诗肖特引自施拉姆的《毛通向权利之路》第一卷第159页。引用不准确，这句诗应为"鲲鹏击浪从兹始"，出自1918年毛泽东的《七古·送纵宇一郎东行》，前一句为"君行吾为发浩歌"。

传记节引的诗词还有《十六字令三首》《沁园春·长沙》《西江月·井冈山》《清平乐·六盘山》《沁园春·雪》《满江红·和郭沫若同志》。肖特引用的毛泽东诗词译文出自辜正坤译《毛泽东诗词》、施拉姆著《毛通向权利之路》、北京外文出版社《毛泽东诗词十九首》和《中国文学》杂志，部分系肖特自译。两处错引都引自施拉姆著的著作。

7.5 小结

　　收入毛泽东传记也是对外译介毛泽东诗词的一个重要途径。白英的传记用专章译介毛泽东诗词，先评论毛泽东的诗歌创作，然后悉数收录当时公开发表的毛泽东诗词，译文全部出自传记作家。其他传记对诗词的译介通过有选择的诗词引用，或全引，或节引，将诗句嵌入叙述文字之中，译文引自其他英译本，一般不做改动，但出于行文衔接的考虑或对原文的不同理解，传记作家也会修改个别诗句的译文。毛泽东具有多重身份，既是诗人，也是革命家、政治家、军事家、外交家、书法家。他的诗词作品也在一定程度上反映了他的革命思想、政治思想、军事思想和外交思想。通过诗词作品收入毛泽东传记或中国革命史研究著作，凸显的是诗人革命家（或者政治家、军事家、外交家）的身份。

第八章
毛泽东诗词国内译本的系统性特征分析

毛泽东诗词国内译本可大致分两类：毛泽东时代译本和后毛泽东时代译本。"毛泽东时代"特指毛泽东从新中国成立到去世一直担任党和国家核心领导人这个阶段。这个时期国内的毛泽东诗词英译版本有三个，1958年译本、1959年译本和1976年译本，都由北京外文出版社出版。1958、1959年两个版本收录的诗词及译文相同，共19首，前18首由波义德翻译，最后一首由戴乃迭翻译。1958年版每首诗词后有周振甫注释，译本后面有臧克家的6篇文章，赏析译本收录的19首诗词。诗词正文前有臧克家的"前言"和毛泽东写给臧克家等人的"一封关于诗歌创作的信"。1959年版保留了周振甫注释，统一放在译文的最后，省去了臧克家的赏析文章。1976年译本收录诗词39首，由毛泽东诗词英译定稿小组翻译，除了毛泽东自己的注释外，未添加任何注释和讲解。后毛泽东时代的译本即本文第四章论及的译本。我们把国内毛泽东诗词译本与国外毛泽东诗词译本和其他汉语古诗词英译对比，发现国内毛泽东诗词译本具有系统性的特征或差异，这些特征从语言学或文艺美学角度是难以完全解释的，也不能仅仅归因于译者的翻译策略是"学术性翻译"还是"文学性翻译"，我们认为这些差异还和译者所处的时代有关。

　　本章将从词牌名的处理、诗节的划分、诗行的增减、注释的添加等方面探讨当时的历史环境对毛泽东诗词形式要素翻译的影响。

8.1 词牌名的处理

每首词都有一个表示音乐性的词调，词调与现代音乐中的 C 调、F 调等类似。每种词调都有一个名称，如"沁园春""西江月"，这个名称就是词牌。按词调写词就叫"填词"。每个词调的句式、字数、声调、平仄、押韵都有规定。填词之前，先要"选调"，根据自己的思想感情和内容的需要，选取那些适合表达相应内容的词调，即词牌。

国内毛泽东时代的 1958、1959、1976 年英译本都保留了词牌名，全音译。音译采用威妥玛式拼音法（Wade-Giles Romanization），如"沁园春"Shen Yuan Chun（1958、1959）/ Chin Yuan Chun（1976），"西江月"His Chiang Yueh，"采桑子"Tsai Sang Tzu。这几个译本是全英文版本，外文出版社于 120 世纪 90 年代以汉英对照形式再版并多次重印 1976 年的"官译本"（authoritative version），将词牌名的威妥玛音译改为汉语拼音，如"沁园春"Qin Yuan Chun，"西江月"Xi Jiang Yue，"采桑子"Cai Sang Zi。 汉语拼音我国（大陆）1955 年才开始推行，到 20 世纪 90 年代一般读者都熟悉了，因此音译不再用威妥玛拼音。后毛泽东时代的主要英译本中，只有赵甄陶译本未保留词牌名，其他译本都悉数保留，或音译或意译。吴翔林译本采用了威妥玛音译，黄龙译本采用了汉语拼音，许渊冲译本和辜正坤译本都采用了意译法。许译本和辜译本对部分词牌名的理解不完全一致，因此意译有所不同。举例如下：

表 1　许译本和辜译本对照

词牌名	许译本	辜译本
沁园春	Spring in a Pleasure Garden	Spring Beaming in Garden
清平乐	Pure Serene Music	Music of Peace
如梦令	Like a Dream	Dream-like Lyric
忆秦娥	Dream of a Maid of Honor	Recall a Qin Beauty
浪淘沙	Ripples Sifting Sand	Waves Sift Sand

上述8个译本中就有7个完全保留了词牌名，省略词牌名的译本是译者在后毛泽东时代公开表达了对"官译本"的极度不满后而应出版社之约翻译出版的。

国外的毛泽东诗词英译本大多数删略词牌名。较早出版的两个译本，1965年英国出版的布洛克&陈志让译本和1966年香港出版的黄雯译本音译了词牌名。此后出版的译本，如1972年在美国和英国出版的聂华苓&恩格尔译本、1972年在美国和加拿大出版的巴恩斯通&郭清波译本、1976年英国出版的王慧明译本和1980年香港出版的林同端译本，1986年马文绮（Ma Wen-yee）译本都没有保留词牌名。省略词牌名的译本，一般在译本"前言"和"翻译说明"中也不提及词牌名。国内译本一般都在译文中保留词牌名，或音译或意译，大部分还加注释。尽管词牌名和词的内容已无任何联系了，但译文读者从音译或意译中至少能知道汉语的每首词都有词牌。

8.2 诗节的划分

大部分的词都分阕，是"音乐唱完一遍"的意思。汉语古词中的"阕"类似现代诗歌中的诗节（Stanza），稍长的诗歌都由数个诗节组成。国内所有英译本中译文诗节的划分和原文完全一致，原文分上下阕的词，译文分两个诗节，七律诗原文不分段，译文也不分节。

国外的译本对译文诗节的划分更为自由。例如，《沁园春·长沙》由两阕组成，上阕13行，下阕12行，布洛克&陈志让译文分为三个诗节，首节19行，次节12行，尾节4行，王慧明译文也分为了三个

第八章　毛泽东诗词国内译本的系统性特征分析

诗节，第一节 13 行，第二节 10 行，最后一节 3 行，巴恩斯通 & 郭清波译文同样分为三节，第一节 14 行，第二节 11 行，第三节 4 行。巴恩斯通 & 郭清波译本将原文两阕的《沁园春·雪》译文分为三节，上阕为第一节，下阕最后 2 句（行）"数风流人物，还看今朝"译为 Only today are we men of feeling，这一句单独占一节；《七律·答友人》原文不分阕，译文分为两节，第一节 6 行，第二节 4 行；《七律·冬云》原文不分阕，译文分为两节，第一节 7 行，第二节 3 行。林同端译本对译文诗节的划分和原文差异更大。《减字木兰花·广昌路上》原文分为两阕，各 4 行，译文分为 4 个诗节，各 3 行。《七律·长征》原文共 8 行，不分阕，译文分为 4 小节，1、4 节各 4 行，2、3 节各 6 行。《七律·人民解放军占领南京》同样原文共 8 行，不分阕，译文分两小节，第一节 10 行，第二节 8 行。其他几首七律诗《送瘟神二首》《登庐山》《答友人》《和郭沫若同志》原文都各 8 行不分阕，译文都分为两小节，各小节行数不一。马文绮的译本对译文诗节的划分也不跟随原作。原文分上下阕的《西江月·井冈山》《满江红·和郭沫若同志》和《贺新郎·读史》译文都分 3 个诗节，各诗节的行数不一。《如梦令·元旦》原文不分阕，译文分为两节。原文不分上下阕，全文共 8 行的"七律"《长征》《和柳亚子先生》《送瘟神》和《登庐山》，译文都分为两个诗节，七律《答友人》的译文分了 3 个诗节。国外英译本中，完全保留了原文诗词段落划分的仅有聂华苓 & 恩格尔译本。

　　词是汉语特有的诗歌体裁，一般分上下阕；律诗同样是汉语特有的诗歌形式，由首联、颔联、颈联、尾联组成，共 8 行。这两种诗歌体裁都对韵律有严格要求，原作韵律在英语译文中难以或者说不可能完全再现，但它们的外在形式即原作对诗节的划分是可以移植的。

8.3 诗行的增减

无论毛泽东时代还是后毛泽东时代的国内译本，译文行数基本和原文行数一致[①]。外文出版社 1958、1959 译本的 19 首诗词，除《念奴娇·昆仑》译文比原文少两行外，其他 18 首作品的译文行数与原文一致。《念奴娇·昆仑》原文 20 行，译文 18 行，原文"莽昆仑，阅尽人间春色"2 行的译文为一行：Great Kunlun, you have witnessed all that was fairest in the world of men. "不要这高，不要这多雪"这 2 行也压缩在一句译文中："You don't need this height, don't need all this snow!" 1976 年外文出版社译本收录诗词 37 首，所有诗词译文的行数和原文行数无一例外地一致。

后毛泽东时代的毛泽东诗词英译本呈现出相似的情况。先看许渊冲译本诗词行数和原作诗词行数的对应情况。许渊冲先后在 1978 年、1981 年、1993 年和 2008 年推出毛泽东诗词英译本，收录诗词数量越往后越多，2008 年译本收录作品 67 首。在所有译本中，译文诗行总数和原文不一致的仅 5 首，约占总数的 7.5%。这 5 首作品 1978 年译本已收录，译文一直无改动。译文与原文不逐行对应的诗／词句，汉英对照罗列如下表：

[①] 以往汉语旧体诗词排版如散文不分行，当代则按照自由诗的排版格式分行，旧体诗词由标点符号断开，不论标点是否为句号，有标点分开即一般算作一行。

第八章 毛泽东诗词国内译本的系统性特征分析

表2 汉英行数对照

作品标题	译文行数增减	原文	译文
赠杨开慧	增5行	眼角眉梢都似恨， 热泪欲零还住。	Keeping back a warm dropping tear, Your eyes and brows reveal, The bitter grief you feel.
		算人间知己吾与汝。 人有病， 天知否？	In the human world, who Knows me better than you? Does heaven know Man's weal and woe?
		照横塘半天残月， 凄清如许。	The waning moon halfway up the sky sheds her light So sad and dear On the Pool Clear.
		凭割断愁思恨缕。	Of sorrow let's cut off the string, Of grief let us break through the ring…
元旦	增2行	山下山下， 风展红旗如画。	Below, Below, The wind unrolls Red flags like scrolls.
游泳	增3行	又食武昌鱼	And then a dish Of Wuchang fish.
		极目楚天舒	And as far as can reach the eye, I find the wide, wide Southern sky.
		（神女应无恙，） 当惊世界殊	Would feel surprised to find no more The world of yore.
读史	增2行	一篇读罢头飞雪	One book just read, White hair snowed on my head.
		更陈王奋起挥黄钺	Chen Sheng revolted then With his ax-wielding men.
井冈山	增3行	故地重来何所见， 多了楼台亭阁	What have I seen when I come to seek My old familiar places But new pavilions and traces?

- 279 -

(续表)

作品标题	译文行数增减	原文	译文
		黄洋界上，车子飞如跃。	And formidable citadels So deep The carriage seems to leap.
		弹指三十八年	Thirty-eight years have gone by In the twinkling of an eye.

许渊冲译文增加行数有 13 例，无一例外是为了译文押尾韵，将原文 1 行拆译为 2 行。除此以外，所有译文都做到和原文一句对应一句，即一行译文对应一行原文。另外，《鸟儿问答》的译文总行数和原文一致，但有两处不是一行译文对应一行原文。"不见前年秋月朗"对应的译文 2 行："But don't you know two years ago / When the moon lit the autumn skies ." "土豆烧熟了，再加牛肉。"对应的译文仅 1 行："Potatoes cooked and beef well stewed…"译者这样处理也是为了押韵。

许渊冲翻译汉语古诗词，追求译文"音美"，诗词译文行数的增加是他翻译原则的体现。但我们通过对比许渊冲英译《唐诗宋词一百首》发现，许渊冲在翻译毛泽东诗词时，对诗词行数的增减是很有限的。许渊冲英译《唐宋词一百首》，1991 年由中国对外翻译出版公司和商务印书馆（香港）有限公司联合出版，收入二十世纪八九十年代中国最负盛名的双语读物"英汉汉英对照一百丛书"，2007 年由中国对外翻译出版公司再版，收入《中华传统文化精粹》丛书。二十世纪八十年代初香港商务印书馆约请他翻译这本书，该书译者《前言》落款是 1985 年，和他 1978 年出版毛泽东诗词英译本时间相距不久，因此我们可以认为他的诗词翻译风格应该基本一致，不会有太大的变化，如果同样体裁作品的翻译风格出现了系统性差异，应该有语言文学以外的原因。下面是《唐宋词一百首》中原文和对应译文行数不一致的统计。

第八章 毛泽东诗词国内译本的系统性特征分析

表3 译文行数增减

序号	作者及作品题目	译文行数增减
1	温庭筠《梦江南》（梳洗罢）	增5行
2	温庭筠《河传》（湖上）	增2行
3	温庭筠《忆江南》（兰烬落）	增1行
4	李珣《南乡子》（乘彩舫）	增1行
5	孙光宪《酒泉子》（空碛无边）	增2行
6	李煜《相见欢》（无言独上西楼）	增1行
7	李煜《乌夜啼》（林花谢了春红）	增1行
8	柳永《昼夜乐》（洞房记得初相遇）	增1行
9	柳永《雨霖铃》（寒蝉凄切）	增4行
10	柳永《望海潮》（东南形胜）	增3行
11	柳永《八声甘州》（对潇潇暮雨洒江天）	增6行
12	范仲淹《渔家傲》（塞下秋来风景异）	增2行
13	张昇《离亭燕》（一代江山如画）	增1行
14	苏轼《江城子·密州出猎》	增1行
15	苏轼《水调歌头》（明月几时有）	增1行
16	苏轼《永遇乐》（明月如霜）	增4行
17	苏轼《念奴娇·赤壁怀古》	增3行
18	苏轼《临江仙·夜归临皋》	增3行
19	李之仪《卜算子》（我住长江头）	增2行
20	贺铸《捣练子》（砧面莹）	增1行
21	周邦彦《苏幕遮》（燎沉香）	增1行
22	周邦彦《蝶恋花·早行》	增3行
23	李清照《醉花阴·九日》	增2行
24	李清照《凤凰台上忆吹箫》（香冷金猊）	增1行
25	李清照《声声慢》（寻寻觅觅）	增5行
26	李清照《永遇乐》（落日熔金）	增1行
27	陈与义《临江仙·夜登小阁忆洛中旧游》	增2行
28	张元干《贺新郎·送胡邦衡谪新州》	增5行
29	岳飞《满江红》（怒发冲冠）	增1行
30	岳飞《满江红·登黄鹤楼有感》	增2行
31	岳飞《小重山》	增2行
32	辛弃疾《摸鱼儿》（更能消几番风雨）	增2行
33	辛弃疾《破阵子》（醉里挑灯看剑）	增2行
34	吴文英《风入松》（听风听雨过清明）	增4行
35	文天祥《念奴娇·驿中言别友人》	增7行
36	范仲淹《苏幕遮》（碧云天）	减4行

（续表）

序号	作者及作品题目	译文行数增减
37	王安石《桂枝香》（登临送目）	减1行
38	朱敦儒《相见欢》（金陵城上西楼）	减1行

高达 38% 的唐宋词译文行数与原文不一致，其中，35% 作品译文的行数增加，增加少则 1 行，多则 7 行；3% 的作品译文行数减少，减少数量少的 1 行，多的 4 行。译文行数增加最多的是文天祥《念奴娇·驿中言别友人》，原文 20 行，译文 27 行，增加了 7 行。温庭筠的《梦江南》原文不长，共 5 行，译文却 10 行，下面是原文和译文的对比：

梳洗罢，

独倚望江楼。

过尽千帆皆不是，

斜晖脉脉水悠悠，

肠断白蘋洲。

After dressing my hair,

I alone climb the stair.

On the railings I lean,

To view the river scene.

Many sails pass me by,

But not the one for which wait I.

The slanting sun sheds a sympathetic ray,

The carefree river carries it away.

第八章　毛泽东诗词国内译本的系统性特征分析

My heart breaks at the sight

Of the islet with duckweed white. （许渊冲，2007：28-29）

译文韵式为 AABBCCDDEE，为了押韵，译者发挥想象，在译文中增添了原作字面所无的内容，如 "I alone climb the stair"，"To view the river scene"。专有名词没有机械地音译，而是灵活处理。"望江楼"是楼明，因临江而得名，译文中见不到"楼"的存在，"独倚望江楼"转换成了"我独自爬上梯子，倚靠栏杆"（I alone climb the stair. / On the railings I lean），小洲名"白苹洲"，没有英译为 Baipin Islet，而是意译"生长有白萍的小洲"（the islet with duckweed white）。

译文和原文行数不一致时，一般译文行数比原文行数多，也有译文行数少于原文的。范仲淹的《苏幕遮》原文 14 行，译文只有 10 行。

原文和译文如下：

碧云天，
黄叶地。
秋色连波，
波上寒烟翠。
山映斜阳天接水。
芳草无情，
更在斜阳外。

黯乡魂，
追旅思。
夜夜除非，

好梦留人睡。

明月楼高休独倚。

酒入愁肠，

化作相思泪。

    Emerald clouds above

      And yellow leaves below,

    O'er autumn-tinted waves, cold, green mists grow.

    The sun slants o'er the hills, the waves blend with the sky,

    Unfeeling grass grows sweet beyond the mountains high.

    A homesick heart

    Lost in thoughts deep,

    Only sweet dreams each night can retain me in sleep.

    Don't lean alone on rails when the bright moon appears!

    Wine in sad bowels would turn into nostalgic tears.

（许渊冲，2007：90-91）

    译文韵式整齐，第一个诗节的韵式为ABBCC，第二个诗节韵式为DEEFF。译者将原文14行，缩减为10行，在原作思想内容不减的前提下，更容易使译文韵式整齐。

    比较而言，许渊冲翻译毛泽东诗词，译文行数尽量与原文保持一致，译文行数的增减极其有限，也许反映出许渊冲对毛泽东诗词（或者说对毛泽东其人）更主动的顺从和适应，以免出现"政治上的"错误。

    吴翔林1978年译本，收录诗词39首，整个译本仅3例2行英文

对应 1 行原文的情形。一是《减字木兰花·广昌路上》"风卷红旗过大关"1 行对应的译文是 2 行:

  And, red flags flapping in the wind,
  Through the great pass we go.

二是《满江红·和郭沫若同志》中"嗡嗡叫,几声凄厉,几声抽泣。"3 行糅合成了 2 行:

  They are sometimes shrilling, sometimes sobbing,
  Buzzing without cease.

说"糅合",因为不但译文行数与原文不一致,译文还颠倒了原文意思表达的顺序。例三是《水调歌头·重上井冈山》中"(过了黄洋界,)险处不须看"1 行译成了 2 行:

  (Once Huangyangchieh is passed)
  All other hazardous terrain
  Is nothing in our eyes.

就整个译本翻译风格而言,我们可以看作是"一行译文对应一行原文"的翻译。

黄龙 1993 年译本,收录诗词 50 首,每首的译文诗行和原文一一对应。辜正坤 1993 年译本,收录诗词 45 首,仅《读史》译文行数与原文不一致,原文 20 行,译文 23 行。"一篇读罢头飞雪"1 行的译文为 2 行:

  My hair now is streaked with snow
  When a volume is read through, so.

"盗跖庄屩流誉后,更陈王奋起挥黄钺"2 行的译文有 4 行:

Only, Zi the bandit and Jue the rebel

Who should now deserve the fame without a fall

And Chen the slaves' king who once wielded

The battle ax of bronze as a call.

整体上,我们可以认为该译本的译文诗行与原文一一对应。

最后看赵甄陶译本。赵甄陶 1980 年译本和 1992 年译本收录作品和译文都相同,前者为纯英文版,后则为英汉对照版,赵译本有较多的中英诗行不对应的情况。收录的 42 首诗词中,9 首的译文行数与原文不一致,具体罗列如下:

表4 赵译本译文行数变化表

作品标题	译文行数增减	原文	译文
元旦	增1行	山下山下,风展红旗如画	Now the foot of Mount Wuyi Sees Red Flags in the breezes Afloat so picturesquely.
广昌路上	增2行	风卷红旗过大关	We press ahead through the great pass, The whirlwind flopping the red flags.
		十万工农下吉安	Workers and peasants thousands strong Sweep down upon Ji'an today!
昆仑	增3行	飞起玉龙三百万	With dragons white in hue Three million strong in flight.
		千秋功罪,谁人曾与评说?	By all the things you've done, Good or bad, old or new, Who's ever judged of you?
		安得倚天抽宝剑	Would I leant on the sky With sword sharp as could be.
雪	减1行	一代天骄,成吉思汗	And Genghis Khan, Proud Son of Heaven.

第八章 毛泽东诗词国内译本的系统性特征分析

（续表）

作品标题	译文行数增减	原文	译文
游泳	减1行	风樯动， 龟蛇静。	Sails move; Mounts Snake and Tortoise stand dead still.
答李淑一	增2行	我失骄杨君失柳	I lost my proud Yang, you your Liu. Like catkins of poplar and willow，…
		寂寞嫦娥舒广袖	The lonely Goddess of the Moon Danced in her ample sleeves in heaven，…
满江红	减3行	嗡嗡叫， 几声凄厉， 几声抽泣。	They're buzzing, buzzing without cease, And sobbing, sobbing, ill at ease.
		多少事， 从来急； 天地转， 光阴迫。	So many deeds brook no delay! The globe spins on, and time won't stay.
重上井冈山	减3行	久有凌云志， 重上井冈山。 千里寻故地， 旧貌变新颜。	I've long aspired to go uphill to clouds; From far I've come round to the old redoubt. Mount Jinggang has assumed so new a look—
		风雷动， 旌旗奋。	The wind and thunder roar, and banners flap—
		三十八年过去， 弹指一挥间。	Thirty-eight years have gone by in a snap.
鸟儿问答	减4行	鲲鹏展翅， 九万里， 翻动扶摇羊角。	Spreading his wings, the roc soars to the sky, Stirring a whirlwind thousands of miles high.
		炮火连天， 弹痕遍地。	Drumfire licks heaven; shells make countless pits.
		借问君去何方， 雀儿答道： 有仙山琼阁。 不见前年秋月朗， 订了三家条约。 还有吃的， 土豆烧熟了， 再加牛肉。	"Where?" asks the roc, and this is the reply: "To towers of jade where live the genii. There I'll be treated to the dish goulash, That is, potatoes roasted with beef hash. Beneath the autumn moon two years ago, A triple pact was signed, do you not know?"

赵甄陶译本行数和原文不一致的地方有18处,其中行数增加的8处,增加了8行,行数减少的地方有10处,译文比对应的原文减少了14行。译文行数减少的相应原文一般每行只有三四个字,如"风樯动,龟蛇静";"嗷嗷叫,几声凄厉,几声抽泣";"多少事,从来急;天地转,光阴迫";"风雷动,旌旗奋"等。《念奴娇·鸟儿问答》译文和原文逐行对应的程度最低,译文不但把有些原文两行并成一行,还有诗行顺序的颠倒,下面几行诗句的译文和原文逐行对应程度极低:"借问君去何方,雀儿答道:有仙山琼阁。不见前年秋月朗,订了三家条约。还有吃的,土豆烧熟了,再加牛肉。"英译文:

"Where?" asks the roc, and this is the reply:

"To towers of jade where live the genii.

There I'll be treated to the dish goulash,

That is, potatoes roasted with beef hash.

Beneath the autumn moon two years ago,

A triple pact was signed, do you not know?"

该译本中约21%诗词的译文行数与原文不一致。

总体而言,和国外译本相比,国内译本译文行数远远接近原文行数,对作品行数没做大幅度的增减。布洛克和陈志让的译本总行数比原文增加约30%,如《菩萨蛮·黄鹤楼》原文和译文的比对如下。

原文如下:

茫茫九派流中国,

沉沉一线穿南北。

烟雨莽苍苍,

龟蛇锁大江。

黄鹤知何去?
剩有游人处。
把酒酹滔滔,
心潮逐浪高!

译文如下:
Broad, broad

through the country

flow the nine tributaries.

Deep, deep

from north to south

cuts a line.

Blurred in the blue haze

of the rain and mist

The Snake and Tortoise Hills

tower above the water.

The yellow crane

has departed.

Who knows where it has gone?

Only this resting-place

for travelers remains.

In wine I drink

a pledge to the surging torrent.

The tide of my heart

rises as high as the waves. (Bullock & Ch'en, 1965: 322)

原文共 8 行，译文增至 19 行。国外的其他译本，尤其是巴恩斯通 & 郭清波译本以及马文绮译本译文诗行都有大量的增加。在马文绮译本中，原文共 8 行的七律诗《长征》译文行数增加一倍，共 16 行。

英译文如下：

We, the Red Army,

Fear not the tribulations of the Long March.

To our brave soldiers,

Crossing a thousand mountains and a million streams

Is but child's play.

Remember, comrades,

How the five towering ridges wound up to heaven in rippling waves?

And lofty Wumeng Mountains rolled by under our feet like lumps of clay?

Remember, comrades,

How the sun-drenched waves of the Golden Sand River

Pounded impetuously at the base of the cloud-piercing cliffs,

And over Tatu River dangled precipitously

A lone chain of iron thrashed and flogged by the chilled wind?

And now after our three armies have crossed the snow-crowned Minshan,

How our hearts leaped in joyful exuberance

At the sight of its endless miles of shimmering snow! (Ma Wen-yee,1986：68)

  国外译本与国内译本相比译文行数大量增加，其影响因素固然有译者翻译风格等诗学方面，但国内译本的译者与国外译本译者长期生活在完全不同的社会历史环境中，这一因素也不可忽视。诗词作者毛泽东作为新中国的国家领导人，长时期具有无上的权威，国内译本的译者长时期活生生活在毛泽东思想的影响之下，在对外译介毛泽东的诗词作品时也尽量主动完全顺从和适应原作的思想内容和形式要素。国内译者翻译毛泽东诗词对作品形式要素尽量与原作保持一致，但翻译其他古诗词如唐宋词的时候，则更为随意。上文举例说明了许渊冲翻译毛泽东词和唐宋词的不同策略。又如1986年北京语言学院出版社出版的徐忠杰选译《词百首英译》，整个译本译文行数比原文行数增加约40%，唐刘禹锡的一首《竹枝词》，原文4行如下：

山上层层桃李花，
云间烟火是人家。
银钏金钗来负水，
长刀短笠去烧畲。

译文行数翻了一番，增加到8行，分为两个诗节：

Upon the slopes of the mountain flourish-

Peach and plum flowers in tiers and tiers.

Curls of smoke appearing in the clouds-

Come from cooking by the mountaineers.

They descend all the way for water.

Silver-gold-gewgaws on head or hand.

A basket for hat; a sword as plow.

No manure but grass ash for their land. （徐忠杰，1986：8）

再如 2003 年上海社会科学院出版社出版的裘小龙编译汉英对照《中国古典爱情诗词选》，该译本译文诗行总数也比原文诗行多约 40%。如南唐词人李煜的《柳枝词》，原文 4 行如下：

风情渐老见春羞，

到处芳魂感旧游。

多谢长条似相识，

强垂烟穗拂人头。

译文如下：

No longer young against the breeze

of passion, now, she is shy

with the splendor of the spring, everywhere,

everywhere petals fall, reminding her

of the people who used to go out

with her.

Thanks

to the long willow shoot that bends

itself for her, she succumbs

to the mist-like tassel caressing

her face, as if touched

by an old companion.（裘小龙，2003：88）

汉语古典诗词译文和原文逐行对应的译本也有，如1988年中国对外翻译出版公司和香港商务印书馆联合出版的英汉对照《唐诗三百首新译》，该译本基本是译文行数与原文一致，2001年外文出版社出版的杨宪益、戴乃迭等英译《宋词》，该译本"坚持一句比着一句译"（"译后记"），一行原文对应一行译文。这类译本虽然不难见到，但相对而言较少。因此，国内毛泽东诗词英译本译文行数都尽量和原文保持一致，很可能是受到翻译诗学以外因素的影响。

8.4 注释的添加

译文加注主要有两类。一类是附加注释，只言片语，惜墨如金，虽混入正文，而不露痕迹，主要用于解释原文本中出现的人名、地名、年代、器物、习俗等。诗词翻译贵在用词精简，一般不采用附加注释。另一类是别加注释，通常出现在页末或文尾。这类注释除了能完成附加注释的功能，还能进一步增加有关原文本作者、创作背景、原文主旨等方面的信息，诗词翻译中加注一般采用这类注释。国内译本有的译者加了注，有的没有。外文出版社的1958、1959译本，译文相同，注释有别。1958年版本封面书名为MAO TSE-TUNG NINTEEN POEMS—With Notes by Chou Chen-fu and An Appreciation by Tsang Keh-chia，封底的汉语书名为《毛主席诗词讲解》（周振甫注释臧克家讲解），注释和讲解刚好占译本篇幅的一半。1959年版本省略了1958年版本中的注释和讲解，只在译本最后集中加了65个简短注释。1976年译本，除了诗人自己的注解，译者没添加任何注释。国内毛泽东时代出版的"官译本"无原作者自己的注释以外的注解，明显是译者谨慎对待翻译毛泽东诗词这一"政治任务"的结果。后毛泽东时代的英译本，虽然大部分译本无注解，但赵甄陶译本在每首诗词后增添了简要的注释，有关词牌名、创作历史背景和人名地名等专有名词，辜正坤译本的注解更丰富，甚至对一些有争议的诗词内容发表译者自己的看法。后毛泽东时代的毛泽东诗词译本缺少注释，一方面也许因为译者无意使译本在国外广泛传播，译本主要在国内懂英语的读者间传播，对这些读者而言，很容易获得毛泽东诗词的详细汉语注解，就不必在译本里添加注解；另一方面，在国内意识形态环境中，对毛泽东诗词加注是一项需要"政治正确"的学术工作，译者也许出于谨慎的考虑，不在译本中添加原作以外的注释。随着我国政治环境的宽松，越往后加注的英译本也越来越多，如辜正坤（1993，2010）、张纯厚（2007）、李正栓（2010）。外国译本皆有别加注释，主要涉及诗词的创作背景和作品中出现的人物、地点、事件，甚至对诗词的艺术特色进行评价，帮助读者理解译文。

以下是几种中外译本对《沁园春·长沙》的注解情况。外文出版社1958年译本有讲解，讲解部分对作品的思想内容和创作技巧进行分析。讲解者臧克家认为，上阕描绘的秋天"并无过去许多作家歌唱的那种肃杀、伤感的悲秋情调。相反，诗人描绘的是一副爽朗、活泼、动人的生机勃勃的秋之生命图画。这表现了诗人宽广的胸怀和乐观的情绪。"（1958：33）。下阕回忆"在我们的眼前活绘出在那样黑暗浓重的反动社会里，一群向往革命的青年人的伟大抱负和慷慨激昂的气势。"（1958：4）"这首词，前半对景抒情，后半追忆往事，前后形成一个整体。回忆过去，没有怅惘伤势的情调，令人只觉得热情激发。描写眼前风光，也是一派生机。""这首词的主调表达了革命的乐观主义情绪。"（1958：5）同一出版社1959年译本的译文和1958年版相同，注释也一样，但1959年版的注释统一集中放在译本末尾，无讲解。1976年"官译本"译文后无任何译者添加的注解。布洛克和陈志让译本的译文后附有简短注解，说明长沙和橘子洲的位置，对本诗表达的诗人情感和创作技巧做出评价，"这首诗表达的忧郁的情绪在毛泽东诗词作品中是罕见的。上阕描绘的景色和下阕描述的珍贵的记忆（treasured memories）美丽而又生动，不时带有淡淡的忧愁。这首诗词的创作技巧炉火纯青（consummate skill）"。译者认为，从毛泽东年谱能看出，毛泽东1925年的夏天不是在长沙度过的，原作创作时间不可能是1925年，应是1926年（Ch'en, 1965：321）。聂华苓和恩格尔译本中，译者没有注解文中的具体内容，也没评论这篇作品的艺术特色，但用了近一页半篇幅阐述长沙对毛泽东的重要性，因为毛泽东青年最重要的近十年求学时代是在长沙度过的（Engle & Engle, 1973: 24-26）。王慧明译本的译文后附有简短注释："长沙是湖南省省会城市，毛泽东就出生在省城附近。长沙横跨湘江，湘江向北流进洞庭湖。在长沙城里和附近，毛泽东度过了他的学生时代，对中国的土地和人民有了深刻的理解。"（Wang Huiming, 1976: 13）赵甄陶译本在译文后对两个地理名词"长沙"和"橘子洲"，两行诗句"风华正茂"和"粪土当年万户侯"做了简要注释。辜正坤译本对这首词加了两页多共10条注释，注释项包括"长沙""橘子洲""湘江""万山""红遍""霜天""谁主沉浮""书生意气，挥斥方遒。指点江山，激扬文字""万户侯""到中流击水，浪遏飞舟"。

8.5 意识形态与中外译本间系统性差异

人类所有语言，不可能是中立的，总会被附加上一整套涉及特定社会、历史、政治、经济、文化、民族等层面的价值和意义，总会和特定的意识形态相连。译者常常有意或无意地受制于自身所处时代的主流意识形态。套用米歇尔·福柯的知识／权力理论模式，我们不妨认为，译者从事翻译时，已进入一个极其多元复杂的"权力关系网络"（a network of power relations），从事一种广义的意识形态活动。有学者干脆就把翻译称为一种政治行为（Translating: a political act）。诺德（Nord, 1991）在《翻译中的文本分析》一书中指出，要翻译一个特定的文本时，应该想一想以下几个问题：①该译什么？②由谁来译？③译给谁看？④怎样译？从意识形态角度来看这几个方面，这些问题相当于：①什么是有价值的？什么应该省译？②谁控制译文的制作？③谁可以接触到外语材料？④为了控制原文本的信息，应该省略什么，添加什么，改动什么？翻译学研究者和翻译实践者必须对各类文本受到的显性和隐性的操控有清醒的认识。毛泽东诗词的英译本出现在不同时代、不同国家，受到政治因素的影响是不可避免的。中外英译本的规律性差异是这种影响的结果。

1949年新中国成立到1978年改革开放，毛泽东在中国具有崇高的地位，国内的三个"外文出版社"译本就诞生于1949年到1976年这个特殊的历史时期。1958年和1959年出版的英译《毛泽东诗词十九首》，前18首外籍专家波义德翻译，第19首由外籍专家戴乃迭翻译。署名为何没有国内译者？是国内译者"谦让"，还是另有原因？

第八章　毛泽东诗词国内译本的系统性特征分析

译者署名不能说和当时的意识形态环境无关。1976年的译本被国外普遍被认作"官译本",但其诞生并不顺利。1976年译本产生时的政治环境比前两个译本还要特殊,正值"文革"期间。译者不得不谨小慎微,使译文尽量和原文保持一致,以免出现"政治性"错误。原作的词牌名译作悉数音译,原作的阕数和行数译作不变,第一个译本除了添加了有关词牌名、人物、历史事件、典故等的注释,书后还附有正式发表毛泽东诗词的《诗刊》杂志主编臧克家对每首诗的讲解,第二个版本删除了臧克家的讲解,第三个版本仅保留了原作者的注释。不难看出,译者越来越"隐身"。从1965年到1976年,国外出版了几个英译本,从这几个译本不难看出,国外译本译者比国内译本的译者"更自由","更大胆",词牌名可省略,节数和行数可增加,用较多的篇幅阐释自己对作品的理解,尽管有些阐释值得商榷,以最大限度地去迎合西方读者,而不用担心译文的处理和主流意识形态抵触。国内外文出版社出版的三个译本和国外的几个译本出版的时间相差不大,但由于译者处于不同的意识形态环境中,对原作的处理也就有明显不同。后毛泽东时代国内出版的几种英译本,总体上仍然主动顺从和适应毛泽东诗词原作,尽量使诗词译文的形式要素与原作保持一致。

当然,或许有人会认为,中外译本间的差异只不过是由于译者的风格或者文学趣味的不同而不是由于受到意识形态的影响(simply a matter of taste instead of an ideological move),但很明显,中外译本规律性的差异不是用译者的风格或者文学趣味就能解释的,其深层次的原因在于译者所处的意识形态环境。我们不妨认为,如果同一原文本的多个中外译本间存在规律性差异,其根本原因在于译者所处的意识形态环境。

8.6 小结

产生于不同时期的译本，存在规律性或系统性的差异，根源在于译者身处的主流意识形态。国内出版的毛泽东诗词英译本的译者和原作者处于同一个意识形态环境，译者会主动迎合主流机构以及主流意识形态对译者的期待，自然尽可能使译文比较于原文"不增"也"不减"，这一方面最容易做到的就是原作的形式要素。国外译本的译者所处的意识形态环境迥异于国内译本译者，他们也不身负国内译者身负的这种意识形态"包袱"，在翻译毛泽东诗词时"可增"也"可减"。

第九章
进入新世纪：对外译介毛泽东诗词的热情依旧

诗人毛泽东及毛泽东时代离我们已越来越远，但毛泽东诗词的魅力依旧。"毛泽东时代"结束后，不断有毛泽东诗词英译本出版：1978年吴翔林南京大学译本、许渊冲洛阳外国语学院译本；1980年黄龙东北师大译本；1980年赵甄陶湖南人民出版社译本；1981年许渊冲香港商务印书馆译本；1992年赵甄陶湖南师范大学出版社译本；1993年许渊冲中国对外翻译出版公司译本、黄龙江苏教育出版社译本、辜正坤北京大学出版社译本、赵恒元& Paul Woods 译本。这些风格各异的译本发挥了毛泽东诗词对外译介的主要作用。"官译本"出版后，一旦有了被有关部门审定后公开发表的毛泽东诗词，我们就能在一些学术期刊或英语教辅期刊上读到英译文。如裘克安在《编译参考》上发表的《贺新郎·读史》译文（1978年），许渊冲在《解放军外国语学院学报》上发表的"毛泽东诗《给彭德怀同志》英译"（1980年）和《毛泽东诗词七首》英译文"（1989年）、发表在《英语世界》上的"毛泽东《看山》英译"（1994年）和"毛泽东《枕上》《洪都》英译文"（1995年）等。无论是译者还是出版社，对毛泽东诗词的热情持续进入了21世纪。

第九章　进入新世纪：对外译介毛泽东诗词的热情依旧

9.1　经典再版，旧译修订

在新世纪的头十年中，我们不但看到经典译本的再版，旧译本的修订版，也读到了全新的英译本。1976年北京外文出版社出版的《毛泽东诗词》（三十九首），虽然有这样或那样的不足，就译本对原作思想内容的准确把握、语言的简练，尤其是在毛泽东诗词对外译介中发挥的"蓝本"作用而言，其"经典"地位不可动摇。外文出版社1998年以英汉对照的形式，将1976年译本重新编排出版，迄今已多次印刷。

辜正坤译本的1993年第1版已多次印刷，"被誉为迄今为止国内外难得的优秀译本"（修订版封底）。2010年北京大学出版社出版该译本的修订版，修订本保留了第一版的整体特色，增加了更多副文本，如多幅毛泽东书法和手迹、山水画插图、风景照片等，译本装帧更精美。增录1首毛泽东诗词作品：《虞美人·枕上》。附录中毛泽东有关诗词的三封信，两封标题有小的改动，第一版中《给胡乔木的信》和《给陈毅的信》改为《给胡乔木同志的信》和《给陈毅同志谈诗的一封信》。修订版对第一版的诗词译文有个别修订，如《贺新郎》前5句："挥手从兹去。更哪堪凄然相向，苦情重诉。眼角眉梢都似恨，热泪欲零还住。"

原译文如下：

Hands waving from you off I start.

How can I bear to see you

Face me with an aching heart,

Retelling me your sorrows as we part.

Grief is written over

your brows and in your eyes,

You wink back the hot tears

about to break ties. (辜正坤，1993：3)

修订版改译如下：

Waving hands, to each we say adieu,

How can I bear to see you

face me with an aching heart,

Retelling me your sorrows as we part.

Upon your brows grief is written

and your eyes in sadness drown

You hold back the tears hot and moisten

about to stream down. (辜正坤，2010：23)

再如，《菩萨蛮·黄鹤楼》下阕译文的改动，原译文为：

Gone is the crane so yellow and nobody knows where,

Now only the tower remains here for visitors to stare.

I hold up wine to the waves before my eyes,

The tides of my heart, too, rise! （辜正坤，1993：17）

修订本改译为：

Gone is the yellow crane and nobody knows where,

Now frequented by visitors the tower remains fair.

To the surging waves I hold up wine,

The tides of my heart, rise and whine! （辜正坤，2010：35）

修订后的译文押韵更整齐或表达更简练。

9.2 译本扩充

许渊冲先后在二十世纪七十年代末八十年代初和九十年代初推出毛泽东诗词译本,每个译本收录的诗词作品数量比前一个译本多,充分反映当时毛泽东诗词研究的新成果。2008年五洲传播出版社出版许渊冲的英汉对照《精选毛泽东诗词与诗意画》(Illustrated Poems of Mao Zedong),收录诗词67首,比1993年中国对外翻译出版公司译本多17首,新收录作品占译本作品总数的1/4。该译本是对1993年译本的扩充,未对相同的3/4的诗词译文做修订。新增的17首诗词是《五古·挽易昌陶》《虞美人·枕上》《五律·挽戴安澜将军》《五律·张冠道中》《五律·喜闻捷报》《五律·看山》《七绝·莫干山》《七绝·五云山》《七绝·观潮》《七绝·刘蕡》《七绝·屈原》《七绝二首·纪念鲁迅八十寿辰》《七律·洪都》《七律·有所思》《七绝·贾谊》《七律·咏贾谊》。新收录诗词的英译遵循了许渊冲翻译毛泽东诗词对"三美"的一贯追求,例如译本最后一篇作品《七律·咏贾谊》的译文:

ON JIA YI

While young, he had the talent of serving the State;

To our regeat, his ambition was not fulfilled.

He knew the way of commanding an army great,

Of strengthening the State by weakening lords self-willed.

Brave as he was, be could not persuade the king;

Loyal although he was, he fell into disgrace.

Master in Changsha, he's deplored from spring to spring.

Why should he follow, Oh! the exiled poet's trace? (许渊冲,2008:146)

毛泽东不但是诗人，也是书法家。将毛泽东的诗词书法或手迹作为诗词英译本插页，始自1958年外文出版社出版的《毛泽东诗词19首》英译本，这成了其后各类译本不可缺少的一个副文本，但这样的手迹插页一般少则一幅，多仅三四幅。图书印刷技术的进步，为毛泽东诗词传播途径的多样化提供了可能。五洲传播出版社译本不但对收录诗词作品数量做了扩充，对反映毛泽东诗词主题的媒介也做了扩充。从该书的书名即可看出，该译本一大特色是配有诗意画。该译本没有像此前其他译本那样用毛泽东手迹作插图，而是每首诗词配有一幅诗意画，这些画是著名书画家傅以新教授等6人的作品。诗意画以中国当代历史为大背景，以毛泽东诗词为创作基础，用简练的笔墨，生动的形象，较好地把握并表达了毛泽东诗词中的雄奇境界和宏大气魄。用诗意画来表现和解读毛泽东诗词，就是用书画艺术形式让人们更容易理解毛泽东诗词中的艺术内涵和历史价值。许渊冲追求"三美"的译文，和毛泽东优美的诗词对照，辅以彩色诗意画。该译本的汉语诗词美，英语译文美，诗意画也美，可谓具备另类"三美"的译本。

9.3 新译出版

1994年，"中国毛泽东诗词研究会"成立，在新世纪的开头一年2001年召开了研究会的第二届年会，2014年10月中旬召开了研究会第十四届年会，国际毛泽东诗词研讨会至今已召开三届，毛泽东诗词研究领域不断拓宽，研究的主题不断深入，不断取得新的成果。尽管毛泽东诗词在二十世纪已有近20种各具特色的英译本，进入21世

第九章　进入新世纪：对外译介毛泽东诗词的热情依旧

纪，仍不断有新的译本出版。这些新译本，一方面吸收了毛泽东诗词研究的新成果，另一方面参考了此前的英译本。在新世纪的开头十年，已有2个全新译本面世。一是2007年出版的张纯厚译本，另一个是2010年出版的李正栓译本。

9.3.1 张纯厚译本：迄今收录毛泽东诗词最多的译本

我们对比了近20种国内外英译本，发现收录诗词完全相同的译本很少[①]。收录数量的差异也部分反映了当时对毛泽东诗词作品数量的不确定。毛泽东的诗词作品到底有多少首，也许永远也没有一个确切的数目。我们从几部毛泽东诗词《全集》收录的多少不难看出这一点：香港1990年版《毛泽东诗词全集》收录59首，台湾1992年版《毛泽东诗词全集》收录63首，广西人民出版社1993年版《毛泽东诗词大典》收录82首，湖北教育出版社1993年版《毛泽东诗词全编》收录诗词75首，南京出版社1994年版《毛泽东诗词鉴赏大全》收录诗词91首，湖北教育出版社1995年版《毛泽东诗词全编》（增补本）收录84首，成都出版社1995年版《毛泽东诗词全集全译全析》收录诗词91首，1996年中共中央文献研究室编辑出版的《毛泽东诗词集》收录诗词67首。随着对毛泽东研究的深入和毛泽东诗词作品的不断

---

① 1980年湖南人民出版社英译本和1992湖南师范大学出版社英汉对照译本收录诗词完全相同，译者都是赵甄陶。

搜集整理，毛泽东诗词（至少以"诗词"形式出现的）作品的数量还有可能增加，但在同一时间段内出版的《全集》收录篇数相差悬殊，这和《全集》编者对某些诗词的真伪和艺术性的态度有关。未经毛泽东本人和中央有关权威部门审定，散见于各种书刊的诗词如何定性？毛泽东曾为他人修改诗词作品，如为梅白修改的《七绝·夜登重庆枇杷山》，为陈毅修改的《五律·西行》和为胡乔木修改的40多首作品能否算毛泽东本人的创作？是否收录这些作品决定了《全集》收录诗词的多寡。以往的外语译本皆未收录未经诗人本人或中央有关部门审定的作品和修改别人的作品。

收入中央文献研究室编辑出版的《毛泽东诗词集》67首诗词，是毛泽东诗词创作的精华，也是流传甚广、影响深远的中国当代诗词作品。这67首诗词，无疑是毛泽东诗词对外译介的重点。要全面对外译介诗人毛泽东，我们认为外文译本有必要收录未经毛泽东本人和有关权威部门审定但已在书刊发表且来源可靠的诗词作品，和个别为他人修改的作品。在这一方面，在新的世纪初已有可贵的尝试。2002年，延安大学政治研究所所长张纯厚博士与美国埃德温·沃恩（C. Edwin Vaughan）教授合作在美国出版《作为诗人和革命家的毛泽东：社会历史视角》（Mao Zedong as poet and revolutionary leader: social and historical perpsectives）。这是一部将诗词作品放进中国社会历史背景的叙述中的毛泽东诗词英译本，收录毛泽东诗词89首。其后，张纯厚得到延安大学重点科研基金资助，对该书做了扩充，增录毛泽东的"非主流"诗词25首，以《世界视野：毛泽东诗词英汉对照一百首——政治、社会、历史视角的全方位研究》（World Perspectives on 100

第九章　进入新世纪：对外译介毛泽东诗词的热情依旧

Poems and Ci of Mao Zedong in English and Chinese: A Comparative Political, Social and Historical Research）为题，2007年由香港文汇出版社出版。2007年译本是迄今收集毛泽东诗词最多的英语译本（也许是收集毛泽东诗词最多的外语译本），下面对其作简要介绍和评价。

9.3.1.1 本书的目的

该书作者"意图以这本书向中国和国外的成年读者提供毛泽东诗词的完整翻译和最新历史资料及诠释，不仅反映完整准确的信息，而且，有中国和国外的人们对于毛泽东的与时俱进的认识"，因此，"准备一个内容最完备的毛泽东诗词的英汉对照本"（张纯厚，2007，序言）。全书共五章，把毛泽东的一生分为五个阶段：早年（1898—1919）、建党和指导革命（1919—1930）、中华苏维埃区域、长征和延安岁月（1930—1948）、新中国的建立、社会主义经济运动和反右斗争（1948—1959）和反苏斗争、四清运动和"文化革命"（1959—1976）。

9.3.1.2 本书收录诗词的种类

全书收录诗词共114首，47首是没经毛泽东和中央有关部门审定，也从未对外译介，47首中有5首残片：《五言诗·晚霭》（1914）、《七言诗·击水》（1917）、《七律·骤雨》（1917）、《五言诗·狮固楼》（1917）、《五言诗·辞祖国》（1919）；7首韵语作品：《四言韵语·露宿》（1917）、《四言韵语·筹军饷布告》（1927）、《六言韵语·

中国工农革命委员会布告》（1930）、《六言韵语·苏维埃政府布告》（1931）、《打油诗·洛甫》（1934）、《五言韵语·军队向前进》（1948）；6首是毛泽东改写他人的作品：《七绝·呈父亲》（1910）、《七绝·咏蛙》（1910）、《七绝·改梅白〈夜登重庆枇杷山〉》（1958）、《七绝·改李攀龙诗》（1971）、《七绝·改杜甫诗》（1971）、《七律·改鲁迅诗》（1959）。残片和韵语作品除外的102首诗词中，诗67首，词35首。作者虽在序言中提到，收入到该书的每首诗词都有可靠的出处，并非新发现的作品悉数收入，"没有直接证据证明这首词为毛泽东所写的"不收录。但必须指出的是，这47首诗词并无可靠的文献依据，权威部门从未认定过，其中多数诗词成为残篇，或为改写，或者诗味不多，是否能认定为毛泽东诗词，是要打个问号的。

9.3.1.3 张纯厚译本编撰体例

该书研究的主体是毛泽东诗词，在体例上以毛泽东的成长和革命历程的叙述为主干，把诗词作品穿插在其中，做到了"诗词则与背景解说混合在一起"，"提供更系统的关于诗词背景的解说，更中肯的批评性评论"（张纯厚，2007：序言）。每首诗词后附有"译者注释"，提供本诗词创作的具体背景，首次公开发表的书刊，还附有"解说注释"解释人名、地名或其他典故。五个阶段的叙述提供了每首诗词创作的大背景，引用的文献既有国内的中文文献，也有国外的英文文献，几乎各占一半。作者对文献的引用是严谨的，作者参考了大量的外文文献，这样对诗词作品的解读的视野更宽广，基本做到了如本书标题所说的"世界视野"。本书总体上包括两大部分:"创作背景"和"诗词作品"。这类赏析性著作的体例一般由四个部分组成:①诗词原文;②字词注释;③创作背景;④作品赏析。国内大量的毛泽东诗词赏析著作的体例皆如此。《世界视野》的体例有所不同:①大的背景;②诗词原文(译文);③注解。尽管无详细的作品艺术赏析,即便是英文读者,通过创作的大背景和文后注释,也基本能理解诗词的大意。

9.3.1.4 译文批评

该书总的来说是成功的,向外译介的诗词作品类型多样,除了主要的经毛泽东本人和中央有关部门审定过,具有极高艺术性的作品,还收入了一些诗词残片、合写诗词、布告诗、打油诗,以及替别人修改过的诗。后一类作品的艺术价值也许有限,但这些作品的收录有助于更全面更真实地反映了诗人毛泽东。以往毛泽东诗词的对外译介主要仅限于单纯的诗词外文翻译,尚未见创作背景介绍和诗词翻译结合的译介,《世界视野》的作者在这一方面做了有益的尝试。

该书中诗词的翻译总体上忠实原文,表达流畅,较好地传达了原作的内涵,但也有一些不足之处。

1. 字对字的"死译"使译文意义背离原文

个别诗句的翻译过"直",几乎成了字对字的"死译",译文意义背离原文。《七律·人民解放军占领南京》中"虎踞龙盘今胜昔"一句被译为" With the tiger crouching and the dragon coiling, the present eclipses the past "," 今"作了句子主语,"龙盘虎踞"作状语,译文表达的意思是"因为虎是蹲着的,龙是盘着的,所以今天胜过往昔",完全歪曲了原意。"虎踞龙盘"一说源于三国时诸葛亮出使吴国都城建业(今南京),看到南京地形后说的一句话:"钟山龙蟠,石头虎踞,此帝王之宅",意为钟山像龙一样盘着,石头山(在今南京市西)像虎一样蹲着,来形容地形雄壮险要,本诗中"虎踞龙盘"特指"南京"。同一首诗中的"剩勇"被译为 spare bravery,"正道"译为 right course,"沧桑"译为 the exchange of the vast sea and the field of mulberry 皆过于死板。《七律·和柳亚子先生》中"索句渝州叶正黄"中的"叶正黄"译为 while leaves were yellowing 系字面直译,"叶正黄"代指秋天,未必"叶正在变黄的时候"。《浣溪沙·和柳亚子先生》(1950年10月)第三句"人民五亿不团结"(应为"团圆")译为"The five hundred million people did not unite.","不团圆"指"不能团圆",不是自己不想团圆,简单两个单词"did not"是难以传达"五亿人民不能团圆"这层意思的,译为 were disunited, suffered a split-up fate,或 were yet to reunite 都更好。再如,《水调歌头·游泳》里的两句"一桥飞架南北",译文为"A bridge is being thrown swiftly from south to north/ and into a thoroughfare the heaven moat changes."."飞"字形容大桥像长虹横跨南北的雄伟气势,而不是"飞速地"(swiftly)架桥,当然这一"飞"字原文里也有快速的意思,但不是主要的,翻译时只能传达主要的意思。

2. 诙谐的"韵语作品"翻译不押韵

该书收录了一些"韵语作品"和一首"打油诗"。所谓"韵语作品",或"广告诗""布告诗",其实就是用口头韵文来做政治宣传或发布通告的"顺口溜"。"韵语作品"和"打油诗"都有一个显著

第九章　进入新世纪：对外译介毛泽东诗词的热情依旧

特点，即"押韵"或"顺口"，中英文皆然。本书收录的"韵语作品"和"打油诗"原文都很"顺口"。例如：

（1）四言韵语·筹军饷布告

1927年秋

共产党军，

打富济贫。

要筹军饷，

只问豪绅。

限他三日，

筹好洋银。

贰仟元款，

送到本军。

减少军款，

倾屋烧焚。

（2）打油诗·洛甫　1934年12月

洛甫洛甫真英豪，

不会行军会摔跤。

四脚朝天摔得巧，

没伤胳膊没伤脑。

再看译文：

(1) A verse with four-character lines
　Proclamation for raising provisions for soldiers

- 311 -

Autumn 1927

Troops of Communist Party,

Aid the poor by raiding the wealthy.

To raise provisions for our soldiers,

We ask only the despotic gentry.

Within the limit of three days,

He must get silver dollars ready.

Money of two thousand dollars,

He must send to this army.

If short of military money,

His entire house will be burned to ash.

(2) A Doggerel

Luo Pu, Luo Pu, truly valiant,

Not competent to march but somersault.

With his face towards the sky he tumbles fortuitously,

And he injures neither his arms nor his head.

译文把原文的基本意思传达出来了，若译文行尾押韵，和／或每行用英语格律诗常见的抑扬格音步，才更符合英语里这类诗体的传统格式。英语中不少广泛流传的古老歌谣，采用顺口溜或打油诗的形式，虽然没什么深刻的意义，但音韵响亮，朗朗上口。如，

    Peter

    Peter, Peter, pumpkin eater,

第九章　进入新世纪：对外译介毛泽东诗词的热情依旧

Had a wife and couldn't keep her.

Put her in a pumpkin shell

There he kept her very well.

下面的汉译文和原文一样押韵顺口：

彼得

彼得，彼得，吃南瓜，

有个老婆养不起她。

把他放进南瓜壳 -

她在那里乐呵呵。（朱炳荪译）

3. 地名、山名、江河名等专名的翻译方法混乱

地名、山名、江河名一般音译即可，山名和江河名还往往在音译基础上再加上表山河意思的词，有特殊含义的名称应尽可能意译。无论采用哪种方法，在一本书内应尽量前后一致，以免混乱。

先看地名的翻译。《七律·和柳亚子先生》（1949）头两句"饮茶粤海未能忘，索句渝州叶正黄"中的"粤海"是广州的别称，"渝州"是重庆的别称，前者被译成 Yue Sea，后者完全音译为 Yuzhou，"海"意译为 sea，"州"为何不意译为 state？为何有这种区别？《浣溪沙·和柳亚子先生》（1950 年 10 月）中的两个地名"赤县"和"于阗"也受到区别对待，前者意译为 the Red County，后者音译为 Yutian。为何采用不同的翻译法？难道因为前者能望文生义就意译？《西江月·井冈山》里"黄洋界"译为 Huangyang Boundary，"界"可以意译为 Boundary，"黄洋"为何不意译为 Yellow Ocean 呢？《菩萨蛮·大柏地》里的"大柏地"意译为 the Big Cypress Field，英语读者还会以为战争发生在一大块种柏树的地里呢！"大柏地"其实是江西瑞金市城

- 313 -

北的一个小镇，音译能避免读者不符实际的联想。《浪淘沙·北戴河》中的"秦皇岛"被译为Qin Emperor Isle，此地的确因秦始皇到此求仙得名，译者意译无可厚非，但字对字的死译不妥，就算意译似乎也应译为Isle of Emperor Qin。

再看山名的翻译。山名构成一般采用"XX山"格式，但本书却有不同的翻译方式，甚至出现同一座山两个叫法。《七言诗·送纵宇一郎东行》中"衡岳"译为Mount Yuelu；《西江月·井冈山》题名中的"井冈山"译为Mount Jinggang；《七律·人民解放军解放南京》中"钟山"译为Mount Zhong；《如梦令·元旦》里"武夷山"译为Wuyi Mountain；《渔家傲·反击第二次围剿》头两句"白云山头云欲立，白云山下呼声急"里同一座"白云山"译法却不同，前者译为the White Cloud Mountain，后者译为the Mount White Cloud，同一首词里的"闽山"译为Mount Min。《浣溪沙·和柳亚子先生》（1950年11月）中"妙香山"译为Mt. Miaoxiang。到底"山"用Mountain，Mount还是Mt.翻译？用在音译部分的山名前面还是后面？译者自己应该心中有数。有特殊含义的山名意译是完全可接受的，如《清平乐·六盘山》里"六盘山"译为the Six Spiral Mount，《五律·看山》里"北高峰"译为North Crest，"桃花岭"译为the Peach-Blossom Ridge。

看了山的翻译，再来看水（江河）是如何翻译的。"湘江"多次在毛泽东的诗词作品中出现，翻译给读者的印象似乎是几条不同的江河。《七言诗·送纵宇一郎东行》中"洞庭湘水涨连天"里的"湘"译为Xiangjiang。《西江月·秋收起义》里"要向潇湘直进"一句，诗后注释说"潇是潇水河，湘是湘江"，句中的"湘"译为Xiang。《沁

第九章 进入新世纪：对外译介毛泽东诗词的热情依旧

园春·长沙》里"湘江"为 Xiang River。同一条江有三个英文名，难免让读者困惑。《清平乐·蒋桂战争》里"汀江"译为 River Ting，《蝶恋花·从汀州向长沙》里"赣水"译为 River Gan。表示"江河"的"River"一词前置好还是后置好？还是前后皆可？《浪淘沙·北戴河》题目中的"北戴河"是否是河，我们就纳闷了，本书的译文为 North Daihe River，意为北边那条名叫"戴河"的河，不知译者为何不直接音译为 Beidahe，非要音译加意译？我们查阅了15种国内外英译本，无一例外都采用音译，没译者把"北戴河"看作 River。

4. 参考乃至过度引用的译本未列入参考文献

毛泽东诗词的对外译介如从1937年斯诺把《七律·长征》收入英文书籍《红星照耀中国》算起，已有八十多年了，已出版了各具特色的外文译本。后人复译同样的作品，不但可以参考，还应该去研究前人的译作，发现其中的不足，力争复译比现有译文更上一层楼。但我们认为，参考过的译本，尤其是自己的复译从中借用过一些译法的译本，应列入参考文献，以示对前人劳动的尊重，不掠人之美。我们发现，《世界视野》中的部分译文参考借用了别的译本，不但文内没注明译文出处，这些译本也没被列进书末的参考书目。试比较两首诗前四句的《世界视野》译文和黄龙译文。

（1）《七律·人民解放军占领南京》

《世界视野》（2007：270）译文：

A VERSE WITH EIGHT SEVEN CHARACTER LINES

THE CAPTURE OF NANJING BY THE PEOPLE'S LIBERATION ARMY

Over Mount Zhong burst a tempest in all its fury,

And our mighty army one million strong is crossing the great river valiantly.

With the tiger crouching and the dragon coiling, the present eclipses the past,

With the heaven and earth turning upside down we are impassioned fervently.

黄龙（1993：66）译文：

The Capture of Nanjing by People's Liberation Army

— a verse of eight seven-character lines

Over Mount Zhong burst a tempest in all its fury,

And our mighty host, a million strong, has crossed the Great River.

Rejuvenated with curling dragon and crouching tiger,

the city's present eclipses its past glory;

Inspired by the overturning of heaven and earth, we seethe with elation and vigor.

（2）《水调歌头·游泳》

《世界视野》（2007：318）译文：

THE PRELUDE TO THE MELODY OF WATER

SWIMMING

A sip of Changsha Water just came to a finish,

And ensued a relish of Wuchang Fishes.

Swimming across the myriad-li Yangtze River,

As far as the immense skies over Chu I stretch my eyes.

黄龙（1993：81）译文：

Swimming

— to the melody of ShuiDiaoGeTou

A sip of Changsha water just came to a finish,

And ensued a relish of Wuchang fish.

Braving the myriad-li Changjiang crosswise,

As far as the immense skies over Chu I stretch my eyes.

很明显，《世界视野》不但参考而且引用了黄龙的译文，但被参考译本未列入参考文献。

张纯厚博士从事政治学研究，对毛泽东诗词的全面译介是从"政治、社会和历史"的视角所做的阐释，而不同于前述译本所采取的求信、求美的"文学"视角。译本虽然存在以上种种不足，译介者试图让英语文化读者全方位了解诗人毛泽东的努力不可否定。

9.3.2 李正栓译本：国内最年轻毛泽东诗词译者的译本

迄今国内绝大部分毛泽东诗词英译本的译者出生于1949年前，亲身经历了中国的整个"毛泽东时代"，虽然辜正坤出生于1952年，张纯厚出生于1954年，在"毛泽东时代"结束前都已成年。这些译者接受毛泽东诗词的环境和途径，有些是再晚出生10年的读者不具备的。除了毛泽东诗词本身艺术魅力的吸引，特殊时代里这些诗词作品对人们的影响，也是此前译者满怀激情翻译毛泽东诗词的一个重要因素。

2010年河北人民出版社出版了河北师范大学李正栓教授的《毛泽东诗词精选》（汉英对照读本）。李正栓出生于1963年，毛泽东时代结束时，年仅13岁，和其他毛泽东诗词译者相比，特殊年代对他接受毛泽东诗词的影响最小。如果说李正栓之前的毛泽东诗词译者一定程度上通过特殊年代对毛泽东诗词作品"政治性"的强调而逐渐领略到作品的"文学性"和"艺术性"，即通过"政治性"这道门槛进入"文学性"和"艺术性"百花园，李正栓进入毛泽东诗词的百花园则免去了"政治性"这道门槛，直接受到作品"文学性"和"艺术性"的吸引，"按捺不住自己内心对毛泽东诗词的热爱"（李正栓，2010：前言）。在后毛泽东时代，毛泽东已经走下"神坛"，国人对毛泽东及其文学作品的态度更冷静客观，读者选择阅读作品更加自由，可以阅读的范围更加广大。译者选择毛泽东诗词对外译介，基本上可以排除"政治性"的考虑。

李正栓教授的主要研究领域是英美诗歌，热爱毛泽东诗词，"多年来潜心研究并对比了许渊冲（1993）和辜正坤（1993）两位教授的译本"（李正栓，2010：刘意青"推荐序一"），选译了毛泽东诗词43首结集出版。每首诗词后面附有较详细的汉语"题解"和"注释"，和较简略的英语注释，译者这样设计的出发点是，"无论中国的汉语读者，还是全世界学习汉语的读者和从事中国研究的汉学家，都能通过原语学习毛泽东诗词"。译者对于毛泽东诗词的翻译提出了自己的主张：①用汉语拼音音译词牌名；②保持原文诗行数量，译文诗行长度与原文接近；③尽量使词和韵，再现原诗的韵式；④译者尽量走进

第九章　进入新世纪：对外译介毛泽东诗词的热情依旧

但不能超越毛泽东，避免或减少译者介入；⑤借用其他译者的译文，注明出处。（李正栓，2010：前言）就译本编排的"出发点"和译者的翻译"主张"而言，在此前各类译本的基础上并无多少创新。就译文本身而言，有些地方还比较粗糙，如《七绝·观潮》第三行"人山纷赞阵容阔"的翻译。不难理解，这里的"人山"为形容人多的四字成语"人山人海"的缩略，

但该译本的译文竟然是 Men and mountains praise the broad lineup（人和山称赞阵容的壮阔）！（李正栓，2010：124）再如，《水调歌头·重上井冈山》开头两句"久有凌云志，重上井冈山"的译文：

With sky-scraping thought long in mind I keep,

I am on Mount Jinggang to have a revisit. （李正栓，2010：177）

诗歌作为使用语言最凝练、精粹的文学体裁，语言表达手段既有常规的，也有变异的。变异的表达法属于诗歌表达的破格（poetical licence），诗人有意违背或者偏离常规的语法，为了抒发感情，或者为了音韵格律，中英文诗歌皆然。汉语诗歌翻译成英语，译文应遵守英语诗歌的语言表达习惯。英译文"With sky-scraping thought long in mind I keep"，有明显的语法错误，不符合英语的语法规范，但也不是"正当的"破格。"with sky-scraping thought long in mind"使用了典型的"with ＋名词短语＋介词短语"这一独立主格结构，表达规范。在这一独立主格结构之后加上 I keep，不但表达不简练，而且语法错误。去掉介词 with，这句诗的译文至少语法无误。诗词标题的编排也似有不当之处。原诗词的词牌名和七律（绝）这类诗词体裁名称置于诗词标题之前，词牌名等用大号粗体字，而标题用更小的

普通字体。英译文中，词牌名等采用了大号粗体字，而诗词题目采用了字号更小的普通字体，且置于括号内。这样编排突出了诗词的体裁，弱化了诗词的题目。Yu Jia Ao (Against the First "Encirclement" of the KMT Troops) 这样的编排，会误导读者认为"Yu Jia Ao"是这首作品的题目，其实毛泽东采用 Yu Jia Ao 词牌的作品不止一首。我们一般提及毛泽东采用"渔家傲"词牌的作品，可以词牌名和题目一起提及，如《渔家傲·反第一次大"围剿"》，或者略去词牌名，如《反第一次大"围剿"》，但绝不会仅提及词牌名，如《渔家傲》。译本的不足，也许部分原因在于译者对前人的毛泽东诗词翻译了解不够。此前的国内译本的译者在动笔翻译前，做了大量"参考"工作，力争在前人译文基础上更上一层楼。为了准备1976年外文出版社出版的"官译本"译文，毛泽东诗词英译定稿小组主要成员翻译家叶君健投入大量时间和精力，逐首、逐行、逐句、逐字比较推敲了欧美用五种语言出版的十个毛泽东诗词译本，并写出调研报告供英译定稿小组参考。（叶君健，2003）吴翔林（1978：52）尝试根据外文出版社1976年译本按照格律的要求对文字改变或重译，之所以把"官译本"作为底本，是因为"经过比较"发现"在几种英译本中这个译本是可靠的"许渊冲在翻译1978年版译本时，参考研读过国内外七种英译本。但李正栓仅接触到了三种译本[①]，不参充分考前人的译本，虽然超越前人不是不可能，但可能性有限，译本的创新也有限。

[①] 李正栓仅接触了三种毛泽东诗词译本：1976年商务印书馆以英汉对照形式出版的《毛泽东诗词》（MAO TSETUNG POEMS），1993年中国对外翻译出版公司出版的许渊冲译英译《毛泽东诗词选》（SELECTED POEMS OF MAO

第九章 进入新世纪：对外译介毛泽东诗词的热情依旧

但就李正栓译本整体而言，基本做到了忠实传达原作的内容思想和气魄意境，不因韵害义，也正如该译本的推荐人之一汪榕培所说，译本倾注了译者的心血，"使毛泽东诗词又一次获得了新的生命"。李正栓复译毛泽东诗词，出于"对毛泽东诗词的热爱"，"并不是向翻译大师们挑战"（李正栓，2010：前言）。"对毛泽东诗词的热爱"是他复译毛泽东诗词的动因，但"不向翻译大师们挑战"的复译难以超越大师的译作，也使复译失去了意义。

ZEDONG），1993年北京大学出版社出版的辜正坤译《毛泽东诗词》（英汉对照韵译）（POEMS OF MAO ZEDONG）。李正栓在完成自己的译本后才读到商务印书馆译本（"我最近才从友人手中借来复印并学习"），许渊冲1993年译本在2001年才接触，且是他主要研读的译本（"2001年我见到该书（指许渊冲译本——引者注）责任编辑章婉凝老师，章老师知道我喜读毛泽东诗词，便送给我一本许渊冲教授的译本，我反复进行对比和学习"）。李正栓"据说"才知道"还有不少散见的诗篇（译文）"。——据李正栓译本《前言》

9.4 小结

进入新的世纪，我国文艺创作的环境更宽松，文艺工作者受到限制很少。近年来，少数"别有用心的人"贬损毛泽东诗词的成就，认为毛泽东诗词表达了"帝王思想"，认为承认毛泽东诗词的重要地位就是"谀评"。这些批评贬损毛泽东诗词的怪论，是极少数人对毛泽东诗词的态度，已受到中国主流毛泽东诗词研究者和爱好者的批驳和反击。（李捷，2014）毛泽东诗词的艺术价值和历史地位，不会在新的世纪减弱，毛泽东诗词也将进一步普及。为纪念毛泽东诞辰120周年拍摄的10集电视文献纪录片《指点江山——毛泽东诗词故事》，2013年底在中央电视台教育频道播出，社会反响强烈，被评为国家新闻出版广电总局2013年第四批优秀国产纪录片及第27届中国电视金鹰奖"优秀电视纪录片"，这是毛泽东诗词通过影视媒介传播宣传取得的重大进展。《求是》杂志社社长李捷担任会长期间，中国毛泽东诗词研究会着手组织编写的《毛泽东诗词中小学生选读本》，该教材必将大大推动毛泽东诗词在中小学生中的普及工作。中国毛泽东诗词研究会主办的会刊《毛泽东诗词研究》，不但为毛泽东诗词研究成果的展现提供了重要平台，为研究者们提供一个交流学习的机会，也发挥了一定的导向作用。同样，在新的世纪里，毛泽东诗词的对外译介不会停止，将会不断有反映国内毛泽东诗词研究新成果的译本面世，为世界的英语读者提供与时俱进的新译本。

第十章

结 语

　　诗人毛泽东的身份特殊，其诗词作品是艺术性与政治性完美结合的典范。毛泽东诗词不但在国内广泛传播，也被用多种语言以多种方式译介到世界各地。从1937年毛泽东诗词零星对外译介开始，历经20世纪50年代苏联出版毛泽东诗词首个俄文也是首个外文译本，随后我国官方正式推出首个英文也是我国首个外文翻译单行本，20世纪60年代我国官方组织人员开始翻译修订毛泽东诗词，20世纪70年代国外出现毛泽东诗词译介高峰，1976年北京外文出版社出版代表我国官方对作品阐释的英语译本，随后出版一系列以外文出版社英译本为蓝本的其他语种译本，"毛泽东时代"的结束迎来了我国毛泽东诗词个人译者英译本出版高峰。国外毛泽东诗词的译介途径除了英译单行本，还有期刊文章、收入诗歌选集、毛泽东文选等。在后毛泽东时代，国外对毛泽东诗词的译介主要借助毛泽东传记，但仍有诗词英译单行本面世。

10.1 研究的发现

　　毛泽东诗词的对外译介,多多少少受到当时意识形态的影响。最早对外译介毛泽东诗词的美国记者斯诺,同情中国共产党的革命事业,如实正面对外宣传以毛泽东为首的中国共产党的革命斗争,后被中国政府称为"中国人民的美国朋友"。毛泽东诗词1957年1月第一次集中在《诗刊》发表,同属于社会主义阵营和新中国处于外交"蜜月期"的苏联在同年9月、11月出版发行了内容相同、装帧版式迥异的两种俄文版。毛泽东诗词作为艺术性与政治性完美结合的文学作品,符合当时新中国的主流意识形态,英译文很快就在政府主办旨在对外宣传新中国文艺政策和中国优秀文艺作品的英文刊物《中国文学》集中发表,随后出版英译单行本。1976年外文出版社英译本的诞生具有较浓厚的意识形态色彩。"毛泽东时代"结束后,国内意识形态更宽松,为毛泽东诗词翻译和出版的多元化提供了条件。英美对毛泽东诗词比较集中的译介,无论是通过学术期刊、出版英译单行本还是其他途径,主要集中在英美和新中国在意识形态领域尖锐对立的时期。在后毛泽东时代,国外对毛泽东诗词的译介,尤其是毛泽东诗词单行版本的出版,明显减弱,虽然不时仍有单行本出版。

　　和一般诗歌的对外译介不同,毛泽东诗词译介服务于多种目的。我国诗词如唐诗宋词的对外译介,旨在输出传播我国优秀的文学创作,让异域文化的读者也能欣赏到汉语文学作品。毛泽东时代国内毛泽东诗词的对外译介主要目的有二:输出中国文学和输出新中国的意识形态。毛泽东诗词不但继承了我国古典诗词的优良传统,在作品主题、风格等方面大胆创新，是革命浪漫主义和现实主义高度结合、艺术性和政治性完美统一的文学作品，应该对外译介。毛泽东诗词的对外译介直接服务于三个目的：第一是作为传播新中国主流意识形态的媒介；第二是扩大毛泽东及中国文化的影响；第三是提高中国的国际地位。后毛泽东时代，我国对外译介毛泽东诗词，主要是文学的译介传播。国外对毛泽东诗词的译介服务于以下几个目的：一是输入优秀中国文学作品，这也是国外译介毛泽东诗词的主要目的，这主要体现在出版诗词单行本，作品收入诗歌选集，和学术期刊对诗词的赏析。二是把毛泽东诗词作为"政治文本"译介，把诗词作品作为毛泽东思想的诗意表达，通过诗词研究毛泽东思想，这主要表现在把诗词收入毛泽东文选、研究毛泽东思想的著作和毛泽东传记。三是把毛泽东诗词作为当代中国革命史的记录，这主要表现中国当代历史著作和毛泽东传记对毛泽东诗词的引用。

毛泽东身份的多样性决定了毛泽东诗词对外译介途径的多样性。毛泽东是诗人、革命家、政治家、军事家、外交家，也是书法家。除书法思想之外，他的诗词作品也一定程度上反映了他的革命思想、政治思想、军事思想和外交思想。通过毛泽东诗集单行本、作品收入中国诗歌选集等凸显的是革命家（或者政治家、军事家、外交家）诗人身份；通过诗词作品收入毛泽东文选、毛泽东传记或中国革命史研究著作，凸显的是诗人革命家（或者政治家、军事家、外交家）身份。甚至通过译介诗词作品和书法作品，凸显书法家诗人的身份，如"热爱汉语诗词的画家和书法家" 王慧明1976年在英国出版的《毛主席诗词手稿十首：翻译和木刻》。

第十章 结 语

　　国内译介毛泽东诗词对原作的理解更准确全面，反映了毛泽东诗词研究的最新成果。毛泽东诗词和其他纯粹抒发个人情感的古诗词不同，绝大部分作品是毛泽东亲历革命斗争的诗意表达，因此对外译介毛泽东的诗词不但要正确理解原作，而且要忠实再现原作的思想内容和诗词风格。毛泽东诗词的对外译介，总体而言，国内的译本对原作的理解更准确，译介更忠实原文，译本反映最新的毛泽东诗词研究成果。究其原因，一是因为国内译本译者的母语是汉语，身边有大量参考文献，能第一时间接触到最新研究成果；二是因为毛泽东在当代中国的崇高地位和当下意识形态的要求，使得译者十分谨慎小心，紧跟原作，确保"政治正确"。

　　国内毛泽东诗词对外译介已经历三次高潮，国外译介毛泽东诗词主要集中在"毛泽东时代"。第一个高峰在1957-1959年间。1957年元月毛泽东诗词18首在《诗刊》集中发表后，英文刊物《中国文学》随后发表英译文，外文出版社1958年和1959年出版英文版《毛泽东诗词十九首》；第二个高峰出现在1976-1993年间。这次高峰开始于1976年外文出版社出版英译《毛泽东诗词》，随后以英译本为蓝本的其他语种译本相继出版。"文革"结束后几年之内，不同于外文出版社出版的"集体译本"，多种风格的"个人译本"集中在1978-1981年间出版，90年代前三年也出版了4个译本。第三个高潮始于2006年，止于2010年，这几年出版毛泽东诗词译本全新译本和修订本共4种。国内的对外译介途径基本上只有英译单行本，国外译介途径更多，但主要途径也是出版英译单行本。就国外通过出版英译单行本译介而言，主要集中在"毛泽东时代"，究其原因，在毛泽东时代，毛泽东一生的各方面成就皆受到关注，诗词创作作为毛泽东成就之一当然受到异域文化的关注。毛泽东诗词的艺术成就虽高，但作品数量相对于专业诗人而言不能算"丰富"，毛泽东作为政治家的声望也一定程度上超过作为诗人的声望，因此在后毛泽东时代，毛泽东诗词通过出版单行本译介的方式减少了，译介主要通过毛泽东传记这类毛泽东研究著作。

迄今未见由母语非汉语的译者独立完成的毛泽东诗词英译本。国内出版的英译本基本由中国人独立完成[①]，国外译本中，由中国出生的外籍华人和外国人合作完成的译本与由中国出生的外籍华人独立完成的译本大致各占一半。就英译本的种类而言，中国人独立完成的译本多于中外合作完成的译本，也多于由中国出生的外籍华人独立作完成的译本。迄今未见由母语非汉语的译者独立完成的毛泽东诗词英译本。

毛泽东诗词的对外译介不会随着毛泽东时代的结束而停止。毛泽东及其主导的时代离我们越来越远，与毛泽东有关的某些方面在后毛泽东时代及今后可能会一定程度上失去吸引力。但毛泽东留给我们的政治思想和文学创作遗产，作为中国思想史和文学史上的两颗明珠，永放光芒。毛泽东诗词的深入研究，不断取得成果，这些成果将不断融入新时代毛泽东诗词的对外译介。进入21世纪，国内又出现了一

---

① 是否独立完成根据译本译者署名，国内译本仅有1993年天津人民出版社出版的《毛泽东诗词（汉英对照）》译者署名赵恒元和外国译者Paul Woods。外文出版社1976年译本译者署名"《毛泽东诗词》翻译组"，译文定稿过程中有外国友人参与语言润色，但主要的翻译和定稿工作是中国人完成的，也算中国人独立完成。

个毛泽东诗词对外译介的小高潮，在头十年已出版多个译本，这些译本反映了毛泽东诗词研究的新成果。毛泽东时代结束后，国外也不时有新的译本出版，虽然毛泽东传记取代诗词翻译单行本成为译介毛泽东诗词的主要渠道。

10.2 研究的局限

"译介受众"的研究不深入，"译介效果"的研究未涉及。"考察中国文学译介就是要考察其译介过程的不同要素，即考察中国文学的译介主体、译介内容、译介途径、译介受众和译介效果这五大要素"（鲍晓英，2014：39），毛泽东诗词的对外译介也不例外。本书虽然涉及"译介受众"，但没深入探讨；虽然对译本的译文有评价，但不是基于"译介效果"的评价，而是主要基于在一定意识形态背景下译本的不同风格，以及译文是否"忠实"原文。在异域文化背景下，有时"忠实"原文的译文在读者中的接受效果，未必优于不完全忠实于原文的"创造性叛逆"和"改写"性的译文。

本研究涵盖的毛泽东诗词译介的语种有限。毛泽东诗词通过不同语言在不同意识形态社会和文化语境中传播，虽然毛泽东诗词对外的英语译介能基本反映诗词整个对外译介的状况，由于本人掌握外语语种有限，研究仅限于英语译本，难免遗漏极有研究价值的其他语种译本。

参考文献

[1] Abrams, M H. 1979. The Norton Anthology of English Literature (Vol 2, Part 1) [M]. Norton & Company.

[2] Alvarez, R, M. 2007. Carmen-Africa Vidal, Translation, Power, Subversion [M]. Beijing: Foreign Language Teaching and Research.

[3 Baker, Mona. 2010. Routledge Encyclopedia of Translation Studies [M]. Shanghai Foreign Language Education Press.

[4] Barnstone, Willis. 1972. The Poems of Mao Tse-tung[M]. Bantam Books.

[5] Boorman, Howard. 1963. The literary world of Mao Tse-tung[J]. The China Quarterly, (13).

[6] Bunnin, Nicholas and Jiyuan Yu. 2004. The Blackwell Dictionary of Western Philosophy [M]. Blackwell Publishing.

[7] Chang, Shang-tien. 1968. Chairman Mao's Poems with Notes, 3 vols [M]. Hong Kong: Wen-hui Daily News.

[8] Ch'en, Jerome. 1965. Mao and the Chinese Revolution (with Thirty-seven Poems by Mao Tse-tung translated from Chinese by Michael Bullock and Jerome Ch'en)[M]. Oxford University Press.

[9] Ch'en, Jerome. 1968. An Unpublished Poem by Mao Tse-tung, translated with notes by Jerome Ch'en [J]. The China Quarterly, (34).

[10] Engle, Hua-ling Nieh and Engle, Paul. 1973. The Poetry of Mao Tse-tung [M]. London: Wildwood House.

[11] Fremantle, Anne. 1971. Mao Tse-tung: An Anthology of His Writings [M]. New York: New American Library.

[12] Genette, Gerard. 1997. Paratexts—Thresholds of Interpretation [M]. Cambridge: Cambridge University Press.

[13] Grant, Annette. Man of 100 Books [N]. Newsweek, May 19, 1969.

[14] Han, Suyin. 1972. The Morning Deluge: Mao Tsetung and the Chinese Revolution [M]. Jonathan Cape.

[15] Holmes, James S. The name and nature of translation studies [A]. In Holmes (ed.). Translated Papers on Literary translation and translation studies [C]. Amsterdam: Rodopi. 1988: 67-71.

[16] Hsu, Kai-yu. 1970. Twentieth Century Chinese Poetry: An Anthology [M]. Cornell University Press.

[17] Lefevere, André. 2004. Translation, Rewriting and the Manipulation of Literary Fame [M]. Shanghai Foreign Language Education Press.

[18] Li, Jui. 1977. The Early Revolutionary Activities of Comrade Mao Zedong [M]. White Plains.

[19] Lin, Nancy T. 1980. Reverberations: A New Translation of Complete Poems of Mao Tse-tung with Notes [M]. Hong Kong: Joint Pub Co.

[20] Liu, Wu-chi and Irving Yucheng Lo. 1975. Sunflower Splendor: Three Thousand Years of Chinese Poetry [M]. Indiana University Press.

[21] Ma, Wen-yee. 1986. Snow Glistens on the Great Wall: The

Complete Collection of Mao Tse-tung Poetry [M]. Hippocrene Books.

[22] Mao, Tse-tung. 1958. Nineteen Poems (with notes by Chou Chen-fu and an appreciation by Tsang Keh-chia) [M]. Peking: Foreign Language Press.

[23] Mao Zedong. 1967. Ten More Poem of Mao Tse-Tung[M]. Hongkong:East Horizon Press.

[24] Ng, Yong-Sang. 1963. The Poetry of Mao Tse-tung [J]. The China Quarterly, (13).

[25] Nord, C. 1991. Text Analysis in Translation [M].Amsterdam: Rodopi.

[26] Payne, Robert. 1947. The White Pony: an Anthology of Chinese Poetry from the Earliest Times to the Present Day [M] . New York: John Day Company.

[27] Payne, Robert. 1961. Portrait of a revolutionary: Mao Tse-tung [M]. Alelard-Schuman.

[28] Purcell, Victor. 1949. Review (untitled) [J]. Far Eastern Survey, 18 (3).

[29] Pym, Anthony. 1998. Method in Translation Hitory [M]. Manchester: St Jerome Publishing.

[30] Scholes, Robert. 1985. Textual Power [M]. New Haven and London: Yale University Press.

[31] Schram, Stuart. 1963. Chinese and Leninist Components in the Personality of Mao Tse-Tung [J]. Asian Survey, Vol. 3, (6).

[32] Schram, Stuart. 1963. The political thought of Mao Tse-tung [M].

Frederick A. Praeger, Publishers.

[33] Short, Philip. 1999. Mao: A Life [M]. Hodder and Stoughton.

[34] Smedley, Agnes. 2003. Battle Hymn of China [M]. Beijing: Foreign Languages Press.

[35] Tay C N. 1970. Two Poems of Mao Tse-tung in the Light of Chinese Literary Tradition [J]. The Journal of Asian Studies, Vol. 29 (3).

[36] Terrill, Ross. 1999. Mao: A Biography [M]. Standford: Standford University Press.

[37] Tymoczko, Maria. 200. Translation in a Postcolonial Context: Early Irish Literature in English Translation [M]. Shanghai: Shanghai Foreign Language Education Press.

[38] Wang, Hui-ming. 1976. Ten Poems and Lyrics by Mao Tse-tung [M]. Jonathan Cape.

[39] Wilson, Dick. 1980. The People's Emperor: Mao [M]. Doubleday & Company, Inc.

[40] Wong, Man. 1966. Poems of Mao Tse-tung [M]. Hong Kong: Eastern Horizon Press.

[41] Zhang, Chunhou and Vaughan, C E. 2002. Mao Zedong as poet and revolutionary leader: social and historical perspectives [M]. New York: Rowman & Littlefield Publishers, Inc.

[42] ［美］埃德加·斯诺. 1984. 斯诺文集（第1卷）[M]. 北京：新华出版社.

[43] 鲍晓. 2014. 中国文学"走出去"译介模式研究 [D]. 上海外国语大学 2014 届博士论文.

[44] 北京外国语学院英语系整理. 1976.《毛主席诗词》英译本的出版——外国语学院英语系师生座谈（油印稿）[Z].

[45] 陈安吉. 2002. 稀有的《毛主席诗词十九首》[J]. 文史精华, (8).

[46] 陈安吉. 2003. 毛泽东诗词版本丛谈[M]. 中央文献出版社, 南京出版社联合出版.

[47] 陈安吉. 2003. 中国出版的毛泽东诗词外文译本[J]. 出版史料, (4).

[48] 陈晶晶. 2006.《蝶恋花·答李淑一》中的意象及其英译本比较研究[J]. 湖南农业大学学报（社会科学版），(1).

[49] 陈岚. 2008. 中国现当代文学作品英译研究概述[J]. 湖南社会科学, (3).

[50] 程毅中. 2013. 中国诗体流变[M]. 北京：中华书局.

[51] 丛滋杭. 2007. 中国古典诗歌英译理论研究[M]. 北京：国防工业出版社.

[52] 当代中国研究所. 2012. 中华人民共和国史稿（第二卷1956-1966）[M]. 人民出版社, 当代中国出版社.

[53] 邓力群主编. 2004. 中外名人评说毛泽东[M]. 北京：中央民族大学出版社.

[54] 邓小平. 1994. 在中国文学艺术工作者第四次代表大会上的祝词[A]. 邓小平文选（第二卷），北京：人民出版社.

[55] 董俊峰. 1998. 许译《毛总东诗词》研究[J]. 贵州大学学报（社会科学版），(5).

[56] [法]梵第根著. 2009. 比较文学论[M]. 戴望舒, 译. 长春：

吉林出版集团有限责任公司.

[57] 方连庆, 王炳元, 刘金质主编. 2006. 国际关系史（战后卷）（下）[M]. 北京：北京大学出版社.

[58] 顾关福主编. 2010. 战后国际关系（1945-2010）[M]. 天津：天津人民出版社.

[59] 辜正坤. 1993. 毛泽东诗词（英汉对照韵译）[M]. 北京：北京大学出版社.

[60] 辜正坤. 2010. 毛泽东诗词（英汉对照韵译修订版）[M]. 北京：北京大学出版社.

[61] 郭雪华. 1995. 毛泽东诗词中颜色词英译 [J]. 吉安师专学报（社科版），(3).

[62] [德]哈贝马斯. 1993. 作为"意识形态"的技术与科学 [M]. 李黎, 郭官义, 译. 上海：学林出版社.

[63] 韩荣璋, 等. 1993. 毛泽东思想研究在中国 [M]. 重庆：重庆出版社.

[64] 贺敬之. 政治上保持一致, 学术上可以争鸣 [A]. 王希文主编毛泽东诗词研究 [C]. 哈尔滨：黑龙江人民出版社. 2003.

[65] 贺敬之. 中华文化的瑰宝 诗歌史上的丰碑（1994年12月26日在中国毛泽东诗词研究会成立大会上的讲话）[N]. 人民日报, 1994-12-29.

[66] 洪子诚. 2012. 中国当代文学史（修订版）[M]. 北京：北京大学出版社.

[67] 候萍萍. 2013.《毛泽东选集》英译研究 [M]. 济南：山东大学出版社.

参考文献

[68] 胡启立.在中国作家协会第四次会员代表大会上的祝词[N].人民日报,1984-12-30.

[69] 荒芜.保罗·安格尔和他的诗[N].人民日报,1980-04-29(8).

[70] 黄龙.1980.毛泽东诗词英译[J].东北师大学报增刊.

[71] 黄龙.1983.毛主席诗词翻译探微[J].南京师院学报,(4).

[72] 黄龙.1988.翻译艺术教程[M].南京:南京大学出版社.

[73] 黄龙.1993.毛泽东诗词英译[M].南京:江苏教育出版社.

[74] 吉林省五院校.1984.中国当代文学史[M].长春:吉林人民出版社.

[75] 季世昌.2004.毛泽东诗词鉴赏大全(第2版)[M].南京:南京出版社.

[76] 贾祖璋.1980.蚍蜉和蜉蝣——谈英译本《毛泽东诗词》的几个动植物译名[J].读书,(1).

[77] 金介甫.2006.中国文学(一九四九—一九九九)的英译本出版情况述评[J].查明建,译.当代作家评论,(3).

[78] 酒泉.在河北厅里[N].文艺报,1960(22).

[79] 李崇月.2008.古诗词词牌名的翻译——以毛泽东诗词的词牌名为例[J].时代文学,(8).

[80] 李崇月.2008.毛泽东诗词中典故的英译[J].西南民族大学学报,(4).

[81] 李崇月.2009.意识形态对毛泽东诗词翻译的影响[J].温州大学学报(社会科学版),(2).

[82] 李崇月.2010.意识形态与翻译—以《沁园春·长沙》的翻

译为例[J].名作欣赏,(8).

[83] 李捷.在中国毛泽东诗词研究会第十四届年会上的工作报告(2014-10-19)[EB/OL].http://www.wxyjs.org.cn/zgzgmzdscyjh_614/ywkx/201410/t20141021_161725.htm.

[84] 李晶.2008.当代中国翻译考察(1966-1976)[M].天津:南开大学出版.

[85] 李晓航.2003.毛泽东诗词版本情况综述[J].毛泽东思想研究,(5).

[86] 李玉平.2010.文学选集与文学经典的生成[J].文艺评论,(3).

[87] 李正栓.2010.毛泽东诗词精选(汉英对照读本)[M].石家庄:河北人民出版社.

[88] 李正栓,陶沙.2009.国外毛泽东诗词英译研究[J].河北师范大学学报(哲社版),(2).

[89] 李正栓,杨丽.2006.毛泽东诗词中的数词及其英译[J].河北师范大学学报(哲社版),(1):117-122.

[90] 李子健.2003.毛泽东诗词美学新探[M].北京:中央文献出版社.

[91] 刘重德.1994.英汉语比较研究[M].长沙:湖南科学技术出版社.

[92] 刘学明.2007.从"毛泽东时代"到"后毛泽东时代"——简论当代文学制度的变革及对文学创作的影响[J].云南师范大学学报(哲社版),(1).

[93] 陆谷孙主编.2007.英汉大词典(第二版)[M].上海:上

海译文出版社．

[94] 吕叔湘．1980．英译唐人绝句百首[M]．长沙：湖南教育出版社．

[95] 马士奎．2006．文学输出与意识形态输出[J]．中国翻译，(6)．

[96] 马士奎．2007．中国当代文学翻译研究（1966-1976）[M]．北京：中央民族大学出版社．

[97] 曼海姆，卡尔．著．黎鸣译．2002．意识形态与乌托邦[M]．北京：商务印书馆．

[98] 毛泽东诗词（英译本）[M]．1976．北京：外文出版社．

[99]《毛泽东诗词》英译本出版[N]．人民日报，1976-04-30（1）．

[100]《毛泽东选集》第三卷[M]．1991．北京：人民出版社．

[101] 梅森，约翰．2003．冷战（1945-1991）[M]．余家驹，译．上海：上海译文出版社．

[102] 明建，谢天振．2007．中国20世纪外国文学翻译史（上下两册）[M]．武汉：湖北教育出版社．

[103] 牛军．2010．中华人民共和国对外关系史概论（1949-2000）[M]．北京：北京大学出版社．

[104] 潘国彦．1996．改革开放以来中国出版业十大变化[J]．出版发行研究，(5)．

[105] 裘克安．1978．毛主席诗词的英译问题[J]．编译参考，(12)．

[106] 裘小龙编译．2003．中国古典爱情诗词选[M]．上海：上海社会科学院出版社．

- 339 -

[107] [法]热奈特,热拉尔著,2009. 热奈特论文选·批评译文选[M]. 史忠义,译. 开封:河南大学出版社.

[108] 荣天玙. 1997. 袁水拍与毛泽东诗词英译定稿小组[J]. 百年潮,(7).

[109] 沙博理. 1998. 我的中国(M). 宋蜀碧,译. 北京:北京十月文艺出版社.

[110] 单继刚. 2007. 翻译的哲学方面[M]. 北京:中国社会科学出版社.

[111] [美]斯罗特·理查德. 2005. 美国索引工作概况与目前的变化[J]. 邹文钧,译. 中国索引,(4).

[112] 汤普森,著. 2005. 意识形态与现代化[M]. 高铦,等译. 南京:译林出版社.

[113] 田兵. 2010. 书后主题索引:平实的学术阶石——跨语言文化视角下的中西学术传统与规范(下)[J]. 中国索引,(2).

[114] 童庆炳. 2005. 文学经典建构诸因素及其关系[J]. 北京大学学报(哲社版),(5).

[115] 涂途. 2006. 国外第一部毛泽东诗词集漫忆[J]. 中华魂,(9).

[116] 王冠中,郑文涛,韩华. 2011. 中国当代社会史(第三卷)[M]. 长沙:湖南人民出版社.

[117] 王丽娜. 2003. 毛泽东诗词在国外[A]. 臧克家主编《毛泽东诗词鉴赏》[C]. 石家庄:河北人民出版社.

[118] 王天明. 1995. 百炼译意境,苦吟音韵成——赵甄陶《毛泽东诗词》英译再版读后[J]. 现代外语,(1).

[119] [英]威尔逊. 2011. 毛泽东传[M]. 《国外研究毛泽东思想资料选辑》编辑组, 编译. 北京: 国际文化出版公司.

[120] 翁显良. 1983. 意态由来画不成?[M]. 北京: 中国对外翻译出版公司.

[121] 吴翔林. 1977. 毛泽东诗词英译格律体的探讨[J]. 南京大学学报(哲社版), (4).

[122] 吴翔林. 1978. 南京大学学报丛书《毛主席诗词三十九首》(英译)[M]. 南京大学学报编辑部.

[123] 吴欣. 2009. 外文社《毛泽东诗词》英译本得失谈[J]. 南京邮电大学学报(社会科学版), (4).

[124] 吴自选. 2012. 翻译与翻译之外: 从《中国文学》杂志谈中国文学走出去[J]. 解放军外国语学院学报, (4).

[125] 夏志清. 东夏悼西刘——兼怀许芥昱[N]. 中国时报, 1987-05-25.

[126] 肖丽. 2011. 副文本之于翻译研究的意义[J]. 上海翻译, (4).

[127] 笑蜀. 2007. 聂华苓把毛泽东诗词译介给全世界[J]. Southern People Weekly, (6).

[128] 谢太浩. 2006. 《毛泽东诗词十九首》是最早出版发行的毛泽东诗词集[J]. 党的文献, (2).

[129] 谢太浩. 2009, 最早出版的毛泽东诗词外文译本是哪两种?[J]. 党的文献, (2).

[130] 徐慎贵. 2007. 《中国文学》对外传播的历史贡献[J]. 对外大传播, (8).

[131] 徐知免. 2005. 忆孙源兄 [J]，出版史料，(4).

[132] 徐杨. 2005. 毛泽东诗词英译比较研究 [D]. 辽宁师范大学硕士论文.

[133] 徐忠杰. 1986. 词百首英译 [M]. 北京：北京语言学院出版社.

[134] 许光瓒，郑继宗. 1996. 传播中国文化于欧美的许芥昱 [A]. 四川省政协文史资料编委会编四川文史资料集萃（第5卷）[C]，成都：四川人民出版社.

[135] 许渊冲. 1978. 毛泽东诗词四十二首（英、法译）[M]. 洛阳外语学院.

[136] 许渊冲. 1979. "毛主席诗词"译文研究 [J]. 外国语，(1).

[137] 许渊冲. 1981. 动地诗——中国现代革命家诗词选（英文对照）[M]. 香港商务印书馆.

[138] 许渊冲. 1993. 毛泽东诗词选（英译本）[M]. 北京：中国对外翻译出版公司.

[139] 许渊冲. 1998. 美化之艺术 [J]. 中国翻译，(4).

[140] 许渊冲. 2003. 诗书人生 [M]. 天津：百花文艺出版社.

[141] 许渊冲. 2006. 翻译的艺术 [M]. 北京：五洲传播出版社.

[142] 许渊冲. 2006. 精选毛泽东诗词与诗意画（英汉对照）[M]. 北京：五洲传播出版社.

[143] 许渊冲. 2007. 唐宋词一百首 [M]. 北京：中国对外翻译出版公司.

[144] 许渊冲，陆佩弦，吴钧陶编. 1988. 英汉对照《唐诗三百首新译》[M]. 中国对外翻译出版公司，香港商务印书馆.

[145] 杨春时．2007．文学理论新编 [M]．北京：北京大学出版社．

[146] 杨绛．2004．我们仨 [M]．北京：生活·读书·新知三联书店．

[147] 杨宪益．2001．漏船载酒忆当年 [M]．薛鸿时，译．北京：北京十月文艺出版社．

[148] 杨宪益，戴乃迭，等．2001．《宋词》英译 [M]．北京：外文出版社．

[149] 杨振，许钧．2009．从傅雷译作中的注释看译者直接阐释的必要性——以《傅雷译文集》第三卷为例 [J]．外语教学，(3)．

[150] 杨正泉．1999．让世界了解中国 [A]．见书刊对外宣传的理论与实践 [C]．北京：新星出版社．

[151] 叶继红．1994．探寻完美的表达形式——读许渊冲译《毛泽东诗词选》[J]．北京大学学报（哲社版），(2)．

[152] 叶君健．1991．毛泽东诗词的翻译——一段回忆 [J]．中国翻译，(4)．

[153] 叶君健．"官方定本"《毛泽东诗词》英译本诞生记 [N]．光明日报，1999-01-15．

[154] 叶君健（遗稿）．吴瘦松整理．2003．毛泽东诗词在欧美文字中的十种译本 [J]．出版史料，(4)．

[155]［英］伊格尔顿，特里．1999．历史中的政治、哲学、爱欲 [M]．马海良，译．北京：中国社会科学出版社．

[156]［英］伊格尔顿，特里，2007．二十世纪西方文学理论（第2版）[M]．伍晓明，译．北京：北京大学出版社．

[157] 易孟醇，易维．2013．诗人毛泽东 [M]．北京：人民出版社．

[158] 俞金吾. 1993. 意识形态论 [M]. 上海：上海人民出版社.

[159] 俞丽峰. 1999.《毛泽东诗词》音律英译之探索 [J]. 湘潭师范学院学报,（1）.

[160] 臧克家. 2003. 毛泽东诗词鉴赏 [M]. 石家庄：河北人民出版社.

[161] 臧克家,周振甫. 1962. 毛主席诗词讲解 [M]. 北京：中国青年出版社.

[162]《摘译》编辑组. 1976. 回答读者有关该刊物编辑方针的提问 [J]. 摘译,（1）.

[163] 张春江. 2006. 谈毛泽东诗词中意象的翻译 [J]. 浙江万里学院学报,（1）.

[164] 张春江,曾玲玲. 2007. 毛泽东诗词中修辞格的翻译 [J]. 浙江万里学院学报,（1）.

[165] 张纯厚. 2007. 世界视野：毛泽东诗词英汉对照一百首——政治社会历史视角的全方位研究 [M]. 香港文汇出版社.

[166] 张怀亮. 1989. 一代翻译大师的陨落——缅怀我的老师何如教授 [EB/OL]. http://www.fenfenyu.com/Memorial_Static/1056/Article/8.html.

[167] 张静如,主编. 师吉金,著. 2011. 中国当代社会史（第1卷）[M]. 长沙：湖南人民出版社.

[168] 张一心,王福生. 1993. 巨人中的巨人——外国名人要人笔下的毛泽东 [M]. 北京：中共中央党校出版社.

[169] 张智中. 2007. 毛泽东诗词英译综评 [J]. 重庆三峡学院学报,（1）.

[170] 张智中. 2008. 毛泽东诗词英译比较研究 [M]. 北京：中国社会科学出版社.

[171] 张智中. 2009. 毛泽东诗词当中颜色词的英译 [J]. 云梦学刊, (2).

[172] 张智中. 2009. 毛泽东诗词的静态意象及其英译——以山为例 [J]. 天津外国语学院学报, (3).

[173] 张智中. 2009. 毛泽东诗词中数词英译研究 [J]. 解放军外国语学院学报, (4).

[174] 赵恒元, Paul woods, 编译. 1993. 毛泽东诗词（汉英对照）[M]. 天津：天津人民出版社.

[175] 赵毅衡. 2003. 诗神远游——中国如何改变了美国现代诗 [M]. 上海：上海译文出版社.

[176] 赵甄陶. 1978. 就毛主席诗词英译本谈谈译文中的几个问题 [J]. 外语教学与研究, (1).

[177] 赵甄陶. 1979. 再谈毛泽东诗词英译本译文中的问题 [J]. 外语教学与研究, (2).

[178] 赵甄陶. 1980. 毛泽东诗词（英译）[M]. 长沙：湖南人民出版社.

[179] 赵甄陶. 1992. 毛泽东诗词（汉英对照）[M]. 长沙：湖南师范大学出版社.

[180] 中共中央文献研究室. 1993. 新中国成立以来重要文献选编（第2册）[C]. 北京：中央文献出版社.

[181] 中华全国文学艺术工作者代表大会宣传处编. 1949. 中华全国文艺工作者代表大会纪念文集 [C]. 北京：新华书店.

[182] 钟玲. 2003. 美国诗与中国梦：美国现代诗里的中国文化模式[M]. 桂林：广西师范大学出版社.

[183] 钟宗畅. 2004. 毛泽东诗词在国外的传播[J]. 党史文汇, (5).

[184] 周扬. 为创造更多的优秀的文学艺术作品而奋斗[N]. 人民日报, 1953-10-09.

[185] 朱徽. 2007. 英译汉诗经典化[J]. 中国比较文学, (4).

[186] 朱徽. 2009. 中国诗歌在英语世界：英美译家汉诗翻译研究[M]. 上海：上海外语教育出版社.

[187] 朱树飏. 1981. 评介林同端译注《毛泽东诗词》——兼论我国古典诗词的翻译标准[J]. 外语教学与研究, (5).

后 记

本书是根据我在上海外国语大学完成的博士论文修订而成,付梓之际,在此表达我的感激之情。

硕士研究生毕业在高校任教十多年后,再次坐在课堂,聆听上海外国语大学教授释疑解惑,感受大家的风范,犹如枯黄的禾苗受到雨露的滋润:戴炜栋老师的虚怀若谷、冯庆华老师的娓娓道来、李维屏老师的学术自信、张健老师的幽默风趣、查明建老师的博闻强记、肖维青老师的指教鼓励……我接触的上外每一位老师都是那么可敬可爱,给我的学术探索注入动力。

从开始博士课程的学习到博士论文的完成,一路上每前进一步都得到了导师冯庆华教授的指点和关爱。从论文选题、框架构思到研究设计,多次得到导师及时中肯的指点,论文的主要部分在校际盲审前更是得到导师的逐字审改。没有导师的悉心指导,论文难以如此顺利完成。导师的和蔼可亲,对本人学业外的鼓励和关心,也是本人终生难忘的。

书稿在修订时,吸收了多位专家的宝贵建议,在此一并感谢:复旦大学王建开教授,华东师范大学袁筱一教授,上海对外经贸大学温建平教授,上海外国语大学汪小玲教授、肖维青教授、孙会军教授和章艳教授。

我不得不致谢还包括:我的硕士生导师四川大学外语学院肖安溥教授一直关心我的学术进步;江苏大学校长袁寿其研究员为我校外语

教师的学术提升创造了各种条件；江苏大学外语学院院长陈红教授一直尽力为学院教师的学习进修提供方便；南京师范大学外语学院吴翔林教授生前在耄耋之年亲自复印他的毛泽东诗词译本并邮寄给我；我的同事毛卫强副教授两度赴英访学，帮我搜集了大量国外的期刊资料；在美国爱荷华大学学习的张骋同学暑假为我从爱荷华大学图书馆借回了几本我研究所需书籍。

女儿李云天大学学习成绩优异、担任学院团委副书记表现突出，爱人陈惠珍女士对我的学术研究给予全力支持，这些是我顺利完成本研究的精神动力，对她们的付出在此一并感谢。

作者于镇江京口桃花山庄寓所

2017 年 3 月 21 日